祝壮

同化と他者化

戦後沖縄の本土就職者たち

岸 政彦 著 Masahiko Kisi

ナカニシヤ出版

……かならず帰ってくるんだよ沖縄の人間……四、五年行ったらよ、かならず帰ってくる（笑）。どんなにいい仕事してても帰ってくるもんね。仕事やめて。こっちで失業率ナンバーワンよ、全国一よ。帰ってくるのよ。ほらもう、細々暮らしてもいいわあと思って帰ってくるわけよ、田舎がいいのよ。

同化と他者化——戦後沖縄の本土就職者たち　＊　目次

同化と他者化——戦後沖縄の本土就職者たち

序　章　オキナワから来た少年

本書のテーマは民族的アイデンティティの歴史的な構築である。とくに、「同化を通じた他者化」について考察する。

具体的に分析対象とするのは、復帰前の沖縄の「本土就職」である。これはまさに、それまで経験されたことのなかった、歴史的な民族大移動であった。集団就職や単身出稼ぎなどによって、多くの沖縄の若者が大量に、いっせいに本土の都市世界を経験した。当時の日本は沖縄にとっては「外国」で、入国するためにはまだパスポートが必要だったのだが、本土も沖縄も劇的な経済成長を遂げるなかで、新しい生活と仕事を求めて多くの沖縄の若者が本土へ渡っていったのである。

この歴史的なできごとを通じて、沖縄的アイデンティティを分析するのが本書の目的である。沖縄の固有性、特殊性あるいは沖縄的アイデンティティは、つねに本土との関係において構成されてきた。大量の若者たちが本土社会と出会った本土就職の歴史を分析することは、おそらく沖縄的アイデンティティの研究にとって有効であるだろう。

沖縄については、その特殊性や固有性がよく語られる。それはいろいろな領域で指摘されている。インターネットのテクストから観光ガイド、エッセイ、映画、メディア、学術書……。沖縄が日本のなかで独特であるということは、もう当たり前になっている。それは基本的には「よいこと」とされている。そうした沖縄の特殊性の語りは、ある意味で日本という国民国家に沖縄という他者をむりやり包含するための迂回路でもある。

沖縄の固有性は、本土での差別の「根拠」になってきた。しかし同時に、日本人と同じ民族、あるいは日本文化の源流として同化されてもいる。

また他方で、沖縄の固有性は、本土からの賞賛と憧憬の対象になってきた。そして同時に、それは国民国家日本の「多様性」のなかに埋め込まれ、多様性を通じた同化の対象になっている。

沖縄はあるときには違うものとして差別され、違うものとして賞賛されてきた。ここではどちらにせよ沖縄とは「われわれとは違うもの」である。そしてまたあるときには、同じものとして同化され、同時に違うものとしても同化されているのである。いずれにせよここでは、沖縄は「われわれと同じもの」ということになっている。

だが、どのように沖縄を語るにせよ、それが固有であり特別な存在であること、本土と大きく異なるなにかをもっていることについては、すでに自明であるかのようである。その語りの多くは沖縄の独特の歴史、文化、自然、習慣などにその根拠を求めている。一般的な語りのなかでもっともよく参照されるのはその「温暖な自然」であろう。これらの語りのなかでは、温暖な自然が沖縄独特のゆるやかな社会をつくったとされている。

このとき、沖縄的なものとは、実際には前近代的なもの、農村的なもの、共同体的なものであるが、これらは暗黙のうちに日本本土と比較して語られている。たとえば、沖縄がさらに他のアジアの発途上国や島嶼国と比べられることは少ない。那覇のような大都市と太平洋の小さな島国とを比較して、それでもなお沖縄的なものについて述べている語りというものはほんとうに少ないだろう。

このように、沖縄的なものとは、実は「日本的でないもの」、あるいはより正確にいえば、「東京的でないもの」である。たとえば沖縄的なものは、東京的でないというそのかぎりにおいて、（本土のなかではもっとも反東京的である）大阪的なものと比較され「似ている」といわれることすらある。

つまり、沖縄的なものについての語りは、すべて本土を、あるいは東京を、あからさまに言及しないかたちで参照しているのである。それはつねに日本の都市との対比において語られる。あきらかにそれが言及されていない場合でもかならずそうである。沖縄的なものは、都市だけではなく、近代的なもの、産業的なもの、資本主義的なもの、国家的なもの、合理的なものとの対比において語られる。要するに沖縄的なものに関する語りはすべて、日本という国家における沖縄の周辺的な位置を反映し、またその位置を再生産しているのである。

だが、こうした語りは、われわれ本土の側によって一方的に語られるだけではない。沖縄は日本のなかで独特だ、特殊だという語りは、だれよりもまず沖縄の人びとによって日常的によく語られる。沖縄が特殊である、という定型的な語りは、日本に対する沖縄のさまざまなレベルにおける「他者性」のあらわれである。沖縄は、あきらかに本土の他の地域とは異なる歴史をもち、政治的に差別され、社会的にもさまざまな慣習を残し、文化的独自性を現在も保っている。これらの沖縄の固有性は、かならず本土との対比において機能するものであり、沖縄的アイデンティティとはなにかといえば、それは「日本でないこと」ということに尽きる。沖縄的アイデンティティを構成するのは、こうした日本との対比において語られ、実践される固有性なのである。

したがって、いかに日本のなかに同化し、多様性の名のもとにそれを賞揚しようと、かならず他者としての沖縄はどこかで残るのである。そしておそらく、抵抗的な平和運動や反基地運動にだけではなく、保守派の同化主義的な言説やアイデンティティのなかにも、こうした他者性が底のほうに横たわっているのである。

こうした沖縄的な他者性が、単にメディアや政治権力によって一方的に構築されたなどということはできない。居酒屋やスナック、タクシー、あるいは調査の現場において沖縄の人びとによって語られる沖縄的なものは、それぞれの個人の生活史において体験され、語り直され、つくりあげられるものである。沖縄の人びととのさりげない会話のなかでも、「あなたたちとは違う」というその「他者性の感覚」を感じることがたびたびある。沖縄の固有性は、植民地的欲望に満ちた本土側のメディアや言説によってつくられてきただけではない。それはまた沖縄の人びとによって日常的・実践的に語られ、つくられ、遂行されているのである。そのような意味で、こうした沖縄の他者性は「実際にそこにあるもの」なのである。

沖縄的アイデンティティを、こうした本土に対する他者性の感覚であるといいかえることができるが、この感覚は、社会学の先行研究においては、世代的になかば自動的に受け継がれるものとして自然化され自明視されてきた。本土側の視線については、その歴史的構築過程に関するいくつかの批判的研究がすでにあるが、沖縄の人びとによって語られ実践される固有性の感覚については、「沖縄的生活様式」として本質化され、その歴史的な構築過程について詳しく分析されることはほとんどない。あるいはまた、もしそれがあるとしても、社会運動論や差別研究、また「ポストコロニアル」的なエッセイにおいて、基地や貧困の問題と関連づけられ、差別や抑圧に対する抵抗や反発から醸成されるものであるとされていることが多い。

たしかに、沖縄的な感覚というものは、原理的に本土のとの対比においてしか存在しえない。したがって、沖縄的な語りやアイデンティティを本土との関係、とくに本土との差別的な関係において考えることは正当である。だが、これらの差別論的な語りにも欠陥がある。それは、明示的な差別への反発として（だけ）沖縄のアイデンティティを捉えていることである。

本書のテーマは、集団就職や本土出稼ぎを含めた、戦後の沖縄の「本土就職」である。それは、沖縄と本土との、民衆レベルにおける戦後最大の出会いであった。

よくある戦後の集団就職や本土出稼ぎの物語では――『女工哀史』あるいは朝鮮人の強制連行の物語が影響しているのだろうか――米軍に占領され、貧しく、仕事もなかった沖縄から、人買いのように本土へ連れてこられ、そこで差別にあい、やがて沖縄へと帰っていったということになっている。

しかし、当時の沖縄経済のデータを収集し、移動者の数や移動先を調べ、実際に聞き取り調査をおこなった結果、実態はこの逆であった。

戦後の沖縄は空前の好景気に沸いていた。仕事はいくらでもあり、賃金は毎年上昇していた。企業は求人難に苦しみ、新規学卒若年労働者はまさに取り合いになっていた。一九六〇年代に入って本土からの求人も本格化し、就職はいまから想像もつかないほど容易だった。

島ぐるみでの復帰運動の盛り上がりの結果、一般の人びとにとっての本土のイメージはきわめてよいものになっていた。すくなくとも庶民のレベルでは、日本はあこがれの地であり、帰るべき祖国、「同じ民族」の楽園のように捉えられていた。

のちに詳述するように、琉球政府や地元メディアの懸命な本土就職の推進策も手伝って、本土就職の初期のころにみられた本土への恐れは急激に消滅し、大量の若年労働者が先を争って本土へ渡っていった。移動者の生活史の聞き取り調査では、本土での暮らしで不愉快なことを経験したものもいたが、それよりもはるかに本土での暮らしを懐かしそうに語る語りのほうが多かった。一〇代から二〇代の若い時期に短期間だけ経験された本土の都市での暮らしは、いまでもよい思い出になっている、としばしば語られた。実際に、求人難に苦しむ高度成長期の日本では、南の島から来る純朴で従順な若い労働者たちは、歓迎すべき存在であっただろう。当時の沖縄と日本は、一般市民のレベルでいえば、いわば「両想い」だったのだ。

それでは、異国の軍隊によって占領された沖縄は、やがて「同じ民族の国」としての「祖国」へと

「幸福な帰還」を果たしたのだろうか。

聞き取り調査の現場において、強いあこがれを抱いて本土に渡り、そこで楽しく暮らしていた沖縄の人びとがほとんどみな語っていたのが、本土でのホームシックや「沖縄を懐かしむ気持ち」であった。これを本書では「ノスタルジックな語り」と名づけた。生まれた場所では気づかなかった三線や民謡などの沖縄文化の価値に、遠く離れた東京や大阪ではじめて気づく。こうした沖縄的なアイデンティティの再発見と再構築の語りは、聞き取り調査において数えきれないほど語られた。そしてかれらのほとんどは、短期間のうちに沖縄へUターンしていった。本書で中心的に取り上げるのが、このノスタルジックな語りである。

後述するように、戦後の復帰運動は、いわば「島ぐるみでの日本への同化運動」であったといってよい。一方で独立論の伝統もあり、復帰直前になって反復帰論も興隆したが、一般市民のレベルでいえば、これほど沖縄の人びとが「日本人になろうとした」ことはそれまでなかったし、その後もおそらくはない。このきわめて同化的な本土ブームが、好景気のなかでもあれほど大量の本土就職を生み出したのである。それにもかかわらず、本土へ移動した人びとはほとんどのちにUターンしてしまった。そして、それ以来いまにいたるまで続く「沖縄特殊論」。いまでは、われわれは日本人と同じ民族ではない、とまるで沖縄中の人びとが語っているかのようである。実際に、日本の側がそれをどう語るかにかかわらず、沖縄の人びとがアイデンティティにおいて「日本人」になることはなかったのだ。

「差別がなかった」のではない。むしろ、ここにはおそらく、「差別」という言葉ではまだ足りないような他者化の作用があるのだ。あこがれて渡った本土で楽しく暮らしてもなお、かれらは沖縄へと帰還していったのである。もちろん本土での暮らしにおいてトラブルがまったくなかったといっているわけではない。やがて詳しく述べるように、本土就職は多くの若者を自殺や犯罪へと追いやっていった。そのことを過小評価することはできない。しかし同時に、大半の若者にとっては、当時の本土就職は「楽しい」ものだった。そしてむしろここにこそ謎があるのである。それならなぜ還流してしまったのだろう?

繰り返すが、戦後の沖縄と本土との出会いにおいて発生した差別や暴力、あるいはそれらへの抵抗としてのアイデンティティの問題を除外しているのではない。それよりもむしろ、一見なんの問題もなかったような「幸福な両想い」においてすらノスタルジックな他者化が作用していたとすれば、そこにこそ「差別」という言葉では語りきれないような沖縄と本土との壁があるのではないか、ということなのである。本書で差別と暴力の経験よりもむしろノスタルジックな語りについて取り上げる理由がここにある。

この小論では、沖縄のアイデンティティの歴史についてそのすべてを論じることはできないし、またその他者性や固有性について、一般的で普遍的なことを述べることもできない。ただ、本土就職という、あまり取り上げられることのない戦後の大きなできごとを通じて、一度切り離された沖縄と日本が、ふたたびどのように出会ったのかを、簡単に描くことができるにすぎない。

本土就職の経験を通じて語られる沖縄的アイデンティティの語りとは、強制的に連行された見知らぬ土地で経験された、差別や暴力に対する反発や抵抗としてのアイデンティティの語りなのではない。むしろそれは、あこがれて渡った日本の楽しい暮らしのなかで、たとえば配達の仕事の途中でたまたまカーラジオから流れてきた沖縄民謡に、わざわざ車を停めて聴きいっていたというような、「ノスタルジックな語り」である。これは、差別や暴力に対する抵抗としてのアイデンティティではない。むしろそれは、同化主義的な旅の果ての、望郷と帰郷の語りである。ここに謎があり、解くべき問題がある。

沖縄の特殊性や固有性、あるいは独特のアイデンティティは、おそらくはこのような沖縄と日本との関係のなかでつくられてきた。それはこれまで考えられたよりはるかに「同化主義的」なものだったのだが、実はこのきわめて同化的な移動を通じた出会いが、そのまま逆転して沖縄の固有性や他者性をつくりだしていったのではないか。これが本書における仮説である。

もし他者性や固有性、あるいはマイノリティのアイデンティティが、差別や暴力だけでなく、双方からの「両想い」のような同化圧力のもとにおいても生じるのだとすれば、そもそも「民族的同化」というものは不可能になる。あるいは、そこまで一般化できなくても、すくなくとも次のことはいえるだろう。復帰前の沖縄が経験したような強烈な同化圧力のもとで、かえって沖縄は他者化されていった、ということである。

＊＊＊

一九五四年。日本ではそろそろ戦後も終わり、本格的な経済成長が始まろうとしていた。沖縄はいまだ戦争の傷跡に苦しみながらも、少しずつその生活を取り戻していた。この年、ひとりの少年が沖縄から東京に来た。この訪問は新聞で報道され、それを読んだ何人かの日本人は、それまで自分たちがその存在をすっかり忘れていた沖縄にも人びとは暮らしていて、それぞれ固有の生を生きているのだということを思い出したかもしれない。少年は、わずかな時間ながら、分断された領土から「祖国」へと帰ってきたものとして、新聞報道を目にした数多くの日本人から熱狂的に歓迎された。少年は使者であり、ふたつの世界の失われた絆をふたたび取り戻すものであり、そして同時に、沖縄を捨てた日本人の「良心」なるものに突き刺さる存在だったにちがいない。

一九五四年八月二日（月）『朝日新聞』
「夏の招待　あこがれの東京へ　沖縄の少年　大城勲君
やはり日本はいいな　道路は沖縄の方が……」

さる五月二十六日の本紙東京版に「東京の皆さん、手紙の友達になって下さい」と、沖縄の一少年が投書を寄せた。それから一ヵ月、少年には百二十人ものペンフレンドが出来た。毎晩十二時までかかっても返事が書ききれないくらい。内地のお友達はみんな「いつか会いたいなあ」というが、〝外国〟にいる少年にとって「東京行」は苦しい程の夢となった。
その少年――沖縄糸満地区豊見城村金良の大城勲君（一五）＝豊見城中三年＝を東京に招待した。父と兄を戦争で失い、農業を営む母光子さん（四九）姉英子さん（二三）らと六人暮し。勲君は三年B級の級長と生徒会長をしている。

「夏の招待」とは、『朝日新聞』が費用を負担し、力道山や勅使河原蒼風などの当時の有名人の「夢をかなえる」という特集記事の企画である。有名人一四名に混じって採用され、大々的に報道されたのが、沖縄の無名の少年、大城勲だった。きっかけは、大城少年が『朝日新聞』東京版の「青鉛筆」という投稿欄に載せた文通募集の手紙だった。当時はまだ一般市民が沖縄の人びとと交流すること自体珍しく、大城少年の募集には一二〇名もの応募があったようだ。日本の市民と沖縄の少年との文通は、まれなニュースとして新聞でもふたたび取り上げられ、「夏の招待」企画担当記者の目に止まったのである。ほとんどだれも乗ったことのない「飛行機」というものに乗って、少年は外国としての「オキナワ」から東京にやってきた。

こうして、大城勲少年の旅の物語は、一九五四年の夏、日本中に知れわたったのである。

沖縄から日本への出域は戦後厳しく制限されていた。『琉球統計年鑑』によれば、一九五〇年にはわずかに二六四人が出域したにすぎない。しかし翌年から徐々に門戸は開放され、大城少年が東京を訪れた年には、二万四〇〇〇人にまで回復している。だがそのうちのほとんどはおそらく単身出稼ぎ労働者と思われる。東京の新聞社に招待され飛行機に乗った大城少年の旅は、めったにないケースとして、地元沖縄でも大きなニュースとなったにちがいない。

沖縄の少年が東京を訪れる。それは当時はまだ、ありえない夢だった。記事のなかでも何度もそれが「苦しい程の夢」であることが強調されている。大城少年は、夢を実現した、特別な、幸運な少年なのだ。そして、東京に恋いこがれる沖縄の少年に対し、招く側の日本人たちはどこまでも善意にあふれ親切だ。

この夏の旅から数年して、公式に本土への集団就職が開始される。そのあとすぐに、一部のものの不可能な夢だった東京行きは、沖縄のすべての新規学卒者・若年労働者にとって手の届く夢となる。そして雪崩のような「民族大移動」が始まるのである。だがいまはまだ一九五四年、東京ははるかに遠い街だった。

大城君上京の知らせに、東京のレターフレンドたちはおどり上った。荒川区南千住町の袋物製造業の倉田道夫君（二〇）王子高校三年角田五郎君（一七）早大仏文科四年保谷俊雄君（一三）板橋四中三年河合広彦君（一六）赤羽中三年和田毅君（一五）らは、羽田への出迎えから滞在中の東京案内を買って出た。

七月三十日夜、羽田着の日航機から、真黒に日焼した顔にクルクル目を輝かせて大城君が降りてきた。

七月九日（金）夕方の四時ごろだった。急に先生から呼ばれ「朝日新聞で君を東京に招待してくださるって電話があったが、行くかい」といわれた。前の晩、雑誌の作文に入選すれば東京へ行けるんだがなあといったら「そんなユメのようなこと」と家族たちに笑われたあとだったので本当のことと判った時はボーッとしてしまった。一里の道を家までかけて帰った。

大声で「おっかあ」と叫ぶとキビ畑の間から顔を出した母が「ないか騒いでー」という。「わんねえ東京からよばっとーんり」（僕東京から招かれたんだ）「なにイミるんーちょうるい」（何をまたユメでもみてるのか）と、取り合ってくれない。いろいろ説明するとびっくり、二人で家にかけ込んだ。「信じられん」その晩は姉も兄も本家の伯父も同じことばかりいっていた。

七月十七日（土）全校の壮行会。大小堀校長先生が「色の真黒なチビの中学生が招かれてたった一人で東京へ行く」という長い自作の詩を朗読して下さった。午後の奨励会では、東京にいったことのある先生たちがかわるがわるの「失敗談」で大笑いをした。僕はお礼に力一ぱい「花の風車」を歌った。

「真黒に日焼した顔」「色の真黒なチビの中学生」……五〇年代から六〇年代にかけて、沖縄人によって書かれたテクストには、肌の色の黒さに関する表現がしばしばみられる。大城少年の旅は地元メディアでも大きく取り上げられたが、これを報じた八月一九日の『沖縄タイムス』には次のような文章がある。

ペンの取りもつ縁で、朝日新聞社の「夏の招待」に招かれて去る七月三十日上京した大城勲君（一五）――豊見城中三年――は……お土産をどっさり抱えて元気で帰って来た。……大城君の滞在中ずっと面倒をみてくれた朝日新聞の小林記者が大小堀校長に贈った自作の詩の中で、

羽田についた真白な大型機
中から色の黒い中学生が降りて
白い歯をキラリと光らせた

と初印象を述べているが、色の黒い大城君も東京の水にあったのか二十日近くの滞在でかなり白くなって帰ってきた。……

先ほどの記事とあわせてみれば、ここで色の黒さについて語っているのは、まず『朝日新聞』東京

版の記事を書き、同時に自作の詩を沖縄の豊見城中学校長に贈った「小林記者」である。そして、出発の日に大城少年にあてて同じく詩を披露した中学の校長、そして最後に、『沖縄タイムス』で記事を書いた記者である。日本人によっても沖縄人によっても描かれる肌の黒さについての語りは、なにを意味しているのだろうか。

日本でも沖縄でも、この時期に書かれた大量のテクストに同型の語りが何度もあらわれることから考えて、当時は沖縄の人びとについて「色が黒い」というステレオタイプが存在したようだ。だがここで印象的なのは、この黒さは「水」さえあえば「かなり白く」なりうるということである。ここでこの変化する肌の色に託されて語られているものとはなんだろうか。われわれとかれらを隔てる境線は、一度肌という身体的で物質的な記号によってあらわされながら、しかしその色は同時に、変わりうるもの、われわれに近くなればなるほど白くなるものでもあるのだ。可変的で後天的な生物学的特徴という、この根底から矛盾するものに仮託されて、沖縄は何度も語られている。

だがこの語りについてはのちほど立ち返るとして、ふたたび『朝日新聞』の記事に戻ろう。

七月三十日　大勢で嘉手納空港まで送ってくれた。姉は「ビクビクするな」母は「恥かしくないように」先生たちは「元気で」といわれた。午後五時、上地一美さんに頼まれた遺骨（注参照）を胸に飛行機に乗ったらみんなで「万歳々々」と叫んでくれた。

隣の席はアメリカの女の人だ。飛び上がってから僕をつついて何かいうので困っていると、スチュアデスさんが来て僕のことを説明したとみえて「オウ、ナイスボーイ」と頭をなでた。

おいしい洋食をお隣りのまねをして食べ終わったらもう東京の空・午後八時だった。夜の東京は光のかたまりみたい。「これが僕の日本だ。東京なんだ」と思ったらジーンと胸があつくなった。飛行場に降りると「オーシロクーン」という声。懐かしいレターフレンドたちだ。遺骨を鈴木さんに渡し、レターフレンドと一緒に車にのった。「君、何がみたい」「飛行機こわくなかった」みんなが小さい時からの友達のようになつっこい。「あれが電車だぜ」「あのネオンはでかいだろ」僕は胸いっぱいで目をパチパチするばかりだった。

七月三十一日　銀座の旅館で目がさめて、僕は本当に東京にいるんだ、と独りでニコニコした。十時朝日新聞の玄関で昨夜の友達たちと落合い、僕の東京見物が始った。手紙が今度のキッカケだったからと、皇居前を通ってまず中央郵便局の見学。戦死した父と兄が祭られている靖国神社へ参拝してから三越デパートへ行き、あこがれのエスカレーターに乗った。沖縄のデパートの何十倍も大きかった。

隅田川――川べりの街路樹がとてもきれいだ。浅草の人通りにはキモをつぶした。倉田さんは「いつもの半分だ。もっとすごいんだぜ」と残念そうだった。

銀座の宿で夕食後、みんなに沖縄の谷茶前（タンチャメ）節を教えてあげる。「タンチャメの浜に、スルルぐわが寄ててんどうへい……」――とても覚えにくいなあといいながら、やがて元気に合唱できた。やっぱり日本はいいな。どこへ行ってもみんな友達なんだ。

八月一日　ぐっすりおひる近くまでねた。正午から朝日新聞社を見学、ぼくは学校新聞の平和新聞編集長なので一生懸命に見て回った。午後富士山をみに、自動車で箱根に向う。自動車道路だけは沖縄はすばらしい。東海道を走りながら僕ははじめて自慢話をした。

あす東京へ帰り、三日は角野君の家に泊めていただく。四日は保谷さんの学校早稲田大学を見学、五日は河合君の招待で板橋四中を訪問したり、河合君たちのみみづく劇団を見せてもらう。レターフレンドのひとり、近藤虹子さんという八十五歳のおばあさんにもあいたい。くずし字なのでおばあさんの住所が読めないまま東京にきてしまったのだが……

だけど、どんどん日がたって行く。せめて一ヵ月日本にいられたらなあ。朝日新聞の招待は一週間なんだもの。

［注］　大城君と遺骨＝遺骨の主は元沖縄地裁部長判事鈴木泰氏。鈴木判事は糸満地区で戦死、現地に埋葬されていたが、遺児の鈴木恵美子さん（一九）＝静岡市駒形通り五ノ一〇田中方＝が、レターフレンドの沖縄タイムス上地編集局長長女一美さん（一九）に頼んでさる六月火葬に付してもらった。そして大城君が一美さんからの頼みで羽田に出迎えた恵美子さん、妹の美代子さん（一八）らに父の遺骨を手渡したのだった。

日本人の遺骨を胸に、万歳三唱に送られて、沖縄の少年は飛行機に乗りこんだ。少年に、日本、あるいは東京は、とても優しかった。「これが僕の日本だ。東京なんだ」「やっぱり日本はいいな。どこへ行ってもみんな友達なんだ」。沖縄から来た少年は、個人にはどうしようもない大きな運命に弄ばれた、悲劇の同胞である。したがって、その訪問先に皇居と靖国神社が含まれているのは当然のことだ。少年を心優しくもてなす日本人たちは、沖縄に対する一種の罪悪感をもっているかのようだ。しかしそれはみずからの国家や政府、あるいは自分自身のあり方に対する批判には、すくなくともこの記事を読むかぎりでは、結びついていない。推測でしかないけれども、大城少年をもてなした日本人たちは、沖縄の人びとと同じように自分たちのことも「被害者」として位置づけていたのではないだろうか。アメリカという戦勝国の命令で、泣く泣く領土と同胞を手放した日本人と、「異民族支配」に耐え忍びいつの日か祖国に復帰することを願う悲劇の沖縄人。せめてこの少年には、戦後復興を脱出し繁栄の道を歩きつつある祖国の姿を見せてあげたい。

したがって少年の見学コースには、靖国や皇居だけではなく、デパート、新聞社、大学、動物園、博物館、出版社、テレビ局など、近代化と文明の象徴、都市と豊かさのシンボルが含められることになる。ここで祖国とは靖国神社であると同時にデパートである。われわれは日本であり、国家であり、都市であり、そして「白い」。かれらは沖縄であり、植民地であり、辺境であり、そして「黒い」。

この記事でもっとも印象的なのはその文体である。最初から最後まで大城少年の視点から一人称で書かれたその文は、もちろん『朝日新聞』の記者によって書かれたものだ。このことは読む者をどこか不安にさせる。『朝日』の記者によって代弁されたこの文章の真の語り手とはだれだろうか。後半では記事は段落ごとに日付が付され、まるで日記のようになっている。あるいは次のような言葉。「ボーッとしてしまった」「ジーンと胸があつくなった」「胸いっぱいで目をパチパチするばかりだった」「キモをつぶした」――そしてなによりも、「やっぱり日本はいいな」。沖縄から来た少年の内面を『朝日』の記者が屈託なく描いているこれらの文章を読むと、それから六〇年すぎたあとのわれわれ、そのあと結局沖縄がどうなったかを知るわれわれは、かすかな違和感を感じないではいられない。六〇年前のわれわれは、少年の物語をどのように描き、どのように消費したのだろう。

さて、この記事の一週間後に、ふたたび少年のことが掲載されている。この記事は、前の記事とは違い抑制された三人称で書かれている。

一九五四年八月八日（日）『朝日新聞』
「大いなる〝夏の招待〟　ひっぱりだこの沖縄少年大城君
帰国は16日まで延長　お土産の本も百冊に」

〝夏の招待〟に応じて先月三十日沖縄から飛んできた大城勲君（一五）＝沖縄糸満地区豊見城中学三年＝は元気いっぱいであこがれの東京見物を続けている。見るもの、聞くものすべてが珍しく、大城君は眼をグルグル回し通しで、予定の一週間はアッという間にたってしまった。本人も「短かいな」と嘆いていたが「せっかく来たのだ。もっと滞在させてやってほしい」という投書や電話が相当舞い込んだ。「いくらでも泊めたい」とレターフレンドの両親から申出であったり「家が広いから東京の子供と一緒に十人ぐらい、夏休中泊めてあげたい」といってきた娘さんもあった。

出発までの世話をしてくれた沖縄タイムスの当真東京支局長も「あとは引受ける」といい、大城君のスポンサーはふえる一方。結局、帰りの飛行機の切符の期限ギリギリの十六日まで滞在を延ばすことになった。

新しいスケジュールが組まれたが、日程の都合で全部の招待に応じられない。大城君は「ゴメンナサイ」と謝っているが、日記以後のことを報告しよう。

「友達のこと」

羽田まで迎えにきてくれた東京のペンフレンドのほかに大城君には新しい友達が沢山出来た。箱根芦ノ湖畔に泊った翌朝旅館の二人の女中さんが絵葉書やこけし人形をたくさん贈って「ペンフレンドになってね」といってきた。銀座の宿ではこれも一人旅の秋田商高三年高田晃君（一七）＝秋田市亀ノ丁東土手町五〇＝と泊まり合せた。北国の高田君と南国の大城君は仲良くなった。

大城君を中に、東京のペンフレンドと親しくなり、上野動物園や早大見学には高田君も参加した。大城君は雪国のこの新しい友人と夜遅くまで語り合った。

五日にはペンフレンドの河合広彦君（一五）の案内で河合君の学校板橋四中を訪問した。四中では生徒会長の吉田丈夫君、学校新聞編集長荒木武野さんをはじめ、全クラス委員と先生方が待っていて、座談会をやった。そして、両方の中学同士でお友達になろうと約束した。その午後板橋の児童劇団「みみずく」に招かれた。みんなと一緒に「紅白歌合戦」など楽しく遊んだ大城君は、お礼に沖縄の童謡「花の風車」を教えた。壮行会の時独唱したお得意の歌だが「東京の子供はみんなうまいや」と大城君は頭をかいた。

人に好かれる明朗な性格が友達をふやし、大城君の小さな住所録はどんどん書き込まれていく。しかし、ただ一つ気にしていることがある。それは先日の日記にも書いた近藤虹子さんという八十五歳のおばあさんの消息が知れないことだ。沖縄農高校長の未亡人だというが、住所のくずし字が読めないまま返事を書いていない。会っておわびしたいといっている。

「見たもの」

東京のペンフレンドたちは短い日程で沢山見せたいと欲張った。「大城君大丈夫かい。疲れやしない？」といいながら大分、強行軍をした。しかし、どこでも大城君のために〝特別のはからい〞をしてくれた。早大では休み中の演劇博物館へ入れてくれた。大城君たちも使っている教科書を作っている東京書籍では支配人の四条さんが自ら工場案内に立ってくれた。日本テレビでは満員だったが、一番先に塔に上らせてくれた。変ったところでは、六日午後、これもペンフレンドの倉田道夫君（二〇）が家業の袋物工場を見せた。七日夜は大山足立区長の招きで千住新橋で花火大会をみた。電車、汽車、地下鉄、トロバス、ビル群、大工場から町工場、テレビ塔と東京の子供もまだ見ていないところも見た。大城君は「報告するのが大へんだ」と目を回している。

「おみやげ」

大城君の最大のおみやげは自分の眼で見たり、足で歩いたすべてだろう。しかし、このほか形あるもので大城君のカバンはふくれていった。エスカレーターに乗った三越では記念のフロシキ、タオル、鉛筆などを両手に一ぱいもらった。中央郵便局でも日本テレビでもその他行く先々でパンフレットや絵葉書をもらった。大城君は出かけてくる時全校の先生と生徒が少しずつ出し合っておせんべつをくれた。「お返しに学校図書館に本が寄付したい。五千円で何冊買えるかしらん」と大城君は着京早々友達に聞いた。この話を耳にした東京書籍では関係先にゲキを飛ばして中学生向きの本を数十冊集めてくれた。本社出版局のプレゼントを合せて百冊近い本が大城君のカバンをはみ出した。

「これから」

八日は勝鬨橋や市場を見る。九、十日は北多摩郡の小平中学に招かれ十一、十二は沖縄からあずかってきた遺骨の遺児鈴木恵美子さん（一九）に招かれて静岡へ行く。十三、十四日は工場その他の見学、十五日は帰国準備で十六日午前十時半の日航機に乗る予定。

こうして、沖縄から来た少年の奇跡の旅は終わった。それは、東京の新聞社が企画した、ロマンティックな「祖国への帰還」の物語だった。大城少年はもちろん、記事を書いた小林記者、あるいは直接東京で少年を案内した日本の人びとにとっても印象深い物語だっただろう。その記録は、いまとなってはこの短いふたつの記事しか残されていないけれども、たったこれだけの資料からでも、当時の日本と沖縄との複雑な関係について、多くを思い描くことはできる。たとえこの記事を読んで感銘を受けた当時の読者たちのほとんどが、そのあとすぐに（沖縄の存在そのものと一緒に）忘れてしまったとしても、この旅の物語に直接関わり合った人びとは、もしいまでも健在なら、きっとはっきりとこの旅のことを覚えていることだろう。――すくなくともこの記事が掲載されたその夏には、デパートや靖国神社を見て瞳を輝かせる沖縄から来た少年の物語は、敗戦を乗り越えてふたたび経済的に飛躍していく多くの日本人たちにとって、深く胸に響く物語だったにちがいない。

この小さな物語は、凄惨な沖縄戦、過酷な米軍支配、異常なほどの経済成長と社会変化、「島ぐるみ」の反基地闘争、全島をまきこんだ復帰運動、そして一九七二年五月の復帰へといたる戦後の沖縄史の、ほんのささいな——おそらくは「心温まる」——エピソードでしかない。だがそれは、海を越えて東京にやってきた大城少年にとっては、その後の人生を変えるほどの大きなできごとだった。一九五〇年代前半には、まだ組織的な本土移動は始まっておらず、とくに学齢期の少年が東京を訪れることはきわめてまれなケースだった。同世代の人びとに比べて特権的ともいえる体験をした大城少年は、そのあとどのような人生をたどっていったのだろうか。

あれほど祖国に恋いこがれあこがれていたあの小さな少年を、われわれは同胞として受け入れただろうか。

沖縄から来た少年の、その後の物語については、本書の最後でふたたび戻ることにしよう。

＊＊＊

一九五七年に、きわめて小さな規模から始まった本土就職は、その後七〇年代にむけて急激に増加していく。職安を通過して本土企業に就職したものは、五七年はわずかに一二二人だったのだが、七〇年には一万人を超えている。インフォーマルに本土へむかうものはおそらくこの一〇倍はいたと思われる。琉球政府の出入国管理局によれば、日本への出域が制限されていた一九五〇年には日本へむかったものは二六四人しかいなかったが、五二年にはすぐに一万人を超え、六〇年代の終わりには六〜八万人に急増する。そして、一九七二年には、なんと一九万人にまで膨れ上がる。その年の沖縄の総人口は九五万人なので、ほぼ五人にひとりが日本へ渡ったことになる。

そして、本土へ渡った沖縄の人びとは、その大半がのちに沖縄にUターンしているのである。なぜ人びとは「祖国」から「故郷」に帰ってしまったのだろうか。

この「民族大移動」と「民族大還流」は、その後の沖縄の特殊性や固有性、あるいはアイデンティティとどのように関係しているのだろうか。沖縄戦から復帰前後にかけて本土に移動した膨大な数の若者たちは、どのように「祖国」を経験し、そしてなぜ「故郷」に帰ってしまったのだろうか。

沖縄を、社会変化と移動という観点から考えてみること。特殊な伝統文化や不変の民族性という神話からではなく、戦後の経済成長と近代化、産業構造と労働市場の変化、多様な生活史と語りという、一見すると沖縄的ではないようなものから沖縄を語り直してみること。これが本書の課題である。

本書の構成は次のようになる。まず第一章で、当時の経済成長と本土移動についての基礎的なデータを分析し、移動の社会的・経済的背景をさぐる。戦後の短期間にきわめて大規模な移動が発生したのだが、同じ時期の沖縄経済は力強い成長を続けており、本土移動は単なる経済的動機には還元できないことを主張する。それは経済的には説明できない、いわば「過剰移動」だったのである。

第二章では、復帰前後に本土に移動しその後Uターンした七名の生活史を取り上げる。第三章ではいくつかの生活史やナラティブ分析についての理論的研究を参照し、生活史において語られた「ノスタルジックな語り」を主に取り上げ、本土移動がどのように移動者によって経験されたのかについて考える。

続いて第四章では、本土移動をめぐる当時の行政資料やメディア報道を分析しながら、この大移動が、政治的に演出された「もうひとつの復帰運動」だったことをあきらかにする。さらに復帰前のひとつの歴史的資料を取り上げ、この「日本への旅」が、ある論理的変換を経て「沖縄への帰還」を生み出したことを述べる。ここでは同化への要求が直接に他者化を引き起こしている。「同化が生み出した他者」という、この自己意識の歴史的構造について分析することで、国民とはなにか、民族的少数者とはなにかについて、最終章で考えてみたい。復帰前、沖縄の人びとは「祖国」にあこがれと希望を抱いていた。高度成長期の壮大な本土移動は、祖国へむかう旅になるはずだった。しかしそれは逆に、壮大な「沖縄への帰還」の旅でもあったのである。

第一章　戦後沖縄の経済成長と労働力流出

一　沖縄の戦後

沖縄本島全域を破壊した地上戦によって、沖縄の社会と経済は壊滅した。同時に、その後およそ三〇年にわたって続く米軍支配が始まる。一九四五年八月にはすでに石川地区において住民代表一二〇人からなる沖縄諮詢会が発足し、翌年の沖縄民政府、のちの琉球政府に引き継がれた。米軍の物資と資金が大量に流入し、基地依存経済が構築された。一九四五年から五八年までの沖縄では、米軍の軍票である「B円」が通貨として流通していたが（その後は復帰までドルの時代が続く）、このB円の為替レートが日本の円に対して非常に高く設定されたために、日本から大量の安価な資材が輸入され、広大な基地が建設された。このことによって沖縄の製造業は発展する機会を奪われ、沖縄人の賃金もきわめて低い水準に固定された。人為的につくられたデフレ経済のもとで、膨大な数にのぼる安価な労働力を背景に、基地米兵などを相手にしたサービス産業が発達する。那覇の開南やガーブ川には闇市が栄え、コザ（現在の沖縄市）の八重島やセンター通りの歓楽街では米兵相手のバーや売春宿が立ち並んだ。

沖縄戦終結から日本復帰にかけての沖縄社会は、政治的な抑圧と経済的な成長によって特徴づけられるだろう。とくに後者は、なぜか指摘されることが比較的少ないのだが、戦後の沖縄史を考えるうえでもっとも重要な要素である。何度かの景気後退期を含みながらも、戦後の早い時期に沖縄経済は驚異的な復興を遂げ、その後も高い成長率を維持していく。米軍支配に抵抗し、政治的自由と「祖国復帰」、反戦と平和を求めた激しい政治運動は、急速な経済成長と同時に進行していたのである。

この間に沖縄の産業構造は大きく変化する。農業従事者は雪崩のように第二次・三次産業へと移動し、平均賃金は上昇し、進学率も高まり、核家族化が進行した。農村の女性労働力率は、戦後のある時期まで進学や主婦化などの影響でいちじるしく減少した。いったん労働市場から離脱した女性たちは、しかしすぐに那覇都市圏における近代的労働者として労働市場に再参加する。このことは沖縄における伝統的な家族関係に大きな影響を及ぼしたことだろう。那覇やコザを中心として沖縄社会は急激に都市化し、伝統的な村落共同体は崩壊していった。政治、経済、社会、文化、地理——沖縄の生活のあらゆる面が激変したのである。

産業構造の変化や核家族化など、戦後の日本において起きたすべての社会変動が、まったく同じ時期に、まったく同じように、この小さな亜熱帯の島でも起きることになったのだが、米軍による植民地支配のおかげで、その変化は日本よりもはるかに過酷なものになったにちがいない。あるいはまた、そこに沖縄社会の貧困という初期条件が加わる。もともとの沖縄の貧しさという条件は、戦後の経済成長と社会変動が諸個人の生活と意識に与える影響力を、破壊的なまでに高めたのである。六〇年代ごろまで、沖縄の農村部には実際に裸足の子どもがいた。だが、「裸足の子ども」という、いまだに沖縄の多くの世代によって語られる物語は、その後の津波のような社会経済的変容のインパクトを語るためのものだ。昔は貧しかったという物語は、つねにその後の近代化や経済成長の物語にともなわれている。過去における神話的なまでの貧しさと、現在に続く経済成長は（さらなる成長を遂げた日本本土との格差とともに）、同じ物語の始まりと終わりなのである。ある語り手は、本書のなかで復帰前の那覇市の繁華街のにぎやかさについてノスタルジックに語っている。一方で沖縄は過酷な米軍支配に悩まされながらも、その経済はたくましく成長していた。たしかに、この結果あらわれたものは、米軍や日本政府の政策によって演出された、基地収入や補助金なしではやっていけないような依存型の「生け花経済」である。しかしこの成長がもたらした人びとの暮らしの変化について見過ごすわけにはいかない。戦後の沖縄経済の拡大と近代化は、沖縄社会に豊かさとともに、混乱と変容を、崩壊と再構築を、移動と離散を、望郷と不安をもたらしたのだ。

戦後の世界経済の成長、冷戦下での大国の戦略と干渉のはざまで、沖縄は翻弄され続けていった。沖縄タイムス社の『写真記録　戦後沖縄史』には、一九四七年のにぎやかな市場の写真が掲載されている（沖縄タイムス社　一九九八a、三一頁）。米軍の支援物資や基地作業での収入に頼りながらも、戦後のきわめて早い時期から那覇やコザの都市部ではマーケットが発達していたのである。それはその後の沖縄経済の発展の予兆だった。日本との格差はつねに存在し、そのことがたとえば沖縄を戦前からの安価な労働力の供給地としてきたのだが、それにしてもこの時期の沖縄社会の激しい近代化を、のちの世代の日本人が想像することは困難ですらある。これほどの変化をともなう経済成長を、いったいだれが予測しただろうか。

石原昌家は戦後の沖縄県民の「巨大な力」を四つに分けている。ひとつは戦争直後の「戦果と密貿易の時代」である。米軍物資の（形式的には違法な）横流しと強奪は、沖縄の人びとを沖縄戦直後の飢餓状態から救出することに大いに役立った。ふたつめは五〇年代なかばの「島ぐるみ闘争」とよばれた反基地闘争である。三つめが日本復帰運動。そして四つめに石原が挙げるのが、那覇都市圏や本土都市部において続々と結成された郷友会や県人会などの同郷組織である（石原 一九八六）。ここに、いわば五つめの巨大な歴史的力として付け加えたいのが、この時期の経済復興である。

沖縄の多くの人びとによって書かれた『庶民がつづる沖縄戦後生活史』には、「スクラップブーム」の章がある（沖縄タイムス社 一九九八b、一〇二頁）。一九五〇年ごろ、米軍基地建設と朝鮮戦争によって資材不足となり、鉄くずに高値がつくようになった。皮肉なことに、「鉄の暴風」が吹いたとまでいわれる沖縄戦当時の米軍による爆弾投下や射撃によって、沖縄の土地には大量の（不発弾を含む）鉄くずが埋まっていた。人びとは競ってこのスクラップを掘り出し、現金収入を得ようとしたのである。同書には当時のスクラップブームによって極貧にあえいでいた人びとがいくばくかの金を手にした姿が掲載されているが、同時にその際不発弾によって多くの住民が傷ついたり亡くなったという例が挙げられている。市民の四人にひとりが犠牲となったといわれる沖縄戦で同胞の命を奪った爆弾の欠片を、いくらかの現金のためにふたたび掘りかえす作業は、それをした人びとにとって、どのような経験だっただろう。頭上に落とされた暴力の欠片と引き換えに現金を得るその姿は、戦後の沖縄を象徴しているのかもしれない。それは沖縄の人びとのたくましさであると同時に、沖縄という場が背負う歴史そのものであり、日本と日本人への問いでもある。スクラップブームの最中に事故にあった人びとは、沖縄戦によって、そして地中に埋まった不発弾によって、いわば「二度」傷つけられたのだ。

躊躇なく経済成長に突入していった沖縄の人びとの、地中から掘り出される爆弾の欠片さえ利用するしたたかさやたくましさを、見逃してはならない。だが同時に、それを過度にロマンチックに語ることもできない。一方的な歴史の犠牲者としての沖縄人のイメージと、ありえないほど主体的に描かれたたくましい沖縄人のイメージとは、おそらくどちらもわれわれ日本人の勝手な想像であるという点で同じなのだ。とにかく、戦後の沖縄には、おそらくこのふたつの極のあいだのどこかに膨大な数の生きられた経験があって、それはこちら側の勝手なイメージや想像をよせつけないほど多様で複雑である。

戦後の混乱・復興期を経てようやく落ち着いてみれば、日本国内では沖縄は、アメリカに譲ったものの、一時期同じ国だったものがそうではなくなってしまったもの、というあつかいになってしまった。

すくなくとも庶民のレベルでは、それはふたたび南の遠い島、自分たちの平和や安全とは無関係のものになってしまった。沖縄の人びとに対するもともとあったわずかな関心も、この時期にはそれすらなくしてしまったかのようだ。政治的話題として、軍事的ニュースとして、外交的問題として沖縄が語られることは多かったかもしれないが、沖縄という島、自分たちの平和と安全のために、自分たちの「国体」のためにあっさりと捨ててしまったあの小さな南の島にも人びとが暮らしていて、いままさに奔流のような経済成長と社会変動に翻弄され、巨大な政治的闘争に巻き込まれているということなど、戦後の日本人は、まったく気づかなかったかのようだ。沖縄は忘れられた島として、日本人の意識のなかではアメリカの一部になってしまったのである。

本章の目的は、戦後の沖縄県における人口移動と経済成長についての概略図を描き、その社会的・経済的背景を考察することにある。戦後の本土就職は、爆発的な経済成長のなかで始まり、すぐに制度化・常態化された。そしてその経済成長は、戦後の沖縄県内の人口移動と過剰なほどの都市化の原因でもあり結果でもある。したがって以下では、まず県内人口移動と那覇都市圏への集中の度合いを、各種の統計データからあきらかにしたい。議論の前提として、沖縄戦直後の農村解体と基地経済化による人口移動を押さえておく必要があるだろう。次に、こうした県内移動をもたらし、また同時にそれによってもたらされた復帰前の沖縄県内の経済成長の実態を、いくつかの基礎的なデータから描写する。この節で、復帰前の沖縄が激しく経済成長していたことと、きわめて低い失業率を維持していたことを確認したうえで、三番めに、本土就職の規模を示す基本的な統計をもとに、好調な経済事情にもかかわらずなぜ六〇年代に大量の労働力が本土に流出していったのかを考えたい。

沖縄の高度成長に関しては、それが基地の安定使用のために米軍によって政治的に演出されたものであるという見方が根強くある。いいかえればそれは、基地を存続させるための政策の結果であり、その意味で沖縄の経済成長は米軍によってもたらされたものであるとされている。

たとえば、屋嘉比収は、米軍の広報誌『守礼の光』にみられる、沖縄の経済成長をもたらした米軍による自画自賛のテクストと、伊佐浜という小さな集落の土地が強制収用され共同体が引き裂かれてしまった事件とを対比させ、沖縄の高度成長の多様な物語を批判的に解読している。その論文のなかでかれは、六〇年代において沖縄の住民の生活が実際に向上し、豊かさを受け入れることができたということに十分留意しながらも、その成長は基本的には米軍によってもたらされたものであることを主張している。


米民政府の発展段階論に依拠した沖縄の開発による経済成長路線も、米軍基地の確保と安定的使用という大前提を維持するための政策であった。島ぐるみ闘争が起こる以前は、銃剣とブルドーザーにより土地の強制収容が強行されたが、それ以後に宥和政策へ変更され経済成長策が採られたとは言え、米国の沖縄統治の根底にあるのは米軍基地の確保と安定的使用であることに変わりない。（屋嘉比 二〇〇九、二八〇頁）

また、鳥山淳も、戦後の沖縄における米国や日本からの経済援助や関税政策、軍用地代などがつねに政治的な賭け金として利用されてきた歴史を振り返り、「基地依存経済」と「自立経済」との二項対立図式を乗り越えようとしている（鳥山 二〇一一）。かれも沖縄の高度成長は、基本的には米国や日本から政治的にもたらされたものだと認識しているようだ。

いうまでもなく、占領初期における戦後復興と経済成長が米軍の各種の援助金などによってもたらされたということ、またそうした援助金や経済政策が米軍の（あるいは日本の）基地政策と深く結びついていたことを否定するつもりはない。ただ、以下では、とくに六〇年代の沖縄の経済成長が、人口の増加と流動を背景にした民間主導のものであったこと、そして実際に沖縄の人びとの生活が向上したことをあきらかにし、本土就職がどうやって制度化されていったのかに関する経済的背景を分析したい。ここで結論を先にいえば、力強く成長する沖縄経済において、あれほどの規模で本土への労働力流出が発生したことは経済的な要因だけでは説明できない、ということである。

二　戦後の人口移動と都市集中

近代の沖縄は戦前から多数の移民や出稼ぎを送り出してきた。だが、戦前と戦後の労働力移動の背景にある社会的・経済的構造には大きな違いがある。まず戦前の沖縄経済は圧倒的に農業が中心的だった。戸谷修によれば、一九三〇年の沖縄の農業就業者は、就業者全体の七三・三％をしめていた

（戸谷一九九五、五七―五八頁）。全国平均は四七・七％だから、いかに農業にかたよっていたかがわかる。またその農業も、一戸あたりの経営規模はきわめて零細だった。戦前の沖縄では、「一人前の働き手となったものを新しく家庭内で余分にかかえこむ余裕はほとんどなかったし、県内において他産業に就労させる機会を得ることはきわめて困難であった。その結果沖縄では戦前においては、毎年自然増加によってふえる人口に相当する五〇〇〇～六〇〇〇人程度の労働力を海外移民や本土への出稼ぎ者として排出せざるをえなかった」（同、五八頁）。こうした貧しさと後進性は、戦後になって一変することになる。

沖縄の人びとに多大な犠牲を強いた沖縄戦が一九四五年に終了したあと、沖縄は二七年間にわたり、米軍の統治下におかれることになった。そしてそれは、基地問題として現在もなお続いている。沖縄戦が終了した直後に米軍がしたことは、県内各地に設けられた収容所への沖縄人の収容と、主要な基地の建設であった。沖縄本島は爆撃と戦闘によって徹底的に焼き払われ、沖縄の農業は壊滅状態となっていた。農民たちは収容所に強制的に集められ、先祖代々住んでいた土地を奪われることになる。こうして、沖縄の歴史上最初の大規模な人口移動が始まることになった。沖縄戦によって農地から切り離された農民たちは、コザや金武《きん》のような基地周辺に急造された都市か、あるいは那覇という首座都市に移動するよりほかに選択肢はなかった。沖縄戦によって農地を剥奪された大量の農民たちは、沖縄史上はじめての「自由労働力」となって、戦後の最初の人口移動を経験していく。

与那国暹によれば、米軍が沖縄戦後に接収した土地は四万エーカー（約一万六二〇〇ヘクタール）以上になり、そのうちの四四％は農地であった。これは当時の沖縄の農地の一七％にあたっていた。この膨大な土地が強制的に取り上げられたため、五万人にのぼる自作農が耕作地を失うことになった（与那国二〇〇一、七一—七二頁）。土地を失った農民たちは、そのままサービス産業従事者として基地経済によって出現したコザのような新しい都市部に移動していく。

戦後の農民の脱農と基地労働者への転化は、米軍当局によって政策的に促進された側面をもっていたことは否定できない。米軍当局にとって、とくに五〇年代以降、大規模な基地建設を完成させるため、基地労働者や土建業者を動員することが不可欠だったのであり、そのためには沖縄経済を基地経済に組み込んでいく必要があった。農民も農業によって生計を立てるよりも基地に雇用された方が有利と判断すれば、すすんで基地労働者になる道を選ぶだろう。こうして沖縄本島、離島を問わず、働き盛りの農民は日を追って基地周辺へなだれ込み、いわゆる「基地の街」と呼ばれる人口集中地区が出現する一方、離島と郡部では急速に過疎化がすすんだ。（同、七八頁）

しかし、たしかに戦後の沖縄の産業構造は、戦前の農業中心のものからサービス産業中心のものへと急激に変化したのだが、こうした離農が沖縄戦直後だけに起こったのではない。戦後の産業構造の変化をみると、あきらかに六〇年代になって大量の農民が農業から離れていったことがわかる（表1−1）。つまり、沖縄における産業構造の激変は、戦後すぐの基地経済化よりもむしろ、六〇年代の

表1－1　産業別就業者割合の比較　(%)

	全国			沖縄		
	第一次産業	第二次産業	第三次産業	第一次産業	第二次産業	第三次産業
1920	53.8	20.5	23.7	74.9	13.3	10.6
1930	49.7	20.3	29.8	75.4	11.6	12.5
1940	44.3	26.0	29.0	77.2	9.4	13.1
1950	48.5	21.8	29.6	60.2	7.7	31.9
1955	41.1	23.4	35.5	54.3	8.2	37.5
1960	32.7	29.1	38.2	43.4	11.4	45.1
1965	24.7	31.5	43.7	32.7	17.4	49.8
1970	19.3	34.0	46.6	21.5	19.4	59.1
1975	13.8	34.1	51.8	13.9	20.8	64.7
1980	10.9	33.6	55.4	12.6	21.5	65.8
1985	9.3	33.1	57.3	11.3	20.9	67.4
1990	7.1	33.3	59.0	9.3	19.8	70.7
1995	6.0	31.6	61.8	7.4	19.4	72.8
2000	5.0	29.5	64.3	6.1	18.8	74.2

出典）国勢調査より。

表1－2　人口と世帯の増加率

	人口増加率（%）	世帯増加率（%）	世帯人員数（人）
1955	14.6	13.6	4.91
1960	10.2	24.7	4.34
1965	5.8	2.3	4.49
1970	1.2	7.2	4.23
1975	10.3	16.8	4.00
1980	6.1	14.6	3.70
1985	6.6	12.0	3.52
1990	3.7	10.0	3.32
1995	4.2	9.8	3.15
2000	3.5	10.4	2.95
2005	3.3	9.4	2.79

出典）国勢調査より。

高度成長期になって進行したのである。第一次産業が三割を切り、かわって第三次産業が五割を突破するのは、六〇年代の後半になってからである。そのあとの産業構造には大きな変化はみられないことから、あきらかにこの時期になって、沖縄の社会と経済に大きな変動が起きていたのである。

沖縄県内での大量の都市への移動は六〇年代になってから拡大していったのだが、しかしそれでも与那国が述べるように、戦後処理と基地建設のなかで大量の農民が土地を奪われたことが戦後の労働力の初期的な地理的流動性のもとになったことは間違いない。たとえば与那国は、沖縄本島の集落の基地建設による解体と再編成を非常に細かく調べあげている。とくにかれは、石川やコザや宜野湾《ぎのわん》といった地域について、戦後の収容所や基地建設のために、それまでの寒村が一夜にして膨大な人口を抱える都市へと成長したことを描いている。コザ市では、一九六九年には人口が六万六〇〇〇人にもなっていたのだが、そのうちの地元出身者は二万四〇〇〇人（三六％）しかいなかった（同、四〇頁）。残りはすべて他地域出身者、本土出身者、外国人で、要するに基地ができてから集まってきた人びとである。

このように、沖縄の戦後は「まず移動から始まった」といってよい。それでは以下に、主に復帰前後までの戦後沖縄県内の都市化と人口集中について、簡単にまとめよう。表1－2と図1－1は沖縄県の人口をあらわしている。戦前の人口停滞社会から、戦後になって急速に近代化・産業化すると同時に、大幅に人口が増加している。とくに六〇年代の高度成長期の人口増加はいちじるしい。なかでも一九六〇年に二五％近くも世帯が増加している。同時に世帯人員数も急減しているので、この時期

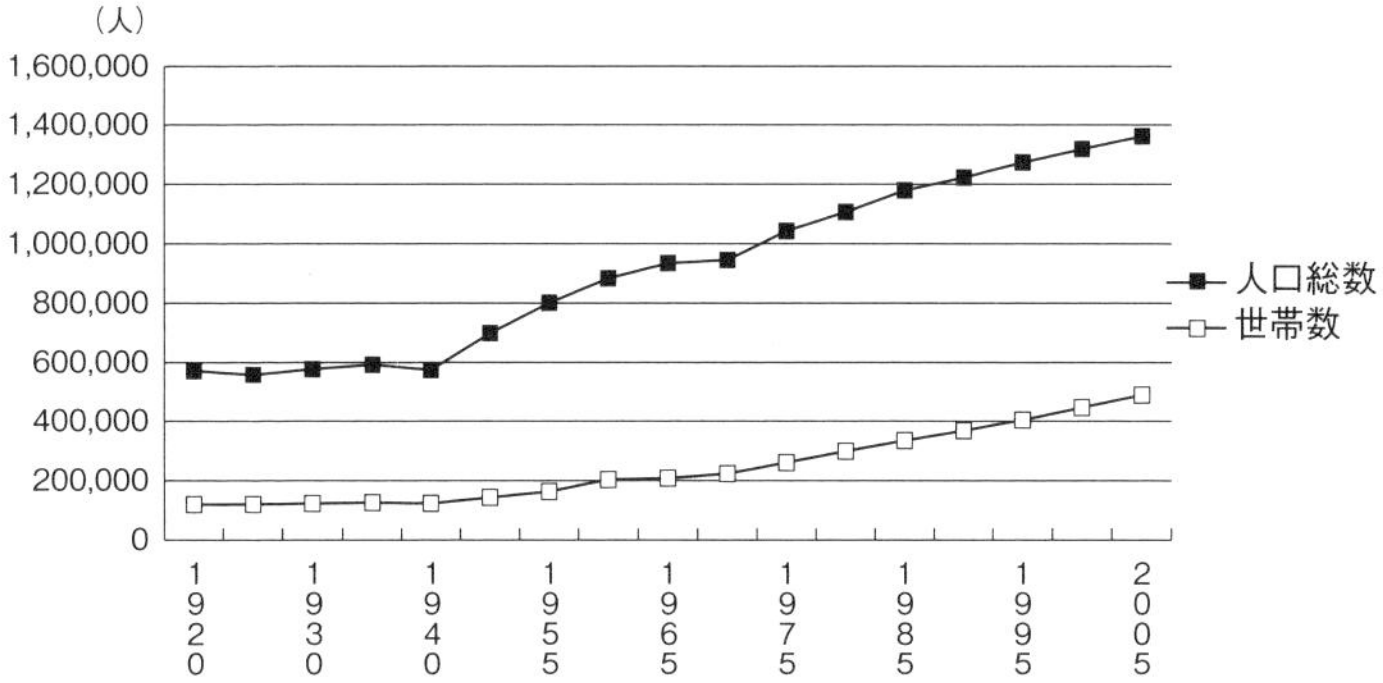

図1－1　沖縄県の人口

表1－3　那覇都市圏への人口集中率　　人（%）

	沖縄県	那覇市	那覇市集中率	A	A集中率	B	B集中率	C	C集中率
1920	571,572	100,112	(17.5)	140,497	(24.6)	212,729	(37.2)	339,771	(59.4)
1925	557,622	98,305	(17.6)	137,156	(24.6)	206,458	(37.0)	327,196	(58.7)
1930	577,509	105,331	(18.2)	144,243	(25.0)	214,700	(37.2)	340,009	(58.9)
1935	592,494	111,329	(18.8)	151,943	(25.6)	224,648	(37.9)	351,464	(59.3)
1940	574,579	109,909	(19.1)	149,242	(26.0)	218,740	(38.1)	339,511	(59.1)
1950	698,827	108,662	(15.5)	145,257	(20.8)	220,865	(31.6)	407,743	(58.3)
1955	801,065	171,682	(21.4)	217,041	(27.1)	303,053	(37.8)	516,193	(64.4)
1960	883,122	223,047	(25.3)	276,261	(31.3)	367,593	(41.6)	599,120	(67.8)
1965	934,176	257,177	(27.5)	318,313	(34.1)	415,667	(44.5)	661,977	(70.9)
1970	945,111	276,394	(29.2)	352,062	(37.3)	455,172	(48.2)	706,990	(74.8)
1975	1,042,572	295,006	(28.3)	406,789	(39.0)	534,011	(51.2)	809,814	(77.7)
1980	1,106,559	295,778	(26.7)	436,119	(39.4)	579,477	(52.4)	872,089	(78.8)
1985	1,179,097	303,674	(25.8)	470,168	(39.9)	628,079	(53.3)	939,781	(79.7)
1990	1,222,398	304,836	(24.9)	489,712	(40.1)	661,750	(54.1)	985,684	(80.6)
1995	1,273,440	301,890	(23.7)	501,910	(39.4)	690,860	(54.3)	1,034,144	(81.2)
2000	1,318,220	301,032	(22.8)	518,840	(39.4)	716,844	(54.4)	1,075,163	(81.6)
2005	1,361,594	312,393	(22.9)	538,228	(39.5)	742,249	(54.5)	1,113,234	(81.8)

A＝那覇都市圏（狭域）　那覇市、豊見城市、南風原町、西原町、浦添市
B＝那覇都市圏（中域）　A＋糸満市、中城村、宜野湾市、北中城村、北谷町
C＝那覇都市圏（広域）　B＋八重瀬町、南城市、与那原町、沖縄市、嘉手納町、うるま市、読谷村

出典）国勢調査より。

に世帯分離して、主に若年層が都市部へ移動したということなのだろうか。また、六〇年代後半から七〇年ごろにかけて世帯数がほとんど増加していない。おそらく大量の労働者が本土へと流出したからである。また同時に、世帯数はそれほど増加しないなかでこの時期に那覇市の人口が増加していることを考えれば、単身での移動の段階から世帯ごとの移動の段階をむかえ、一家で那覇都市圏へ移動するケースが増えていたのかもしれない。いずれにせよ、この人口増加がどこに吸収されたかといえば、繰り返すがそれは県内でいえば那覇都市圏である。

とりあえずここでは、「那覇都市圏」を那覇市・狭域那覇都市圏・中域那覇都市圏・広域那覇都市圏の四つに分けてそれぞれの人口集中度を出すと、表1－3のようになる（市町村名は合併後の現在のものを使用した）。「集中率」は、同じ年の沖縄県の人口にしめる、当該の地域の人口の割合である。

まず那覇市でみてみると、戦前から戦後にかけて一〇万人程度で停滞していた人口が、一九五〇年から一九六〇年にかけてのわずか一〇年間で二倍の二〇万人に、七五年にはおよそ三〇万人へと膨れ上がっている。この間の沖縄県の人口全体もかなり増加しているので、人口集中率は一〇ポイントしか上げていないが、それでも非常に激しい人口増加がこの時期に那覇市で起きていた。その後の那覇市の人口はふたたび停滞期に入っており、現在は三〇万人で安定している。集中率も一九七〇年の二九・二％をピークに減少し、現在では二〇％を若干上回る程度で推移している。

七〇年ごろにはすでに過密状態となり、その後は人口が安定し集中率を減少させた那覇と同じように、その周辺の地域、たとえば広域那覇都市圏に範囲を広げてみても、復帰後も集中率を減少させて

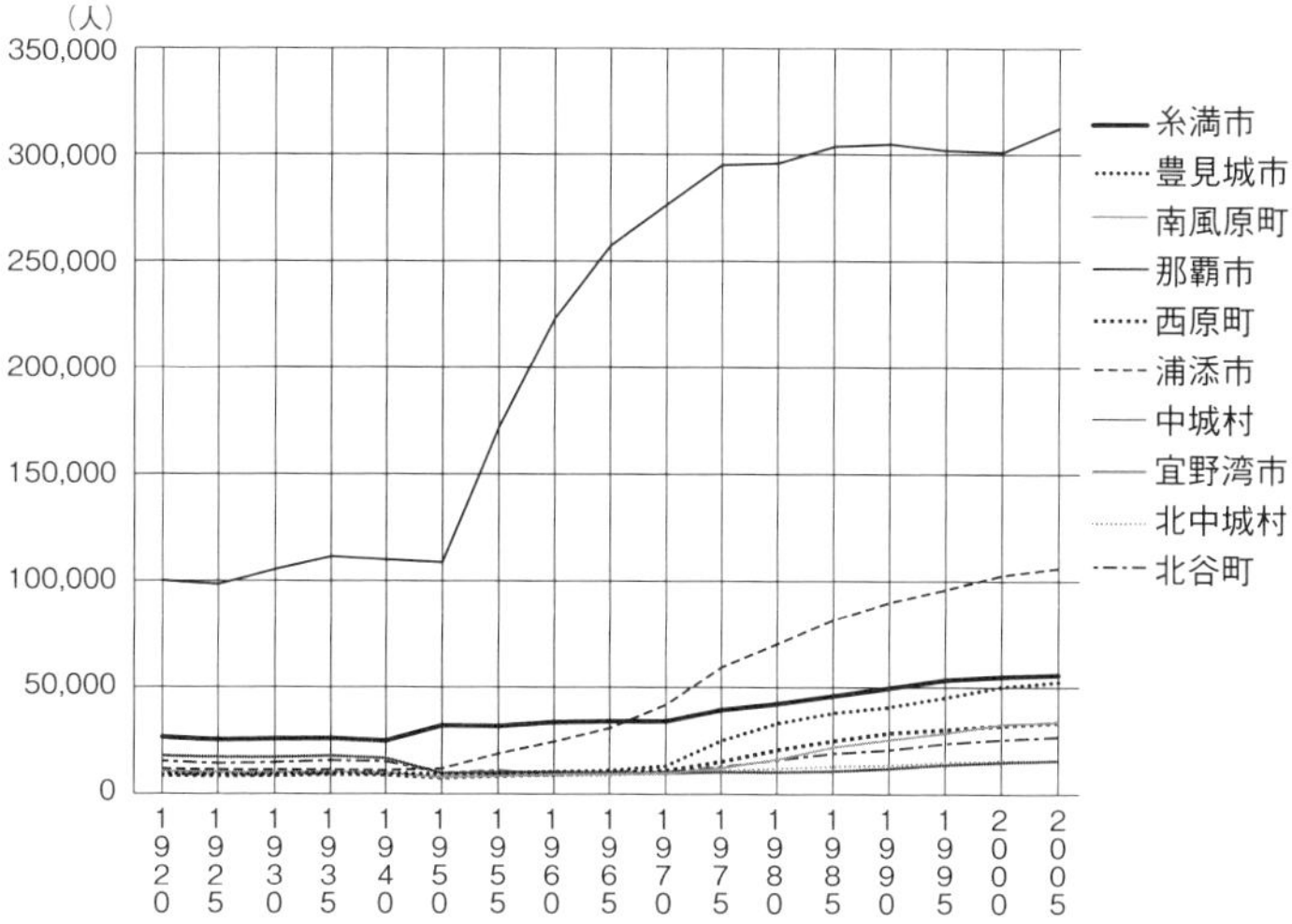

図１－２　各市町村の人口推移

表１－４　北部地域の人口推移　（人）

	国頭村	東村	大宜味村	今帰仁村	本部町	北部郡部合計	名護市	北部合計
1925	10,112	3,170	8,026	12,609	21,859	55,776	27,363	83,139
1930	10,417	3,143	8,347	13,057	23,281	58,245	28,669	86,914
1935	10,460	3,250	8,023	12,689	21,963	56,385	29,628	86,013
1940	9,969	3,171	8,037	11,915	20,409	53,501	28,635	82,136
1950	12,000	3,481	9,208	15,398	27,552	67,639	41,064	108,703
1955	11,267	3,285	7,648	13,775	22,854	58,829	39,224	98,053
1960	10,653	3,165	6,497	13,319	21,442	55,076	41,662	96,738
1965	9,192	2,721	5,552	12,531	19,657	49,653	41,595	91,248
1970	7,324	2,425	4,535	10,508	17,152	41,944	39,799	81,743
1975	6,568	2,300	4,178	11,100	17,823	41,969	45,210	87,179
1980	6,873	2,067	3,626	9,593	15,307	37,466	45,991	83,457
1985	6,510	2,134	3,567	9,465	15,116	36,792	49,038	85,830
1990	6,114	1,891	3,513	9,165	15,043	35,726	51,154	86,880
1995	6,015	1,963	3,437	9,486	14,718	35,619	53,955	89,574
2000	5,825	1,867	3,281	9,492	14,522	34,987	56,606	91,593
2005	5,546	1,825	3,371	9,476	14,383	34,601	59,463	94,064

注）東村が1923年に久志村より分離し村制施行したため、1925年の国勢調査以降を集計した。

はいないが、七〇％から八〇％で安定的に推移している。すぐあとでみるように、復帰後に郡部において人口の減少がかなりゆるやかになっていることから、沖縄県内の那覇都市圏への人口集中は、復帰前の六〇年代の高度成長期にピークをむかえ、七〇年代後半にはほぼストップしていることがあきらかである。

戦後の人口集中を、市町村ごとに詳しくグラフにしたのが図1－2である。これをみてもわかるように、戦後の那覇への急速な人口集中は、五〇～六〇年代に出現し、その後停止している。那覇周辺地域においても、浦添市などはドーナツ化現象の影響により若干の人口増加をみているものの、かなり遅いペースで人口を増やしているにすぎない。

次に、郡部での人口推移をみてみよう。郡部といっても離島を含めると沖縄県の島々の実態は多種多様だが、ここでは北部農村地域を例にとってその推移を分析する。

表1－4は国頭村《くにがみそん》、東 村《ひがし》、大宜味村《おおぎみ》、今帰仁村《なきじん》、本部町《もとぶ》に、北部中核都市である名護市を加えて戦前から現在までの人口推移をまとめたものである。これらをまとめて仮に「北部地域」、ここから名護市を除外したものを「北部郡部」とよぶとすると、まず北部地域全体では、興味深いことに八万人から一〇万人のあいだで非常に安定的に推移していることがわかる。だが、グラフ（図1－3）をよくみると、ちょうど復帰のあたりがやや底になっていて、ここを中心としてゆるやかなV字になっている。これは、北部郡部と名護市がそれぞれ別の人口の動き方をしているからである。

図1－4と1－5からあきらかなように、北部郡部は、戦後から現在にいたるまでにちょうどその

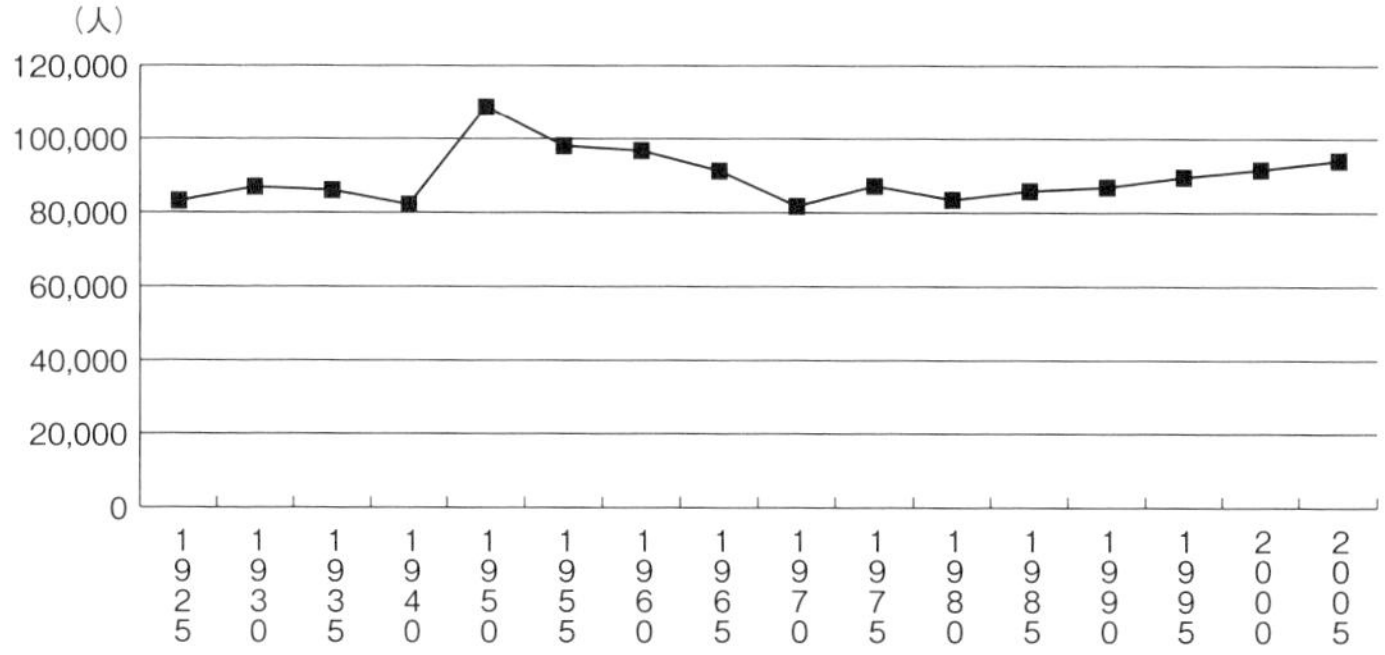

図１－３　北部地域の人口推移（名護市を含む）

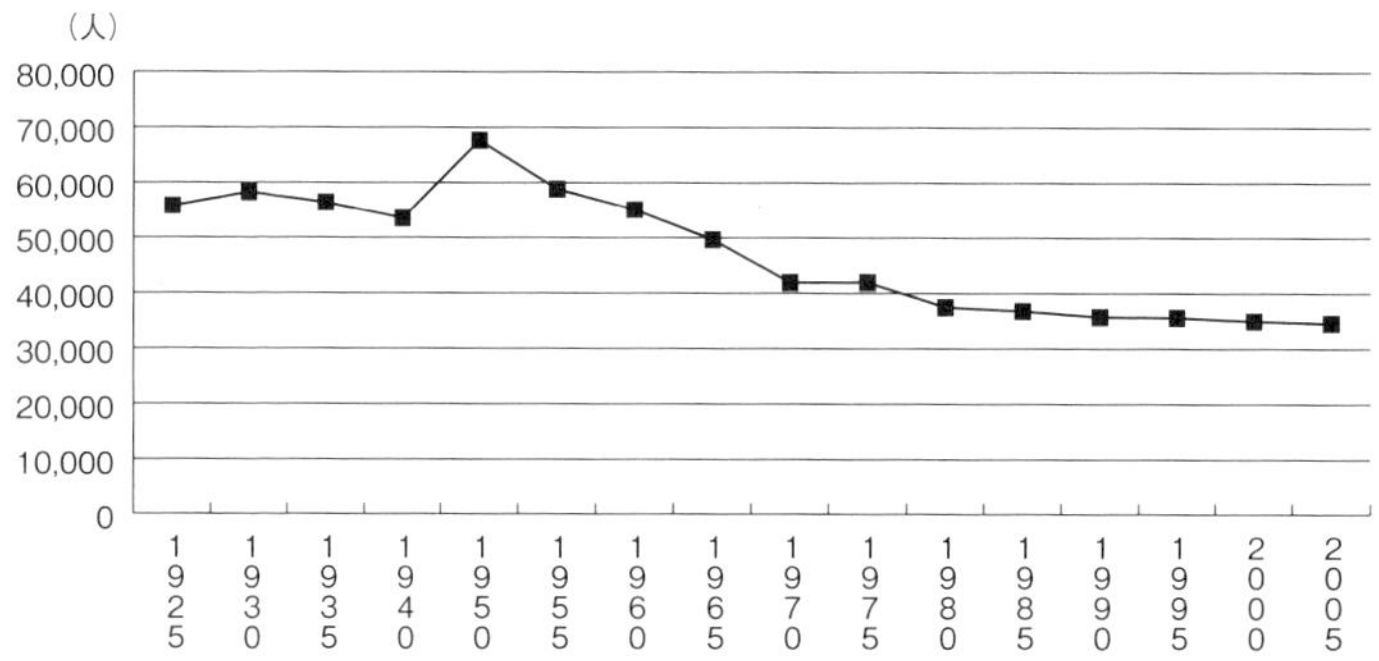

図１－４　北部郡部の人口推移

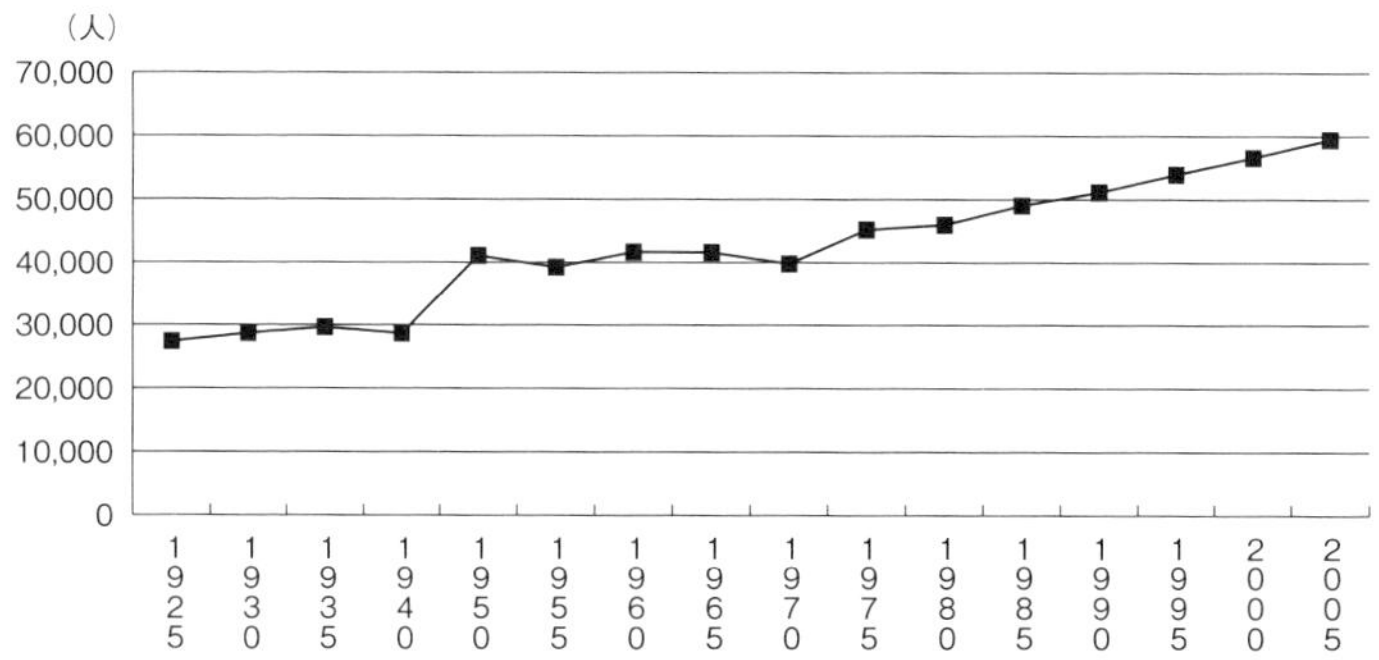

図１－５　名護市の人口推移

人口を半減させているが、ここでもやはりとくに六〇年代の減り方が激しい。一九五〇年から七〇年のあいだの二〇年間で、二万五〇〇〇人もの人びとが流出しているのである。そしてその間、名護市はその人口をほとんど変動させていない。これはおそらく、名護から那覇都市圏および本土へ流出している人口と、周辺の郡部から名護へ流入してくる人口とが、偶然均衡していたせいなのかもしれない。逆にいえば、この間に減少した二万五〇〇〇人は、郡部から流出した分から名護に流れた分を引いた残りであり、北部地域から純粋に流出していった層である。そして復帰後は、北部郡部が引き続きゆっくりと減少しているが、そのスピードは非常にゆるやかになっている。七〇年から二〇〇五年までのあいだに郡部で七三〇〇人ほど人口を減らしている。他方で、復帰後になって二万人ほど人口を増加させているのが名護市である。なぜ復帰後これほどコンスタントに人口を増加させることができているのかは、ここでは十分にあきらかにすることはできない。これは推測だが、郡部の流出人口を吸収したこと、那覇や本土からのUターン、そして自然増の三つの要因が重なったものであろう。那覇一極集中から、周辺中核都市への分散のプロセスが復帰後始まったのかもしれない。

復帰後の北部郡部の人口減少スピードの緩和と名護市の継続的な人口増加については、「基地経済から公共投資依存経済へ」という、沖縄県全体のマクロな構造変動の効果かもしれない。詳しくはこのあと述べるが、民需と住宅投資主導で力強く成長していた復帰前の基地経済時代から、日本政府の援助による公共投資中心の経済へと変化したのだが、公共事業が離島や農村などの県内周辺部に行き渡ることによって、かならずしも那覇へ移動しなくても生活できるようになっているということも考

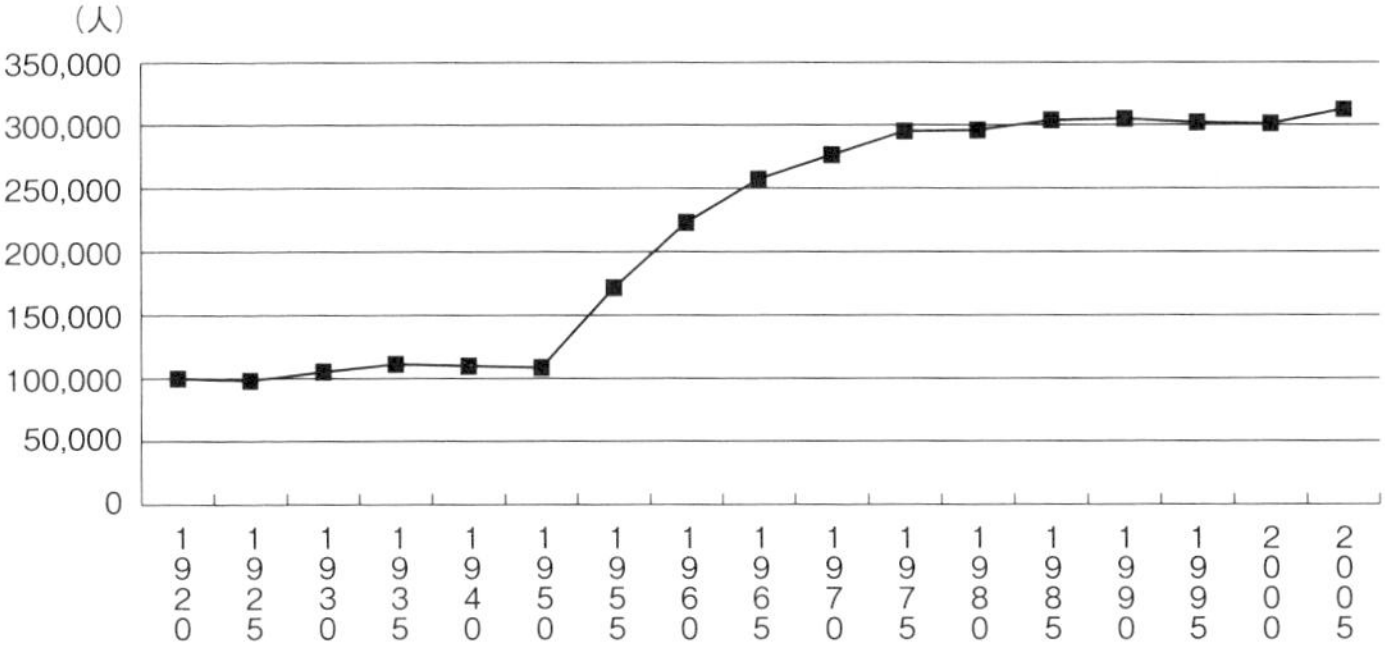

図１-６　那覇市の人口

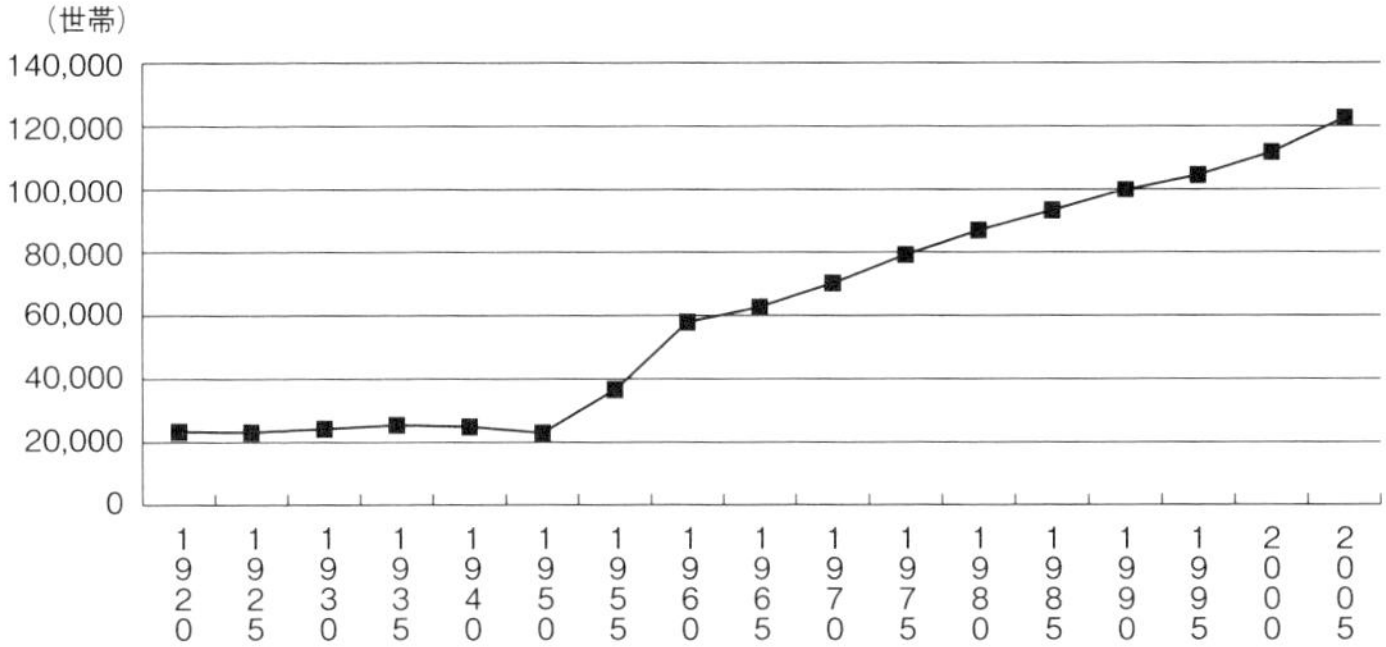

図１-７　那覇市の世帯数

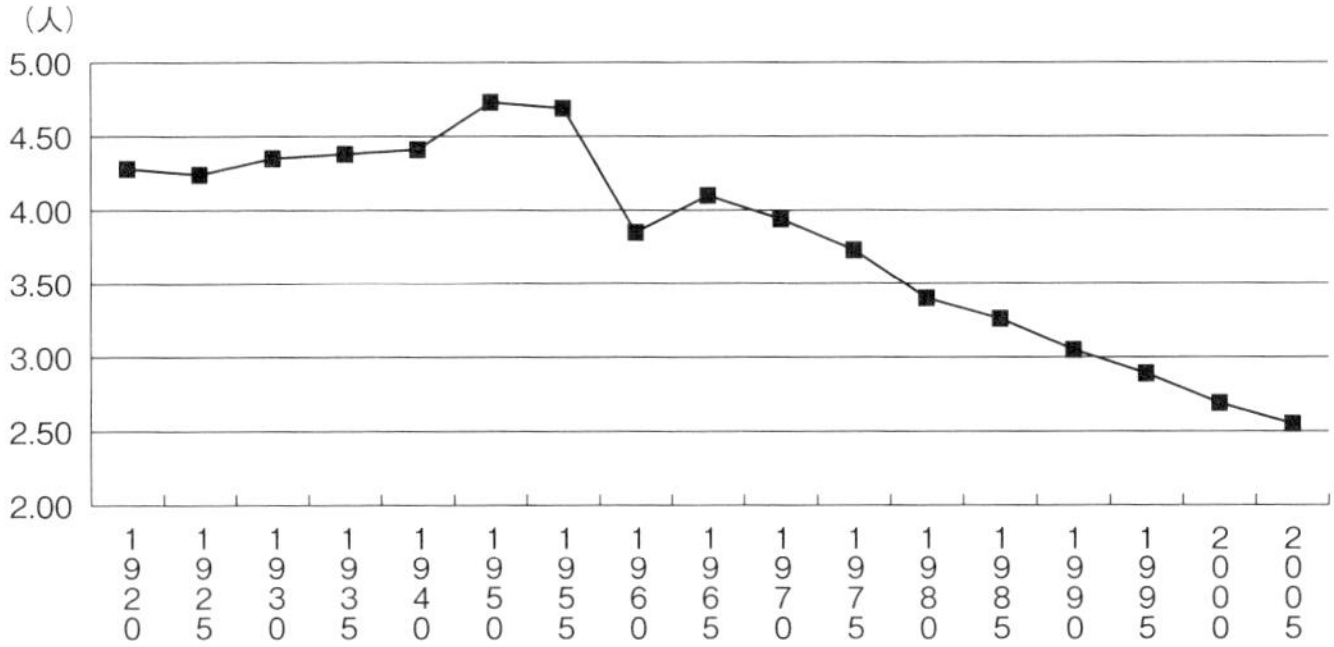

図１-８　那覇市の平均世帯人員数

えられる。

いずれにせよ、沖縄戦直後の基地建設の時代よりも、六〇年代になって経済成長していくなかで那覇都市圏に人口が集中したのと同じ時期に、北部郡部でも人口を急減させていることを確認することができる。

さて、ここで那覇市内に議論を戻し、人口・世帯数・世帯人員数の関係から、復帰前と復帰後の移動の様態について簡単にまとめておきたい（図1－6、図1－7、図1－8）。

那覇市だけの人口を取り出してみると、あらためて五〇～六〇年代にきわめて急激な人口集中があったことがわかる。二〇年間で人口が一〇万人から三〇万人に増加するということは、当時の那覇市においてどのような経験だったのだろうか。その社会変動のスピードは想像を絶するものだったにちがいない。

一方で、世帯数の推移をみてみると、五〇年代にやや傾きが大きくなっているものの、戦後一貫したペースで増加している。他方で、世帯の平均人員数は、五〇年代に急激に減少したあといったん持ち直すが、六〇年代後半からは一定のスピードで減少し続けている。復帰前は人口増加局面における世帯数増加と世帯人員数減少という特徴だったのに対し、復帰後は人口停滞局面において世帯数増加と世帯人員数減少がみられたということである。ここから、やはり復帰後に那覇都市圏、あるいは沖縄社会全体が急激に成熟し、本土と同じように少子化・非婚化・単身化・高齢化が進行していることをみてとることができるだろう。

さて、まとめると、次のようになる。まず、基地建設のための土地収用によって沖縄に大量の流動的人口が発生したのだが、むしろ復興後の六〇年代、沖縄経済が力強く成長していく過程において人口の流動が本格化し、那覇都市圏に過剰ともいえる人口が集中していった。そのかわり北部では、一部は名護市のような中核都市に吸収されたが、郡部では人口が半減するほどの流出をみた。那覇市の人口と世帯数の推移を詳しくみると、復帰前と復帰後で人口構造が大きく変わっていることがあきらかである。

三　沖縄の高度経済成長

それでは、この県内人口移動が引き起こした戦後の経済成長についてもう少し詳しくみていこう。

一九四五年、沖縄の「戦後」は各地に設置された収容所のなかで始まった。当初はそこは無償労働や物々交換で成り立っている「無通貨社会」とよばれていた。しかしすぐに、エロア資金やガリオア資金などの米軍政府（琉球列島米軍政府、一九五〇年に米民政府に改組）・米民政府（琉球列島米国民政府、USCAR）の援助を得て沖縄社会に資金が流通するようになる。密売・密貿易の時代を経たあと、一九五八年にB円からドル通貨制へと移行し、きわめて大規模な産業構造の変動と労働力の流動化をともないながら、沖縄も高度成長期の時代へと突入していった。表1－5は沖縄県と全国との戦後の成長率の比較である。日本が高度成長期に入っていた六〇年代に、沖縄もやはり一〇％近い成長を遂げていたことがわかる。表1－6と図1－9は戦後の沖縄の失業率だが、復帰前まで二％前後と、ほぼ完全雇用を実現していた。大城郁寛も、六〇年代の雇用情勢がきわめて良好だったことと、六二年ごろから実質賃金が急上昇していることを指摘している（大城 二〇〇二、一七一頁、および琉球銀行調査部 一九八四、一三一五頁）。

琉球銀行調査部が一九八四年にまとめた『戦後沖縄経済史』でも、復帰前の失業率の低さは指摘されている。ただ、この失業率の低さは、ここでは基地経済の恩恵として語られている。「終戦直後の経済混乱期と本土復帰直前に基地従業員の大量解雇が吹き荒れたにもかかわらず、沖縄経済は「失業なき経済社会」を実現していた」とし、その背景に「沖縄経済の基地経済化がある」と指摘されている。そして、「沖縄経済は基地あるが故に「失業なき経済社会」を築くことができたといっても過言ではなかった」（同、一二三二頁）と評価している。しかしすぐこのあとみるように、沖縄の好景気はむしろ人口の増加と都市集中、そしてそのことによる内需拡大がもたらしたものであった。

一九四六年ごろからガリオア・エロア資金が投下され、沖縄の経済に流動性が供給され、さらに琉球列島貿易庁の設置によって、本土から物資が正式に沖縄に流入してくるようになった。同時にこのころ、沖縄域内の通貨が、何回かの貨幣切り替えを経て米軍票であるB円に統一された。本土からの物資と交換されたB円は米軍政府に回収され、米軍政府予算に繰り入れられたが、それは社会資本の整備、軍労務者や米軍政府の人件費として使われた（久場 一九九五、二七頁）。そのほか、日琉金融協定および貿易協定にもとづく日琉貿易の開始、一ドル＝一二〇B円の固定為替制度（一九四五～五八

表１－５　経済成長率　(%)

	沖縄県	全国
1956～1961	8.9	9.4
1962～1971	9.3	9.3
1972～1982	8.4	4.2
1982～1991	3.3	4.1
1992～1999	1.4	0.9

注）対前年度比、期間年平均（%）
出典）総務庁「国民経済計算」、沖縄県「県民経済計算」、沖縄振興開発金融公庫「沖縄経済ハンドブック」、内田、二〇〇二、三四頁より。

表１－６　失業率　(%)

	全国	沖縄
1950	2.0	0.4
1955	1.9	1.4
1960	0.8	1.6
1965	1.4	2.0
1970	1.4	4.0
1975	2.3	8.1
1980	2.5	7.7
1985	3.4	7.6
1990	3.0	7.7
1995	4.3	10.3
2000	4.7	9.4
2005	6.0	11.9

出典）国勢調査より。

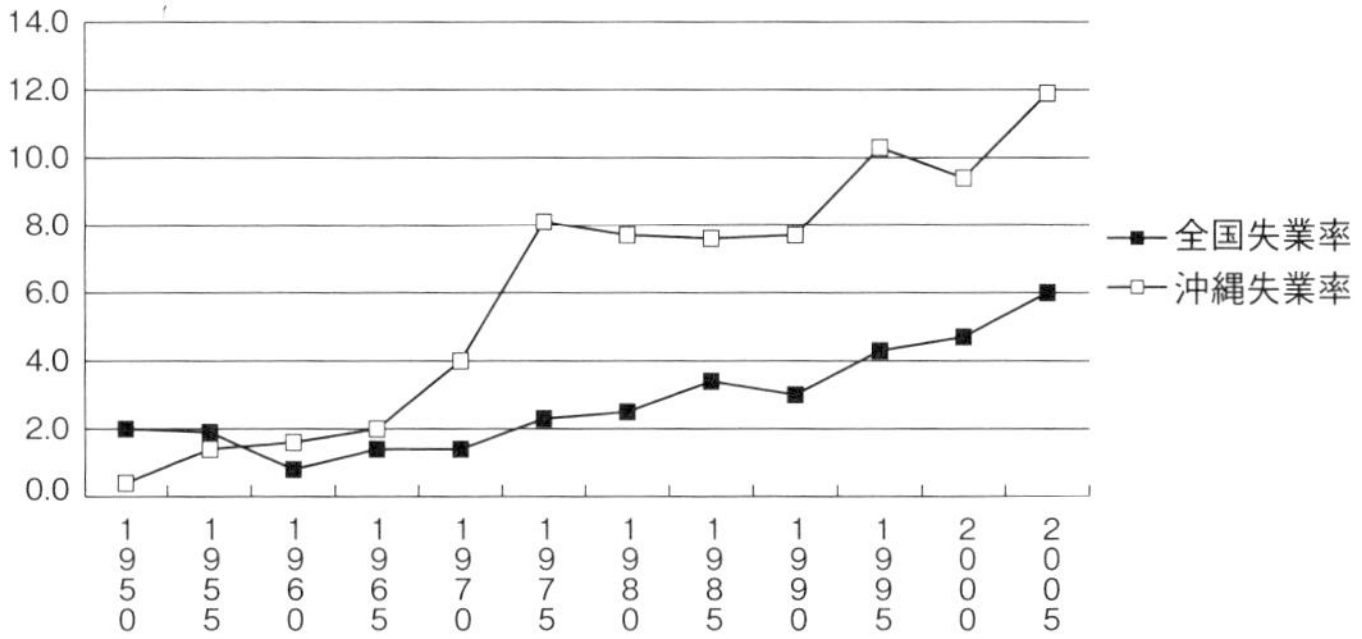

図１－９　失業率

年）による本土からの物資輸入促進のためのデフレ政策、あるいは軍関係受取による初期的資本蓄積などによって四〇～五〇年代の沖縄経済は徐々に復興していった。基本的には米軍がもたらす援助物資によって本土から物資を輸入し、同時に軍関係受取というかたちでサービスの輸出をするというのが、戦後初期沖縄経済の成長サイクルであった（川平 一九九〇、松田 一九八一など）。

一九五八年にドル通貨体制へ移行してから沖縄経済は本格的に成長していくが、六〇年代前半期において景気を牽引していたのは、軍用地料の支払の拡大、自由貿易地域に設置されたトランジスタラジオ工場の例などにみられる旺盛な民間設備投資、そして農産物の輸出、とくに本土の特恵措置によって恩恵を受けた砂糖とパイナップルの輸出である（琉球銀行調査部 一九八四、一一三七—一一三八頁）。軍用地料が大量に放出されたのは、支払方式や金額などをめぐって「島ぐるみ」で激しく争われていた軍用地問題が五九年にほぼ決着し、この時期に数年分が一挙に支払われたからである。

軍用地問題が完全に決着をみたのは一九五九年であるが、一九五八年七月にさかのぼって適用されること、毎年の地代支払は年度始めの七月になされることになっていたため、一九五九年度、六〇年度の二年分と一〇年分の前払いが一挙に支払われた。続いて、一九六〇年七月から一九六一年度分と九年分の前払いがなされ、前述のように短期間に多額の地代が集中的に支払われたのである。他方、順序は逆になったが、軍用地問題の決着を背景に一九五九年五月一二日、先に地代引き上げを求めてなされていた訴願について琉米双方間に和解が成立した。それに基づき、地代の増額分一六六万ドルと訴願に際して支払保留扱いにされた一八〇万ドルがただちに支払われた。

まさに、一九五九年中ごろから一九六一年初めにかけては〝軍用地ブーム〟の観を呈した。こうした事態は巷間「ドルの雨が降る」といわれたという。（同、五三三頁）

その後、六〇年代後半になると、ベトナム特需、講和前損害補償金、観光収入の増加、日本政府の対沖縄援助の本格化などの数々の要因が重なり、さらに沖縄経済は成長していくが、こうした六〇年代の成長の要因について、久場政彦は次のように評価している。

このように対外収支の動きをみてくると、過去に幾たびか景気の落ち込みを経験してはいるが、そのつど、景気浮揚のきっかけとなったのは、一九六〇年〜六三年の砂糖、パインアップル缶詰の輸出増を除けば、基地需要、軍用地代、講和前損失補償、日米政府援助金といったような、すべて外生的要因による外部からの資金注入が、意図的にか、あるいは偶発的に行われてきたからであった。……沖縄経済の水準が量的には上昇しても、それに寄与しているのが上述のような外生的要因であることが常に不安を伴わさせている。（久場 一九九五、五三一五四頁）

久場は外生的条件に依存したものとして六〇年代の成長プロセスを描いているのだが、初期条件としての援助資金や本土政府の特別措置などに守られて始まった成長でも、この時期の個人消費と民間設備投資が非常に活発であったということは間違いない。富永斉も、戦後の対外収支の構造を次のように規定している。

期間を前期（五五—六四年度）と後期（六五—七一年度）に分けて比べる。前期で最も寄与率が高いのは輸出（基地収入が主）である。輸入のマイナス寄与もきわめて高い。琉球の生産力が不十分なためということもあって、基地収入を中心に稼いだ輸出代金を、消費材や資本財の輸入（主に本土から）にふり向けていた。投資の寄与率はまだ低く個人消費の寄与率が高い時期であった。後期になると、輸出入の寄与率が前期に比べて低くなり、個人消費の寄与も小さくなるが、逆に、投資の寄与がかなり高まる。投資の内訳では個人住宅と企業設備の寄与が高まっている。前期を輸出主導型の成長とみると後期は投資主導型（または内需主導型）の成長ともいえよう。個人消費の充足度が高まって個人住宅を充足する段階に進み、輸入代替が可能な分野などで企業設備投資が活発になる、というパターンになっている。（富永 一九九四、一〇六頁）

戦後の沖縄の経済成長が、個人消費支出と民間投資部門、とくに個人住宅によって押し上げられたことは、多くの経済学者が指摘している。六〇年代の成長期に先駆けて、五〇年代の終わりにすでに稲泉薫はこの消費ブームを「分不相応な過剰消費」と位置づけている（稲泉 一九五九）が、松田賀孝はとくに詳細に六〇年代の家計構造の変化を分析している（松田 一九八一）。沖縄の家計支出は一九五一年一二月の三四・三一ドルから一九七一年平均一九六・三三ドルにまで拡大した（琉球銀行調査部 一九八四、一三四六頁も参照）。その家計の内訳を年ごとにみると、食料費がその割合を年々低下させている。しかしその食料費の内訳では、主食の割合が一貫して低下しているのに対し、外食と副食が激しく増加しているのである。また、それ以外にも、年々増加しているのが雑費と住居費である。とくに住居費は六六～六七年ごろに年間三五％以上も伸びている。住居費のなかでも家具什器類が増加しており、松田は「耐久消費財ブーム」と解釈している（松田 一九八一、六七八―六八二頁）。

ここでさらに復帰前の成長における民間部門の寄与、とくに個人消費と個人住宅に焦点をあてた大城郁寛の議論を参照しよう。沖縄は第二次産業の比率が本土に比べてかなり低いことはだれもが指摘するところだが、それでも復帰前の沖縄の製造業がそれなりに活発な投資によって成長していたことをあきらかにしている。なかでもとくに、重要な輸出品目となっていた砂糖とパイン缶詰のほかに、「その他食料」が大幅に伸長していることに注目し、外生的需要に支えられた砂糖とパインだけでなく、沖縄の内需向け商品である「その他食料」の拡大が、この時期の消費ブームを反映したものであると述べている。また、一九五五年から一九七七年のあいだに個人向け住宅（持ち家や借家など）が七八％増加したこと、とくに那覇市では住宅総数で一三四％、借家が五七八％になっていること、浦添市では総数で一七〇％、借家は三四〇％増加したことを指摘し、これらの議論をまとめて個人消費、企業設備投資、個人住宅が復帰前の成長要因であると論じている（大城 二〇〇二）。

表1－7　実質県民総支出の各項目の平均増加率　(%)

	県民総支出	民間消費	財政消費	県内総資本形成	総固定投資	民間固定投資	民間住宅	企業設備	公的固定投資	移輸出	移輸入
1956～71年度	7.5	7.6	9.4	17.8	17.3	17.7	16.8	23.2	18.2	10.5	14.5
1972～84年度	6.6	7.1	5.5	5.4	5.6	3.2	2.3	5.2	14	2.2	2.9

出典）富永 一九八七、三頁より。

たしかに、表1－7をみても、復帰前の総支出における項目のうちで、とくに高い増加率を誇っていたのは消費、設備投資、民間住宅である。公共投資もかなり増加しているが、復帰後の増加率と比較すれば、復帰前は民間部門主導、復帰後は公共部門主導という色分けがはっきりしているのである。

復帰前と復帰後については富永斉の次の記述がよくまとまっている（そのほか、復帰後の沖縄経済については、松田 一九八三、新垣 一九九三、内田 二〇〇二、久場 一九九五、宮本・佐々木 二〇〇〇などを参照）。

復帰前は投資の伸び率が高く移輸出入の伸び率も高かった。特に企業設備投資の伸びが高く、民間固定投資の伸びが公的固定投資の伸びに匹敵していた。それに対して復帰後は、公的固定投資の伸びがやや低まったが民間固定投資の伸びはそれにも増して著しく低下し、移輸出入の伸びも二～三％の低い値になっている。……復帰前は基地収入（軍関係受取）に誘発された民間投資が経済成長の一大要因であったのに、復帰後は公的固定投資がその役割を担う形になっている。復帰前の基地依存性が復帰後の財政依存性に肩代わりされたともいえようか。（富永 一九八七、三頁）

こうした活発な住宅への投資は、農村地域や離島からの、コザや那覇の都市圏への流入人口の増加によって生み出されていたのである。白戸伸一は、この時期に大量の離農者が生まれ第一次産業従事者が激減したことを描いているが、こうした離農者がどの産業へも完全に吸収されることなく、復帰直後のあの急激な失業率の上昇へとつながったのだと述べている（白戸 一九八七）。もちろんこの産業構造の変化は、失業よりもはるかに多くの雇用を生み出していた。第一次産業から第三次産業への人口の移動は、地理的にいえば必然的に周辺部から都市部への集中となってあらわれる。前節でみた那覇への人口集中は、これらの民間投資の原因でもあり、結果でもあるだろう。

ガリオア資金などの日米両政府による援助や軍関係受取などで供給された資金が、そのまま旺盛な個人消費（「過剰消費」）に流れ込んでいったが、同時に主に基地都市や首座都市（那覇）における旺盛な設備投資が引き起こす労働力不足は、県内の大量の人口移動と産業構造の変動を生み出していった。そして、北部郡部などの辺境から流入してくる人口によって都市圏に世帯数が急増し、個人住宅および耐久消費財のブームが生じることになる。こうした消費と投資の循環は、ポジティブフィードバックによりお互いを拡大しながら、六〇年代の過熱する沖縄経済を支えていたのである。

吉川洋によれば、戦後の日本においても、増加した人口が都市部に集中し、世帯数が増加することによって耐久消費財の需要と設備投資が増え、それがまたさらなる雇用と人口移動を生み出すという経済成長のサイクルが同じように発生していた（吉川 一九九七）。規模は違うが、沖縄においても戦後の人口増加と都市化が経済成長を牽引していたことは間違いない。

初期条件としての援助資金や基地労働による賃金を受けとったあと、沖縄経済はみずからの力で成長していった。復帰前の沖縄経済はたしかに「基地経済」とよべるものだが、高度成長のメカニズムはもう少し複雑である。援助資金で貨幣が供給され、戦後の無貨幣・物々交換・密貿易社会に、消費ブームが生まれる。戦前の貧困にあえぐ農村社会の時代を知るものの目には、アメリカ軍がもたらす数々の消費財は、おそらく非常にまぶしく映ったにちがいない。このときから「分不相応」ともいわれる「過剰消費」が始まっていく。基本的には軍関係受取と財政援助で得た流動性は、本土から輸入された物資の購入に充てられ、復帰後にもつながる「ザル経済」がこのころすでに構築されていった（新垣 一九九三）。だが、経済成長という観点からみれば、「取得した貨幣をすぐに使う」ことは、悪いことではない。この時代の沖縄は、一貫した貯蓄率の低さからみてもわかるように、「稼いだ金をすべて使う」社会だったようだ。旺盛な消費は、活発な設備投資を生み、活発な設備投資は労働市場の逼迫を生む。この時代の「完全雇用」は、こうして実現したのである。そして、都市部での人手不足と賃金の上昇（すでにみた家計支出の急拡大）はさらなる人口集中を生み、人口集中は世帯数の増加による個人住宅と耐久消費財のブームを生み……。これが六〇年代沖縄の成長のサイクルであった。従来はこの景気は基地によってもたらされた外来的なものと解釈されてきた。だが、以上のように、そのきっかけにおいてはガリオア資金などの外在的な要因が重要な役割を果たしたとしても、一度成長の引き金が引かれてしまったあとは、激増する人口とその都市部への移動によって膨大な需要が生まれ、この内需に牽引されるかたちで成長したのである。その意味で、この時期の沖縄経済の成長は、すぐれて内在的要因によるものであったといってよい。

したがって、那覇市への人口集中と北部での人口減少が、どちらも復帰を境にしてほとんど同時にストップしてしまったことと、それに加えて同時に経済成長がストップしたことは偶然ではない。人口移動は経済成長を生み、経済成長は人口移動を生むのである。復帰後に経済事情が悪化したのは、海洋博などの影響というよりも、農村部での余剰人口が解消され、人口増加と人口集中がゆるやかになったことの結果であると考えることができる。ここで重要なことは、この成長はあくまでも沖縄経済の内発的な発展であったということである。それは、産業構造の変化、家族関係の変化、女性労働力率の変化（後述）、学歴の上昇、世帯人員数の減少などを含んだ、およそ経済と社会のあらゆる領域における近代化のプロセスそのものであった。日米政府からの貨幣の供給という基盤に乗ってはいるものの、この時期の人口移動と経済成長は、沖縄社会を根底から変革するような社会変動だったのである。

四　本土就職の概要

以上のように、戦後すぐに始まった県内の人口移動＝那覇都市圏への人口集中は、沖縄経済の劇的な成長の結果でもあり原因でもあった。このような成長期において、本書のテーマである本土就職が開始され制度化されていく。それでは、戦後の高度成長期に沖縄において大規模に発生した労働力流出は、どのようなものだったのだろうか。

以下では、この時期にどの程度の労働力の本土への移動が発生したのかを、いくつかの基本的なデータからあきらかにする。もっとも基本的な三つのデータ――出入域管理統計、職安統計、学校基本調査――を主に用い、戦後から復帰前後までの高度成長期における本土移動の量的側面について詳しくみていこう。

一九七二年に復帰するまで、日本は沖縄からみて法的には外国だった。そのため出入域(国)の際にはパスポートが必要となり、その総数は琉球政府によって把握されていた。この出入域者数の推移をみることで、まずは復帰までの日本への移動の大雑把な姿を知ることができる。

表1―8と図1―10のグラフが『琉球統計年報』などの資料から再構成した出入域者数の推移である。なお、『琉球統計年報』には一九五九年までは単純な集計のみが載せられており、一九六〇年からは出入域者を「琉球居住者」と「非琉球居住者」に分類している。前者は琉球に籍をおく者、後者は琉球に籍をおかない者である。五九年までの単純集計の数字には、多数の非琉球居住者が含まれており、本来ならばすべて琉球居住者のみの数字を抽出するべきであるが、いまのところ五九年までの出入域者数に何人の非琉球居住者が含まれているかをあらわす正確なデータは入手できていない。したがって、表1―8では、四六年から五九年までは単純な集計データを、六〇年から七二年までは分類された琉球居住者のみを掲載した。図1―10は、一九六〇年以降の、琉球居住者のみの出入国者数の推移をグラフ化した。また、出入域とは琉球とその他の国との行き来を示しており、したがって米

表 1－8　出入域者数　(人)

	沖縄県人口	入域者		出域者		Uターン率
		総数 (A)	日本から	総数 (B)	日本へ	(A/B)
1946 年		112,014	103,637	4,566	4,566	24.53
1947 年		7,738	7,676	3,265	3,186	2.37
1948 年		2,607	2,607	1,026	889	2.54
1949 年		1,585	1,558	782	491	2.03
1950 年	698,827	856	838	612	264	1.40
1951 年		5,980	5,885	5,101	3,905	1.17
1952 年		13,256	13,195	15,780	15,462	0.84
1953 年		12,018	11,930	20,041	19,601	0.60
1954 年		12,880	12,840	25,019	24,266	0.51
1955 年	801,065	20,402	17,751	23,157	19,346	0.88
1956 年		25,963	22,985	29,564	25,517	0.88
1957 年		33,891	28,497	38,858	32,289	0.87
1958 年		37,542	32,645	41,127	35,576	0.91
1959 年		40,796	35,219	44,130	37,861	0.92
(以下は琉球居住者のみ)						
1960 年	883,122	27,166	26,719	34,321	33,260	0.79
1961 年		35,373	34,706	43,043	41,795	0.82
1962 年		41,038	40,236	47,023	45,184	0.87
1963 年		49,572	48,364	54,533	52,862	0.91
1964 年		53,271	51,569	62,288	60,055	0.86
1965 年	934,176	61,830	59,701	68,864	66,762	0.90
1966 年		71,963	69,253	77,327	73,523	0.93
1967 年		83,427	79,365	90,229	85,850	0.92
1968 年		99,521	93,321	108,730	102,541	0.92
1969 年		114,196	107,647	129,591	122,931	0.88
1970 年	945,111	160,694	-	180,539	-	0.89
1971 年		169,885	-	183,720	-	0.92
1972 年		182,526	-	193,324	-	0.94

注）73 年以降はデータなし。
出典）『琉球統計年鑑』などによる。

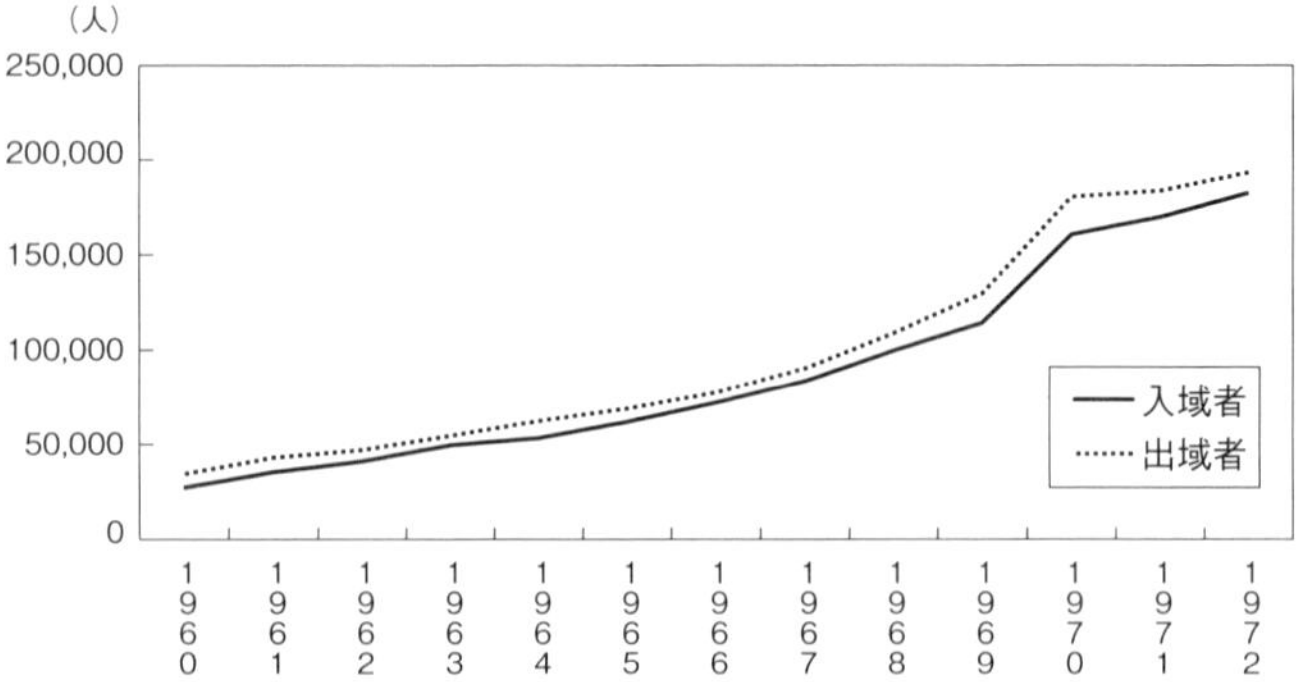

図1-10　出入域者数の推移

国などの日本以外の外国もここには含まれている。しかし、一九七〇年から一九七二年のあいだの、日本と他の外国との出入域者数を区別したデータを入手できないということと、それが区別されている年度のデータをみるかぎり、出入域者数のほとんどは日本への／からの移動者であるということから、ここでは出入域者の総数をもって日本への／からの移動数とみなす。実際にその九〇％以上は日本との往来者数なので、このやり方で差し支えないだろう。

まず目につくのは、敗戦直後の日本や外地からの引揚げである。一九四六年、沖縄戦直後の年に一一万人が沖縄へ入域している。この年の出域者が四五〇〇人ほどなので、大幅な入域超過である。しかしこれ以降は、記録が残っている一九七二年まで一貫して出域者と入域者の数がほぼ等しい状態で、どちらもそろって急激な増加を続けていく。戦後のこの時期に大量の労働力が日本へ流出したということ、また入域者数が出域者数とほぼ等しいということは、流出した人口がそのままUターンしていることを示している。沖縄人のUターン志向については多くの論者によって指摘されているが、戦後の早い時期にすでにその移動パターンが確立されていたのである。表中の「Uターン率」は、単に入域者数を出域者数で割ったものだが、出ていった人びとの九〇％程度にあたる人数が毎年帰ってきている。ほとんどの沖縄の人びとが本土へ渡ったあとUターンしてくることがここに示されている。

琉球政府労働局の職安などによる日本への公的なルートを通じた労働力移動は、後述するように一九五七年一二月からであるが、注目すべきことにこの公式の移動が始まる前からすでに一定数の人口移動（出域）がみられる。その多くはインフォーマルな出稼ぎ労働と考えられる。戦後の引揚げが一段落したあと、一九五〇年までは米軍政府の渡航制限政策も影響し、六〇〇人から一〇〇〇人程度にいったんは減少するが、一九五一年には五〇〇〇人、その後、一九五六年までは、一万人から三万人弱まで増えている。もちろんこの数字には非琉球居住者が含まれているはずなので、単純にこの数字をもって沖縄から本土への労働力移動の総数とみなすことはできないが、それでも増減の傾向は推測することができる。五七年以前にすでに本土への移動が活発化していたのである。沖縄の場合、戦前からの本土出稼ぎによって大阪市大正区や横浜市鶴見区などに沖縄出身者の集住地区が形成されており、親戚や知人などが日本本土に居住している場合が多かった。おそらくこのことも本土への移動を促進したことだろう。親族などのネットワークは仕事や住居を探す際に大きな力をもっていたにちがいない。

公的なルートが確立された五七年ごろから出入域者数も増え始め、六〇年代後半から復帰の七二年

表1－9　出入域者内訳　（人）

	私的用務			留学			就職			合計			入域
	男	女	計	男	女	計	男	女	計	男	女	計	計
1965	17,344	18,603	35,947	6,786	3,820	10,606	5,634	3,750	9,384	39,717	29,147	68,864	61,830
1966	20,794	27,123	41,917	7,205	4,471	11,676	5,604	3,887	9,491	44,878	32,449	77,327	71,963
1967	23,073	24,154	47,227	8,330	5,058	13,388	8,167	5,077	13,244	52,823	37,406	90,229	83,427
1968	28,715	29,864	58,579	9,078	6,331	15,409	10,534	6,167	16,731	62,738	45,992	108,730	99,521
4年間合計	89,926	99,744	183,670	31,399	19,680	51,079	29,939	18,881	48,850	200,156	144,994	345,150	316,741
割合（%）	26.05	28.90	53.21	9.10	5.70	14.80	8.67	5.47	14.15	57.99	42.01	100.00	

にかけて、加速度的に増加していく。一九六〇年には四万人弱だったのが、一九七〇年には一年間でおよそ一八万人が出域している。ちなみに、一九七〇年の沖縄の全人口は、国勢調査によれば九四万五〇〇〇人ほどなので、人口の約二割が一年間で流出したことになる。以上のように、出入域管理統計からあきらかになるのは、移動者が戦後から復帰にかけて急激に増加していったということと、出域者と入域者がほぼ釣り合っており、早い時期から「Uターン型移動社会」が形成されていた、ということである。

　ところで、復帰前には、日本へ渡航する際には渡航目的を明示することが求められていたようである。こうしたデータは完全なかたちでは残されていないが、たまたま一九六五年から一九六八年までの四年間にかぎって、渡航目的別・男女別・月ごとの詳細なデータが沖縄県公文書館に残されている。これを筆者が集計したのが表1－9である。まず、出域者は六五年の六万八八六四人から六八年の一〇万八七三〇人へ急激に増加した。このうちで就職目的と答えたのは、六五年のおよそ九〇〇〇人から、六八年でも一万六〇〇〇人。四年間合計すると全体の一四%ほどにしかならない。

　ちなみに、同じ期間に職安を通じて本土就職した者の合計は、後述するように三〇〇〇～五〇〇〇人程度しかいない。出域の際に就職目的と申告したものの数は、職安を通じて就職した者の二倍になる。この差はおそらく、親戚・知人などのインフォーマルネットワークや、さまざまなブローカーなどを通じた単身による本土就職の数をあらわしている。さらに、本土就職をするものがすべて渡航目的をあきらかにしたとはかぎらない。表1－9でもっとも多いのは「私的用務」である。これがおよそ三万六〇〇〇人から五万八〇〇〇人、割合で半分以上をしめている。このなかには多数の就職者が含まれていると考えられることから、就職目的で渡航した者の数は、四年間合計で、最小で四万八八五〇人、「私的用務」の者が全員本土で就職したとすると、最大で二三万二五二〇人にものぼる。ほかにも、「留学」（進学）の申告数も、県内の学生数と比べるとかなり多い。聞き取り調査においても、本土への進学は、国費留学生のような一部エリート以外は、そのほとんどが昼間働いて夜間課程に通う「就職進学」者であったことが何度も語られている。したがって、本土就職者の数はもっと多いかもしれない。いずれにせよ、六〇年代にはすでに本土移動は常態化・制度化され、「移動する沖縄」が形成されていた。

以上のようにおおまかな人口移動の様態を把握したうえで、以下では琉球政府労働局の職安がまとめたデータを分析する。単純に人の移動だけを集計した出入域統計と異なり、ここで参照するデータは琉球政府職安を通じた本土就職のデータであり、すべてが就職者で構成されている。ここで浮かび上がってくるのは、戦後の沖縄における、ふたつのタイプの労働力移動である。

表1－10は記録を得ることができる一九五五年から近年までの、職安が把握した本土就職者の数で

1955～99年 (人)

一般		うち季節工			合計		
男	女	計	男	女	計	男	女
					122	122	0
					102	62	40
					472	209	263
					1,115	408	707
					1,581	954	627
139	148				722	305	417
76	135				851	267	584
958	524				2,208	1,207	1,001
565	975				2,972	930	2,042
369	966				2,799	776	2,023
1,218	1,134	743	459	284	4,040	1,651	2,389
1,280	1,205	528	268	260	4,747	1,966	2,781
2,764	1,899	1,004	843	161	8,272	4,253	4,019
3,465	1,816	1,242	1,139	103	10,934	5,669	5,265
3,577	1,371	2,430	2,333	97	10,560	5,736	4,824
4,176	1,668	2,778	2,694	84	11,075	5,831	5,244
4,475	1,737	2,968	2,879	89	11,150	6,207	4,943
3,879	1,018	3,236	3,098	138	9,173	5,200	3,973
2,998	565	2,478	2,400	78	7,381	4,362	3,019
1,968	625	1,602	1,532	70	6,353	3,007	3,346
3,954	1,155	3,374	3,241	133	9,266	5,120	4,146
4,865	1,004	3,772	3,653	119	10,100	6,153	3,947
4,794	1,242	3,320	2,918	402	10,223	6,052	4,171
5,830	1,401	4,644	4,050	594	11,480	7,299	4,181
7,504	1,387	6,289	5,721	568	13,176	9,027	4,149
6,287	1,294	5,229	4,695	534	11,864	7,783	4,081
3,384	1,001	2,574	2,128	446	7,611	4,408	3,203
4,994	1,120	4,866	4,087	779	9,050	6,009	3,041
6,327	1,109	6,213	5,388	825	9,797	7,207	2,590
5,923	952	5,729	5,100	629	9,120	6,837	2,283
3,668	1,136	3,525	2,668	857	6,650	4,476	2,174
5,881	1,605	5,954	4,743	1,211	9,467	6,705	2,762
8,492	1,919	8,910	7,424	1,486	12,668	9,496	3,172
10,883	2,289	12,024	10,050	1,974	15,387	11,828	3,559
11,700	2,509	13,328	11,083	2,245	16,315	12,595	3,720
10,180	2,229	11,411	9,424	1,987	14,515	11,138	3,377
7,673	1,715	8,117	6,652	1,465	11,284	8,509	2,775
4,467	1,158	4,585	3,626	959	6,965	5,124	1,841
5,485	1,278	5,573	4,536	1,037	7,913	6,064	1,849
5,592	1,646	6,522	5,055	1,467	8,290	6,121	2,169
7,298	2,318	8,944	6,794	2,150	10,820	7,894	2,926
7,767	2,709	9,747	7,243	2,504	11,773	8,431	3,342
4,423	1,874	5,647	3,926	1,721	7,437	5,041	2,396

安定行政年報』による。

表1－10　本土就職者の推移

	中学			高校			
	計	男	女	計	男	女	計
1957							
1958							
1959							
1960							
1961							
1962	270	84	186	165	82	83	287
1963	470	116	354	170	75	95	211
1964	512	132	380	214	117	97	1,482
1965	1,125	244	881	307	121	186	1,540
1966	1,148	282	866	316	125	191	1,335
1967	1,106	260	846	582	173	409	2,352
1968	1,247	269	978	1,015	417	598	2,485
1969	1,501	458	1,043	2,108	1,031	1,077	4,663
1970	1,822	600	1,222	3,831	1,604	2,227	5,281
1971	1,636	557	1,079	3,976	1,602	2,374	4,948
1972	1,434	404	1,030	3,797	1,251	2,546	5,844
1973	1,014	312	702	3,924	1,420	2,504	6,212
1974	947	266	681	3,329	1,055	2,274	4,897
1975	586	198	388	3,232	1,166	2,056	3,563
1976	433	115	318	3,327	924	2,403	2,593
1977	445	112	333	3,712	1,054	2,658	5,109
1978	288	91	197	3,943	1,197	2,746	5,869
1979	252	71	181	3,935	1,187	2,748	6,036
1980	219	71	148	4,030	1,398	2,632	7,231
1981	167	50	117	4,118	1,473	2,645	8,891
1982	212	60	152	4,071	1,436	2,635	7,581
1983	137	47	90	3,089	977	2,112	4,385
1984	103	28	75	2,833	987	1,846	6,114
1985	85	18	67	2,276	862	1,414	7,436
1986	86	24	62	2,159	890	1,269	6,875
1987	44	16	28	1,802	792	1,010	4,804
1988	61	26	35	1,920	798	1,122	7,486
1989	51	27	24	2,206	977	1,229	10,411
1990	55	20	35	2,160	925	1,235	13,172
1991	59	19	40	2,047	876	1,171	14,209
1992	50	15	35	2,056	943	1,113	12,409
1993	36	11	25	1,860	825	1,035	9,388
1994	18	9	9	1,322	648	674	5,625
1995	11	3	8	1,139	576	563	6,763
1996	3	2	1	1,049	527	522	7,238
1997	21	14	7	1,183	582	601	9,616
1998	12	9	3	1,285	655	630	10,476
1999	14	12	2	1,126	606	520	6,297

注）職業安定所を通じた本土就職。

出典）琉球政府『琉球統計年鑑』、沖縄県商工労働部『職業安定行政年報』、沖縄労働局『職業

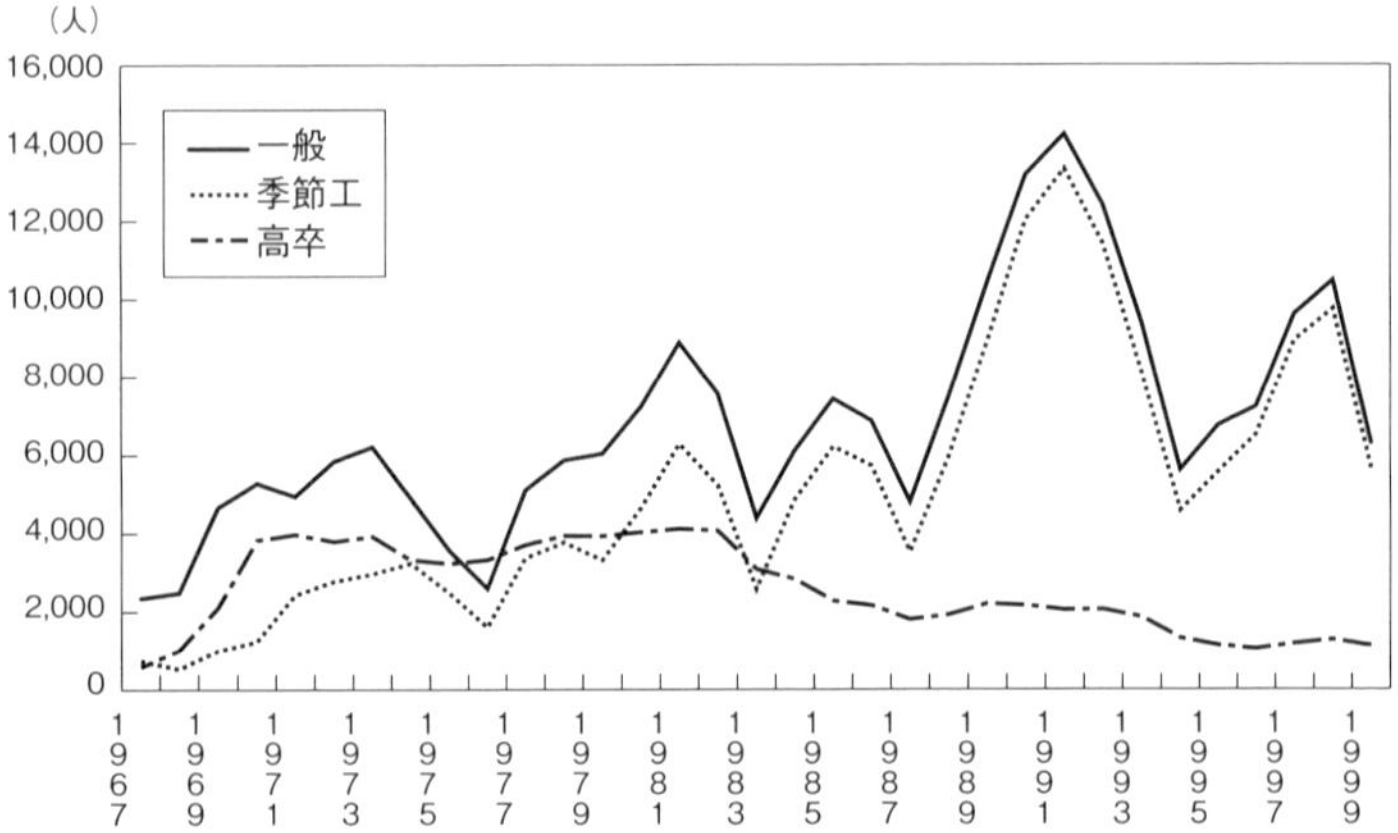

図1－11　本土就職の推移

ある。さらにこの表から、一般、一般のうちの出稼ぎ、高卒だけを抜き出してグラフにしたのが図1－11である。一九五七年に一二二人から始まった本土就職は、わずか四年後には一〇〇〇人を超え、一九六四年には二〇〇〇人、一九七〇年には一万人を突破している。本土就職・出稼ぎがすべて職安を通じるわけではなく、とくに近年は就職・アルバイト情報誌などが直接本土での職を紹介しており（安藤　二〇一二）、年々職安の重要性は低まっていると考えられるが、本書で問題としている戦後すぐから復帰前後までの高度成長期においては、とりあえず職安統計から本土就職のあり方を推測することは許されるだろう。

図1－11のグラフから、戦後の本土移動の傾向を把握しよう。データが得られる六〇年代はじめから、本土就職は急激に増加し、復帰前後で第一のピークを形成している。七五年の本土経済の悪化と海洋博による沖縄経済の好況によって、一時期本土就職は急激に減少するが、

この時期をのぞけば六〇年代に始まった本土移動の形態は八〇年代はじめまで続くと考えられる。六〇年代から七〇年代を通じて形成され、ほぼ八〇年代はじめまで続く本土移動を特徴づけているのは、まず高校を新規に卒業した若年労働者が相当数含まれているということと、一般の就職者における、常雇いの比率の高さである。この本土移動の形態をいまここで仮に「新卒－常雇い型」とよぶことにしよう。

八〇年代のなかばからは、進学率の上昇と新卒労働者の県内指向の高まり、本土経済のサービス化とインフォーマル化、本土移動の制度化・常態化によるリピーター率の上昇など、さまざまな要因から、本土移動からしだいに新卒者と常雇いが減り、かわって一般出稼ぎがそのほとんどをしめるようになる。また、職安自体がもつ役割の変化も見逃せない。のちにみるように、八〇年代以降の就職情報誌に代表される民間の職業紹介ビジネスの隆盛で、沖縄で職安が一般の出稼ぎを紹介する機能に特化してしまった可能性がある。いずれにせよ、八〇年代からの本土移動は、職安を通じて把握されているものをみるかぎり、「一般－出稼ぎ型」とよぶことができるだろう。

新卒－常雇い型から一般－出稼ぎ型への変化には、本土移動のリピーター化と常態化が反映されている。戦後の早い時期に制度化・構造化された本土移動においては、琉球政府職安・県内教育機関・受け入れ先本土企業などが一体となって、これに輸送手段を提供する企業なども加わり、体系的に沖縄の若年労働者を本土へ送り出すひとつのまとまったシステムが構築されていた。このシステムは五七年に始まり七〇年までには完成している。こうした「送り出しシステム」のもとで、大量の新規

表1－11　中卒・卒業後の状態　（人）

	卒業者(A)	進学者	進学率(%)	就職者(B)	就職率(%)	就職進学者	無業者	本土就職者(C)	C/B(%)	C/A(%)
1957	16,852	7,019	41.65	6,433	38.17	154	2,824			
1958	15,644	7,738	49.46	5,596	35.77	143	1,890			
1959	15,932	7,604	47.73	5,121	32.14	152	3,004			
1960	13,816	7,162	51.84	4,046	29.28	119	2,498			
1961	10,304	5,712	55.43	3,400	33.00	114	1,129			
1962	12,948	7,888	60.92	3,951	30.51	228	1,063			
1963	23,803	13,769	57.85	7,366	30.95	468	2,736	514	6.98	2.16
1964	23,313	12,794	54.88	6,576	28.21	513	3,771	723	10.99	3.10
1965	25,826	13,597	52.65	7,107	27.52	347	5,079	1,176	16.55	4.55
1966	28,115	15,038	53.49	6,714	23.88	456	6,075	1,154	17.19	4.10
1967	27,148	16,037	59.07	6,016	22.16	615	5,041	1,127	18.73	4.15
1968	26,993	16,424	60.85	4,940	18.30	428	5,098	1,340	27.13	4.96
1969	26,011	16,518	63.50	4,464	17.16	574	4,749	1,594	35.71	6.13
1970	25,638	17,300	67.48	5,514	21.51	838	3,591	2,099	38.07	8.19
1971	24,876	16,893	67.91	4,437	17.84	600	3,606	1,948	43.90	7.83
1972	24,161	17,179	71.10	3,740	15.48	600	3,020	1,559	41.68	6.45
1973	22,725	16,977	74.71	2,978	13.10	510	2,852	1,232	41.37	5.42
1974	24,060	17,855	74.21	2,372	9.86	408	3,324	1,111	46.84	4.62
1975	23,603	17,725	75.10	2,007	8.50	357	4,228	735	36.62	3.11

注）就職進学者は、就職者・進学者両方にカウントされている。1975年の無業者4228人には、それまで区別されていた「その他・不詳」が含まれている。

出典）琉球政府『学校基本調査』『琉球統計年鑑』、沖縄県『学校基本調査』『沖縄県統計年鑑』による。

学卒者たちが本土へ移動したが、かれらは本土企業に、（あくまでも低賃金労働者としてだが）正社員として正規に雇用されていた。また、こうした雇用の保証は、琉球政府が本土政府および企業に粘り強く求めていった結果でもある。この時期の公的な送り出しシステムは、現在の「沖縄的移動」を特徴づけている「身軽な移動の繰り返し」ではなく、本土企業への正規雇用を通じた、本土社会への「参加」を目的としていたのである。

　以下では、本土就職が始まった一九五七年から一九七五年までの数字を中心に取り上げ、学校基本

表1－12　高卒・卒業後の状態　（人）

	卒業者(A)	進学者	進学率(%)	就職者(B)	就職率(%)	就職進学者	無業者	本土就職者(C)	C/B(%)	C/A(%)
1957	5,604	1,126	20.09	2,676	47.75	17	978			
1958	6,420	1,323	20.61	3,011	46.90	81	1,721			
1959	7,142	1,126	15.77	2,934	41.08	47	2,550			
1960	7,592	1,521	20.03	3,465	45.64	153	2,301			
1961	8,403	1,232	14.66	4,411	52.49	55	2,324			
1962	8,254	1,248	15.12	4,412	53.45	70	2,305			
1963	7,754	1,350	17.41	3,839	49.51	78	2,221	362	9.43	4.67
1964	6,509	1,298	19.94	3,432	52.73	123	1,743	486	14.16	7.47
1965	7,599	1,761	23.17	4,020	52.90	151	1,802	751	18.68	9.88
1966	12,361	2,769	22.40	5,093	41.20	161	3,921	672	13.19	5.44
1967	12,336	2,675	21.68	5,411	43.86	277	3,650	779	14.40	6.31
1968	13,668	3,669	26.84	5,698	41.69	642	4,602	1,210	21.24	8.85
1969	15,698	4,052	25.81	5,691	36.25	580	6,095	2,263	39.76	14.42
1970	16,204	4,105	25.33	7,681	47.40	749	5,066	4,098	53.35	25.29
1971	16,276	3,943	24.23	7,060	43.38	709	5,633	4,369	61.88	26.84
1972	16,090	4,271	26.54	6,797	42.24	850	2,101	4,239	62.37	26.35
1973	16,422	4,140	25.21	7,286	44.37	742	4,151	4,262	58.50	25.95
1974	16,304	4,423	27.13	6,566	40.27	659	4,695	3,716	56.59	22.79
1975	16,203	4,566	28.18	6,114	37.73	716	6,239	3,558	58.19	21.96

注）就職進学者は、就職者・進学者両方にカウントされている。1975年の無業者6239人には、それまで区別されていた「その他・不詳」が含まれている。
出典）琉球政府『学校基本調査』『琉球統計年鑑』、沖縄県『学校基本調査』『沖縄県統計年鑑』による。

調査から新卒者たちの本土移動の様子をまとめる。

表1－11と表1－12は中学と高校の卒業者の卒業後の状況である。表1－11から中学卒業者の総数をみると、毎年一万人台から二万人台の卒業者が送り出されているが、まず目につくのは進学率の上昇と就職率の低下である。五七年当初四一・六五％だった高校進学率はその後おおむね増え続け、七五年には七五・一％になっている。一方就職率はこの間三八・一七％から八・五％へと激減している。中卒後の進路がこのように変化していくなかで、本土就職は七〇年まではほぼ増え続け、その後実数と

しては減少していく。それにもかかわらず、就職者全体にしめる本土就職者の割合は七〇年以降も四割前後で推移している。データが利用できる六三年以降でみてみると、六三年には中学を卒業して就職するもののうち六・九八％が本土へ移動していったのだが、この割合が七四年には五〇％近くになっている。もうひとつ気がつくことは無業者の数の多さである。とくに六〇年代後半から、七〇年をのぞけば就職者にほぼ匹敵するほどの人数になっている。このなかには職業訓練校への進学者も含まれているが、多くは就職・進学希望者である。なお、一九六三年に卒業者が一気におよそ一万人も増えているのは、戦後のベビーブームで生まれた世代が一五歳をむかえたことによるものと思われる。これは三年後の高校卒業者数の増加にもあらわれている。

高校の卒業者は高校進学率の上昇によって年々増加している（表1－12）。大学進学率は六六年ごろから進学率二五％前後と安定している。卒業後の就職率も四〇～五〇％台で推移している。高校卒業者の卒業後の状況でもっとも目立つ点は、やはり六〇年代の本土就職者の増加である。就職者に対する本土就職者の割合が、六三年の九・四三％からわずか五年後には二〇％を超え、さらにそれから三年後の七一年には六割を突破する。七一年ごろは「復帰不安」によって沖縄企業のなかで新規採用を手控えるものが多かったことを考えても、この急増ぶりは注目に値する。また、卒業者全体に対する本土就職者の割合も、六三年の四・六七％から六九年には一四・四二％へ、さらにその次の年には二五％を超えるところまで増加しているのである。大学進学者のなかには多数の本土進学者が含まれていること、また無業者のなかには個人的に本土へ渡る者も出現すると考えられることから、おそらくクラスの三割から四割、あるいはそれ以上が高校卒業後本土へ移動したものと推測される。
以上、卒業後の状況をまとめると、中学卒業者においては高校進学率の上昇によって就職者自体が減少するが、本土就職者が一定数つねに存在したために、就職者にしめる本土就職者の割合は増加し七五年ごろには四割前後になっていた。また高校卒業者においては、進学者数ならびに就職者数そのものには大きな変化はみられないが、本土就職者の絶対数が増加したことで、その割合も就職者中の約六割をしめるまでになった、ということになる。どちらにせよ、新卒者のなかの就職者のかなり多くの部分が本土へ移動したことを窺わせる。

さて、こうした本土就職者たちはどのような産業へ吸収されていったのだろうか。まずは、県内就職者と本土就職者とをあわせた卒業者全体からまとめよう。

表1－13と表1－14は、一九五七年から七五年までの、中学と高校を卒業して就職したものの産業別就職者数を集計したものである。第一の特徴として、中卒高卒ともに目立つことは、第一次産業従事者の減少傾向である。表1－13にまとめた集計結果によれば、一九五七年の段階で、中卒においては五六・九二％にあたる三五七四人が第一次産業に就職したのに対し、一九七五年ではわずかに二一三人にすぎない。割合が一〇・六一％とやや高くなっているのは、そもそも中学を卒業して就職する者の数が減っているためである。一方、第二次産業は一九五七年の五四〇人（八・六％）から一九七四年の一三二四人（五五・八二％）へ増加している。一九七五年にこの数はかなり減っているが、すでに述べたように就職者自体が減少したことのほかに、同じ年に高卒の第二次産業への就職者数も

表1－13　中卒全体・産業別　人（%）

年	第一次産業		第二次産業		第三次産業	
1957	3,574	(56.92)	540	(8.60)	1,336	(21.28)
1958	2,845	(52.17)	644	(11.81)	1,333	(24.45)
1959	2,377	(47.84)	721	(14.51)	1,385	(27.87)
1960	1,704	(43.39)	783	(19.94)	1,251	(31.86)
1961	1,195	(36.37)	933	(28.39)	953	(29.00)
1962	1,132	(30.41)	1,126	(30.24)	1,331	(35.75)
1963	1,946	(28.21)	1,876	(27.20)	2,865	(41.53)
1964	1,680	(27.71)	1,963	(32.38)	2,335	(38.51)
1965	1,861	(27.53)	2,514	(37.19)	1,881	(27.83)
1966	1,530	(22.79)	2,573	(38.32)	2,160	(32.17)
1967	1,244	(20.68)	2,564	(42.62)	1,816	(30.19)
1968	824	(16.68)	2,491	(50.43)	1,359	(27.51)
1969	679	(15.21)	2,485	(55.67)	1,085	(24.31)
1970	910	(16.50)	2,583	(46.84)	1,567	(28.42)
1971	509	(11.47)	2,631	(59.30)	904	(20.37)
1972	346	(9.25)	1,995	(53.34)	906	(24.22)
1973	365	(12.26)	1,554	(52.18)	642	(21.56)
1974	232	(9.78)	1,324	(55.82)	481	(20.28)
1975	213	(10.61)	780	(38.86)	570	(28.40)

出典）琉球政府『学校基本調査』『琉球統計年鑑』、沖縄県『学校基本調査』『沖縄県統計年鑑』による。

減っていることから、第二次産業の求人数自体が減少したことが推測される。おそらく全国の産業構造の転換や沖縄海洋博後の建設ブームの終焉などが影響していることと思われる。中卒の第三次産業への就職者の割合はこの時期にはほとんど増加していない。表1－1（四五頁）にまとめたこの時期の沖縄全体の産業別就業者数をみると、一九七五年には第一次産業が一三・九％、第二次と第三次がそれぞれ二〇・八％、六四・七％となっている。一九七四年における中卒就職者の産業別割合がそれぞれ九・七八％、五五・八二％、二〇・二八％となっている。全体の産業構造と比較して、中卒就職者は第三次産業よりも第二次産業

表1－14　高卒全体・産業別　人（%）

年	第一次産業		第二次産業		第三次産業	
1957	506	(19.03)	238	(8.95)	1,400	(52.65)
1958	603	(20.58)	299	(10.20)	1,596	(54.47)
1959	521	(18.05)	479	(16.59)	1,536	(53.20)
1960	539	(16.27)	707	(21.35)	1,816	(54.83)
1961	559	(12.67)	1,173	(26.59)	2,204	(49.97)
1962	398	(9.17)	1,031	(23.74)	2,529	(58.25)
1963	302	(8.03)	1,014	(26.96)	1,957	(52.03)
1964	252	(7.62)	1,084	(32.76)	1,754	(53.01)
1965	277	(7.16)	1,289	(33.32)	1,882	(48.64)
1966	434	(8.52)	1,538	(30.20)	2,664	(52.31)
1967	295	(5.45)	1,797	(33.21)	2,789	(51.54)
1968	253	(4.44)	1,856	(32.57)	3,213	(56.39)
1969	247	(4.34)	2,522	(44.32)	2,552	(44.84)
1970	322	(4.19)	3,075	(40.03)	3,078	(40.07)
1971	234	(3.31)	2,881	(40.81)	2,865	(40.58)
1972	318	(4.68)	2,281	(33.56)	3,035	(44.65)
1973	184	(2.53)	2,681	(36.80)	3,603	(49.45)
1974	195	(2.97)	2,308	(35.15)	3,348	(50.99)
1975	100	(1.64)	1,907	(31.19)	3,595	(58.80)

出典）琉球政府『学校基本調査』『琉球統計年鑑』、沖縄県『学校基本調査』『沖縄県統計年鑑』による。

にかたよっている。一九七五年になって若干第三次産業が伸びてはいるが、これは中卒就職者が本土の第二次産業に多く吸収されていったことを反映しているのである。

高卒の就職先における第一次産業の割合は中卒以上に激減している（表1－14）。五七年に一九・〇三%と約二割が第一次産業に吸収されたのに対し、六二年には一割を切り、七五年には一%台になっている。第二次産業は漸増したあと六〇年代なかばからは三割から四割台のあいだで推移しているが、もっとも多く集中しているのは第三次産業であり、その割合は年度ごとに多少のばらつきはあるものの、四〇%台の後半から六〇%近くに達している。以上のように、中卒と高卒の共通点はどちらも第一次産業への就職者が減少したことであり、違いは中卒が第二次産業へ、高卒は第三次産業へ吸収されたものが比較的多いことである。

当時の新卒者たちの就職は全体として以上のような状況にあったのだが、本土就職者に限定して産業別にその割合をみていくと、上記のような中卒と高卒との違いがより明瞭にあらわれる。表1－15と表1－16にまとめた本土就職者の産業別就職者数をみると、中卒本土就職者の就職先は大半が第二次産業、わけても製造業によって独占されている。第一次産業がほとんどないことは当然だが、第二次産業に就職したものは本土就職者のなかの七割から九割以上をしめている。そしてそのほとんどが製造業である。たとえば一九六六年には第二次産業へ就職した一〇六七名の全員が製造業であった。他方で高卒では、第三次産業が漸増していく傾向が読みとれる。高校卒業者は第三次産業におけるサービス業や卸小売業に吸収されていったのである。

表1－17と表1－18は新規学卒者の就職先を地域別にみたもののなかから数が多いもの、とくに就職者が二桁台になっている地域をピックアップしたものである。利用できるデータが存在する一九六八年以降についてみてみると、やはり中卒高卒ともに東京・名古屋・大阪の三大都市圏が圧倒的に多い。沖縄の若者たちは、低賃金の労働者として都市に飲み込まれていったのである。

また、この時期、本土からの大量の求人が沖縄に集まっていた。琉球政府の職安にどれだけの本土からの求人が殺到したかは、労働局に残された充足率の数字をみればわかる（表1－19）。一九七〇年前後には就職者一万人に対し求人が一〇万人と、その充足率はわずか一〇％しかない。求職者の

表 1－15　中卒本土就職者・産業別　人（%）

年	全体	第一次産業	第二次産業		第三次産業	
			合計	製造業	合計	サービス業
1963	514	0 (0.00)	398 (77.43)	394 (76.65)	94 (18.29)	86 (16.73)
1964	723	0 (0.00)	531 (73.44)	524 (72.48)	142 (19.64)	95 (13.14)
1965	1,176	2 (0.17)	1,106 (94.05)	1,093 (92.94)	34 (2.89)	21 (1.79)
1966	1,154	0 (0.00)	1,067 (92.46)	1,067 (92.46)	71 (6.15)	61 (5.29)
1967	1,127	3 (0.27)	1,062 (94.23)	1,056 (93.70)	48 (4.26)	43 (3.82)
1968	1,340	0 (0.00)	1,275 (95.15)	1,265 (94.40)	55 (4.10)	31 (2.31)
1969	1,594	0 (0.00)	1,493 (93.66)	1,478 (92.72)	72 (4.52)	66 (4.14)
1970	2,099	1 (0.05)	1,688 (80.42)	1,633 (77.80)	160 (7.62)	32 (1.52)
1971	1,948	24 (1.23)	1,728 (88.71)	1,713 (87.94)	153 (7.85)	68 (3.49)
1972	1,559	22 (1.41)	1,301 (83.45)	1,261 (80.89)	152 (9.75)	79 (5.07)
1973	1,232	15 (1.22)	1,032 (83.77)	998 (81.01)	133 (10.80)	60 (4.87)
1974	1,111	8 (0.72)	950 (85.51)	925 (83.26)	108 (9.72)	48 (4.32)
1975	735	4 (0.54)	519 (70.61)	497 (67.62)	143 (19.46)	99 (13.47)

出典）『学校基本調査』より。

表 1－16　高卒本土就職者・産業別　人（%）

年	全体	第一次産業	第二次産業		第三次産業	
			合計	製造業	合計	サービス業
1963	362	12 (3.31)	225 (62.15)	211 (58.29)	86 (23.76)	50 (13.81)
1964	486	20 (4.12)	305 (62.76)	282 (58.02)	124 (25.51)	45 (9.26)
1965	751	38 (5.06)	495 (65.91)	450 (59.92)	195 (25.97)	72 (9.59)
1966	672	28 (4.17)	406 (60.42)	380 (56.55)	170 (25.30)	58 (8.63)
1967	779	38 (4.88)	541 (69.45)	511 (65.60)	166 (21.31)	105 (13.48)
1968	1,210	17 (1.40)	902 (74.55)	871 (71.98)	225 (18.60)	98 (8.10)
1969	2,263	53 (2.34)	1,695 (74.90)	1,634 (72.21)	429 (18.96)	184 (8.13)
1970	4,098	75 (1.83)	2,483 (60.59)	2,342 (57.15)	1,249 (30.48)	266 (6.49)
1971	4,369	63 (1.44)	2,411 (55.18)	2,145 (49.10)	1,411 (32.30)	345 (7.90)
1972	4,329	89 (2.06)	1,794 (41.44)	1,645 (38.00)	1,779 (41.09)	431 (9.96)
1973	4,262	48 (1.13)	2,085 (48.92)	1,879 (44.09)	1,685 (39.54)	521 (12.22)
1974	3,716	59 (1.59)	1,765 (47.50)	1,670 (44.94)	1,550 (41.71)	467 (12.57)
1975	3,558	27 (0.76)	1,502 (42.21)	1,437 (40.39)	1,847 (51.91)	484 (13.60)

出典）『学校基本調査』より。

一〇倍の求人が沖縄に押し寄せてきていたのである。こうした強烈なプル要因にもひかれ、多くの沖縄の若者たちが海を渡っていったのである。

以上のように、戦後しばらくしてから小規模に始まった本土移動は、またたくまに制度化・常態化され、大量の沖縄人労働力が本土に流出したのである。

それでは、本章の最後にこの大量の本土移動がどのような経済的状況において発生したかについて、繰り返しになるがもう一度考えてみよう。

沖縄研究では出稼ぎや本土就職は貧困と就職難の帰結であるといわれてきたが、国際労働力移動や移民の研究では、実は経済的要因と移動とは直接に結びつくわけではなく、むしろ先進国からの直接投資や文化的紐帯などによって経済が成長し雇用が拡大している国・地域から大量の移民が発生している、ということが指摘されている（たとえばサッセン 一九九二など）。

労働力移動を考えるうえでもっとも重要となる指標は失業率である。基本的には、所与の社会における余剰労働力は、仕事を求めて失業率が高い場所から低い場所へ移動すると考えられる。したがって、大量の本土移動の背景には、大量の失業者の存在が推測される。

ところが、統計データからみる失業率の推移は、こうした考え方とはかなり異なる姿をみせている。『労働力調査』などによる沖縄県内の失業率の推移のグラフを、職安を通じた公的な本土就職のグラフとあわせたのが図1－12である。これをみると、戦後初期から六〇年代にかけての失業率は、かなり低い水準で推移していることがわかる。五〇年代の終わりには一％前後だった失業率は、沖縄経済

表１－17　中卒本土就職者・地域別　（人）

年	総数	埼玉	千葉	東京	神奈川	岐阜	静岡	愛知	三重	滋賀	京都	大阪	兵庫	奈良	和歌山	岡山	広島
1968	1340	15	13	84	183	55	69	412	121	14	4	234	53	7	10	38	1
1969	1594	26	14	121	295	48	64	436	113	23	9	282	88	13	8	15	0
1970	2099	28	19	171	453	52	138	438	140	19	26	390	117	13	32	12	19
1971	1948	18	31	151	221	77	134	559	119	25	6	334	121	16	20	31	10
1972	1559	25	20	151	167	78	125	390	103	31	6	217	101	8	14	59	10
1973	1232	9	7	95	122	77	67	313	92	21	13	224	94	7	14	41	12
1974	1111	5	6	87	112	86	55	290	62	33	16	186	81	2	13	36	4
1975	735	11	6	93	76	12	22	202	37	24	3	115	54	6	5	22	5

出典）『学校基本調査』より。

表１－18　高卒本土就職者・地域別　（人）

年	総数	群馬	埼玉	千葉	東京	神奈川	岐阜	静岡	愛知	三重	滋賀	京都	大阪	兵庫	奈良	広島	福岡
1968	1210	0	17	34	281	159	112	25	141	10	31	8	192	113	4	0	1
1969	2263	32	50	43	718	440	87	58	239	33	30	27	240	92	11	31	4
1970	4098	47	83	124	1371	939	147	116	385	44	16	30	476	161	14	40	15
1971	4369	5	90	101	1506	730	147	88	472	45	13	15	654	192	30	30	10
1972	4329	2	101	79	1585	537	104	61	534	45	36	43	630	186	52	44	24
1973	4262	35	139	85	1698	514	140	95	545	72	12	45	494	189	25	62	10
1974	3716	42	176	50	1484	454	81	72	482	39	28	67	378	205	14	29	18
1975	3558	30	136	129	1541	494	62	50	443	20	33	53	356	61	39	10	29

出典）『学校基本調査』より。

が好況をむかえた六〇年代には、一％を切る水準を保っていたのである（『労働力調査』と『国勢調査』では失業率の数字に若干の差がある）。これが大きく上昇するのは七〇年代に入ってからで、むしろ復帰後になってからほとんど垂直的に増加しているのである。実は本土への移動は六〇年代の失業率が低い期間に増加し、失業率が急増する復帰後になって大きく減少していることがわかる。

失業率が低い時期に労働力の流出が始まり、失業率が高い時期にＵターンしてくる、という矛盾に対する解答は、ここでは次のふたつに分けて考えることができる。まずひとつは、失業率の数字が沖縄の貧困の実態を反映していない、というものである。労働条件の劣悪なインフォーマルな雇用でも、数字上就業者としてカウントされてしまう。こうした不安定就労や潜在的失業者の存在は、統計データからは把握できない。次に、労働力移動は、経済的な要因だけでなく、社会・文化的な要因からも引き起こされるものなのであり、したがって失業率などの経済的指標とつねに相関するとはかぎらない、というものである。前者については、その可能性をつねに認めながらも、ここでは主に後者の点について考えたい。失業率のカウント方法にかかわらず、当時の沖縄が史上最高の好景気に沸いていたことは事実だからである。

いうまでもなく失業率とは、労働力人口に対する失業者の割合である。失業率の増減には、失業者数の変化だけではなく、労働力人口の増減が関わってくる。さらに、労働力化率の増減は、たとえば就労形態や産業構造、世帯・人口構造など、生活構造全体の変化と連関しているのである。したがって、失業率の推移を分析するためには、単に職の供給といった経済的要因だけではなく、社会的要因全体を視野に入れなければならない。ここではとくに、職の供給などを通じて経済成長が失業率に与える影響よりもむしろ、労働力人口の動態と沖縄社会の構造変動に焦点をあてたい。

この時期の失業率の特徴的な変動、すなわち六〇年代における低さと復帰後の異常な上昇を説明する要因としては、さまざまなものが挙げられるが、ここでは次のふたつがとくに重要である。

まず第一に、沖縄県人口の社会増（流入による人口の増加）である。『国勢調査』などによれば、県内人口は六〇年代終わりには社会減（流出による人口の減少）によって減少し、復帰後はUターンによって急激に増加している（山里 一九八〇、三四―三五頁）。六〇年代終わりに人口が若干減少したこ

表1－19　県外求人の充足率

年	求人（人）			就職（人）			充足率
	男	女	計	男	女	計	(%)
1957	122	0	122	122	0	122	100.00
1958	332	203	535	62	40	102	19.07
1959	564	657	1,221	209	263	472	38.66
1960	1,305	3,226	4,531	408	707	1,115	24.61
1961	4,675	5,346	10,021	954	627	1,581	15.78
1962	2,277	3,442	5,719	305	417	722	12.62
1963	1,779	5,401	7,180	267	584	851	11.85
1964	7,946	10,719	18,665	1,207	1,001	2,208	11.83
1965	3,675	13,831	17,506	930	2,042	2,972	16.98
1966	3,407	12,710	16,117	776	2,023	2,799	17.37
1967			27,736	1,651	2,389	4,040	14.57
1968			45,461	1,966	2,781	4,747	10.44
1969			71,945	4,253	4,019	8,272	11.50
1970			118,432	5,669	5,265	10,934	9.23
1971			115,403	5,736	4,824	10,560	9.15
1972			118,646	5,831	5,244	11,075	9.33

出典）琉球政府『労働白書』などより。

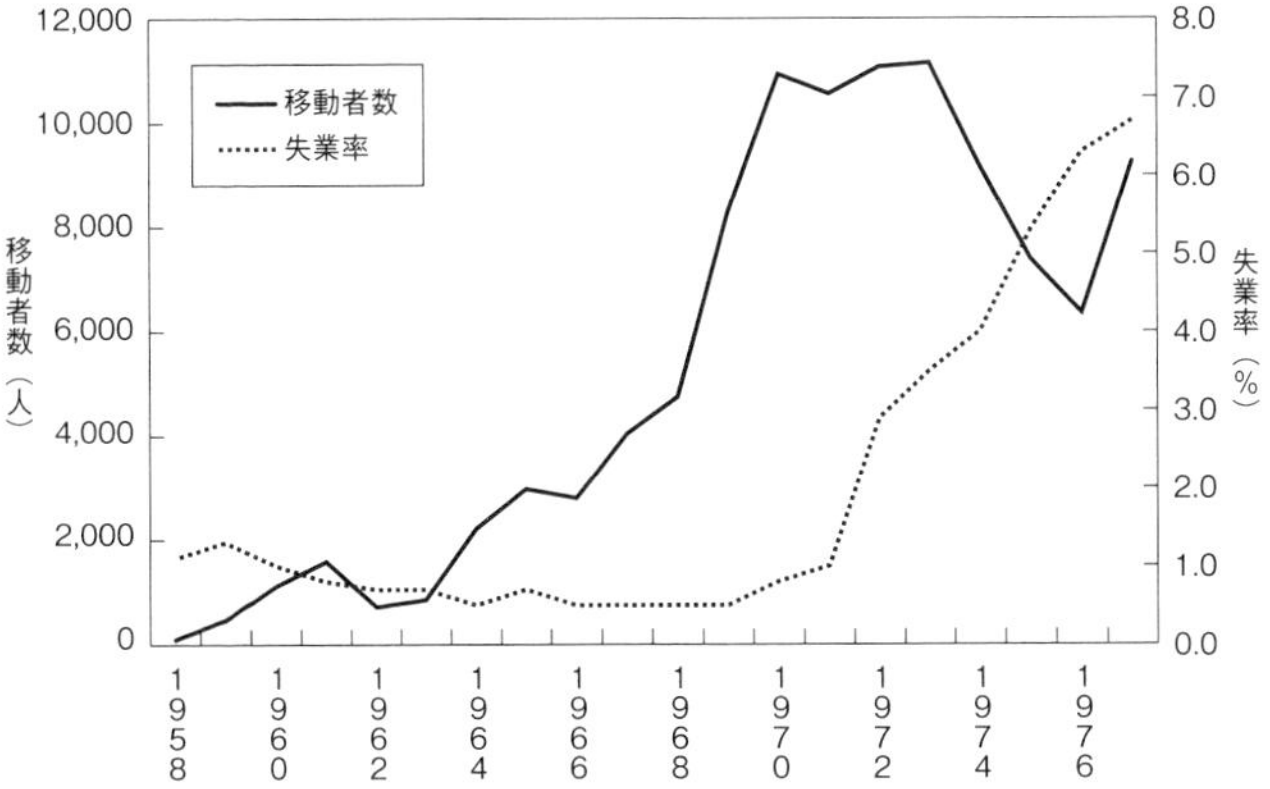

図1－12　移動数と失業率

とが、失業者の実数を減らした要因になっているかもしれない。しかしこの増減はそれほど多いものではない。第二に、産業構造の変化が挙げられる。六〇年代を通じて第一次産業の就業者数が急激に減少しているが、こうした離農のプロセスにおいて、多就労型の世帯構造が変化し、世帯主以外の家族員が徐々に非労働力化していったことが、労働力数と就業者数との差であらわされる失業者の数を抑えていた要因であると考えられる。

ここでとくに後者の点に関連して、女性労働力率の変化から、沖縄社会の産業構造と世帯構造の動態を考えてみよう（図1－13）。沖縄の女性労働力率は、戦後一貫して下がり続け七四年に底をうって以後上昇に転じている。さらに、同時期の女性の従業上の地位の変化をみてみると、同じように七四年までは自営業主・家族従業者が減り続け、それ以降は横ばいであるが、他方でちょうど七四年から雇用者が増加していく。これに沖縄の産業構造を重ねると、同じ時期に戦後一貫して続いた第一次産業の減少がほぼストップしている。生産性の低い農業に従事している世帯では、女性も含め家族員の多くが就労することが必要となることから、世帯は多就労型の構造をもつが、世帯ごと離農し世帯主が雇用者になり、所得が上昇するにつれ、女性は労働力から離脱していく。こうしてジェンダー役割分業をともなう近代的核家族制度に近づいていくのだが（実際に当時の世帯数が急上昇し、一世帯あたり人員も減少している）、いったん非労働力化した女性は、七四年から、ふたたび雇用者として労働市場に参入していく。求職者が増加すれば失業率も上昇することになる。

以上が、女性労働力という点からみた、戦後前半の沖縄社会の構造変動である。もちろん女性労働

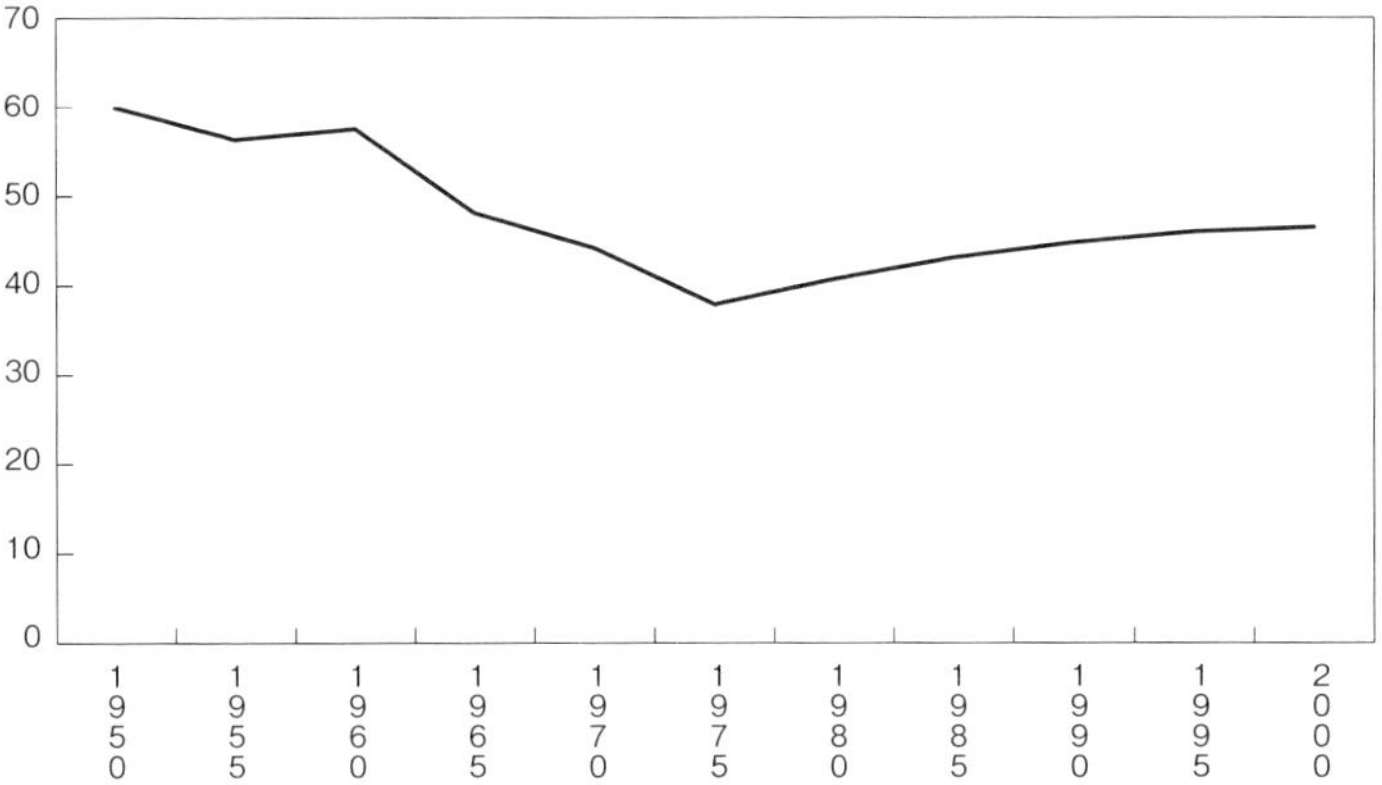

図1-13　県内女性労働力率（%）

出典）国勢調査による。

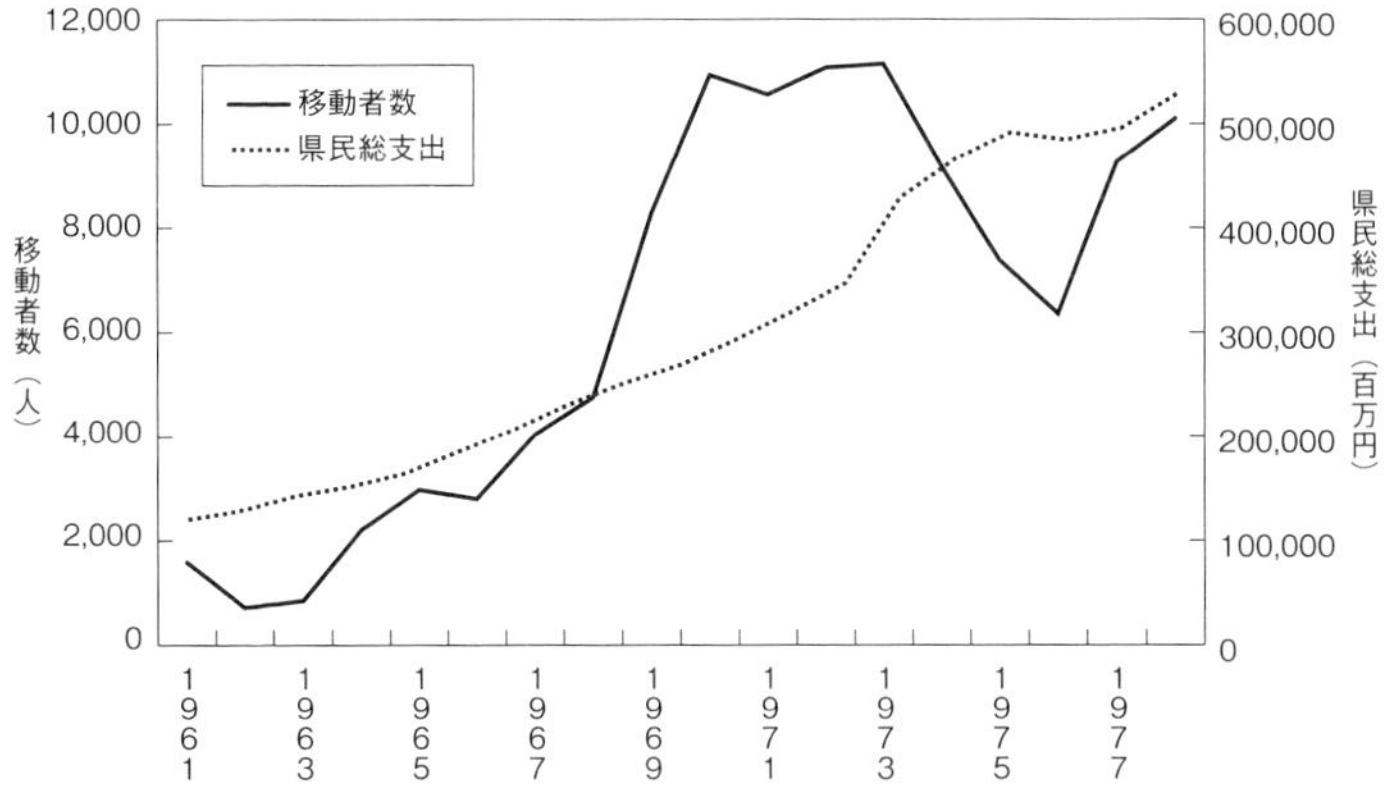

図1-14　県民総支出と本土移動

力率の変動だけが沖縄の失業率をはじめとする社会構造にインパクトを与えたのではないが、それでもこのプロセスに典型的にみられるように、戦後しばらくの低い失業率は沖縄社会の前近代性をあらわしており、七二年から七四年にかけて完成した戦後前半の近代化プロセスのなかで、労働力化率が上昇し失業者数を増加させたということは、十分考えられることである。

以上のことから、六〇年代はむしろ離農と就業形態のフォーマル化、つまり七〇年代に入って完成する沖縄社会の近代化にむけて大きく構造変動していた時代であり、この時期の失業率の低さは、潜在的失業だけではなく、たしかに沖縄社会の経済成長と近代化の側面をあらわしていると考えられるのである。実態として沖縄社会の貧しさが存在し、それはインフォーマルな雇用慣行などの陰に隠れて統計データにはなかなかあらわれないことも確かなのだが、繰り返しになるが、この時期の沖縄社会が、かつてないほどの活況を呈していたこともまた事実である。そしてまた、復帰前後に那覇都市圏への人口流入が急にゆるやかになっていることから、この時期に県内農村部の余剰人口が解消し、県内の人口移動と経済成長がストップしたということも考えられる。

もちろん、このような女性労働力率や家族構造の変化からだけでこの低い失業率を説明できるわけではないが、すくなくとも当時、産業構造や家族構造がいちじるしく「近代化」していたことは確かである。ほかにも、たとえば、図1－14は、県民総支出の推移と、職安を通じた本土就職者の推移とを重ねたものである。これをみると、やはり六〇年代は沖縄経済が急激に成長を遂げていた時代であり、毎年大幅に県民総支出が伸びていく同じ時期に、労働力の本土移動が本格化している姿が浮かび上がってくる。決して沖縄社会の貧しさについて否定するものではないが、失業率が低く、経済が成長している時期に大量の本土移動が出現しているという歴史的事実は、これまでの沖縄社会研究でいわれてきたこと、つまり沖縄の貧しさが労働力の流出を促したのだという図式を考え直すことを、われわれに迫っているのである。

復帰前後の移動経験者に対する聞き取りでかならず語られたのが、六〇年代の沖縄経済の好況である。すでにみたように、この時代は日本と同じように沖縄社会も急激な離農と近代化の途上にあり、それは就業形態や世帯構造をも大きく変動させるものだった。社会インフラの面においてもひとりあたりの所得においても、日本本土に比較すれば大きな格差が存在していたし、それは今日まで解決することなく継続している。しかし、各種の経済的指標や生活史の語りなどの資料から得られるものは、貧しいながらも力強く成長していく六〇年代の沖縄の姿であり、現在の停滞する沖縄経済に比べて、この時期の沖縄社会はかなり活気があったのではないか、ということである。

それではなぜ、この時期に大量の移動が生まれたのであろうか。

ここまでみてきたように、戦後すぐから復帰にむけて大量に発生した本土移動は、失業率などの単純な経済的要因には、直接還元できないものである。当時の沖縄経済の急激な成長と、それと同時に発生した大量の本土移動との一見矛盾するような現象には、やはり非経済的な要因を視野に入れた、社会学的な説明が必要になるだろう。

当時の沖縄経済の活況と、各種の意識調査などでみられる沖縄人の「県内志向」とを考えあわせると、これまでいわれてきた、「沖縄の高い失業率が労働力の流出を促した」という経済学的モデルが、疑わしくなってくる。強烈な「生まれシマ志向」をもつ沖縄の人びとを、ふるさとの沖縄経済が目の前で成長を遂げている時期に、わざわざ本土へむかわせたものとはなにか。六〇年代の移動は、現在まで続く沖縄から本土への、Uターンを前提とした労働力移動の原型として解釈できる。いまここで仮に、経済的要因に還元できない移動を「過剰移動」とよぶことができるなら、この時期の沖縄からの労働人口流出は、まさに過剰移動というにふさわしい。

本土移動の背景にこのような経済成長と社会変動があったことをふまえて、次章ではそうした移動を実際に体験した人びとの生活史の語りから、「この移動は沖縄にとっていったいなんだったのか」を考えてみたい。

第二章　本土就職者たちの生活史

一　調査の概要

以下で引用・分析する語りは、二〇〇二年二月から六月にかけておこなわれた生活史聞き取り調査の結果である。まず二〇〇一年の夏ごろから何度か沖縄を訪問し調査にむけての準備を進めたうえで、二〇〇二年二月から三月にかけておよそ一ヵ月沖縄に滞在し、高度成長期の本土移動者を対象に詳しい生活史を聞き取った。語り手の方々は、地元の教育委員会や、郷土史編纂室、文化センター、公民館、消防団、青年団などのスタッフの方々、あるいは、県内の大学のさまざまな研究者の方々から個人的に御紹介をいただいた。また、沖縄を離れてからも多くの方々の協力を得て、主に関西に居住する本土移動者に対して聞き取りを継続することができた。結果的に十数人の貴重な生活史を得ることができたが、そのなかからここではとくに詳しくお話をしてくださった七名の方の生活史を取り上げる。語りの分析、および理論的・方法論的枠組みについては次章で詳しく議論したい。なお、文中の名前はすべて仮名であり、地名などの固有名詞、暦年などの数字についても変更を加えた。

二　本土就職者たちの生活史

比嘉哲生

聞き取り調査は二〇〇二年三月、場所は比嘉の自宅にて。当時六〇歳。

比嘉哲生が豊見城《とみぐすく》に生まれたのは一九四二年。戦争も末期だった。豊見城のある沖縄本島南部は主戦場となり、激しい戦闘がくりひろげられた。かれは当時三歳で、おそらく記憶もほとんどないだろう。語りの場面では沖縄戦について語られることはなかったし、筆者もそれをはっきりと聞くことはしなかった。しかし、父は沖縄戦で、母もその数年後に病気で亡くなっている。生まれた家族についてもあまり多くは語られなかった。

子どものときには地元の祭りでは大綱引きがおこなわれていた。公民館では青年会の「のど自慢大会」もあった。沖縄民謡を歌うものはほとんどいなかった。ラジオや、当時はきわめて珍しかったテレビなどから入ってくる、本土の流行歌が好んで歌われていた。バンドの生演奏ではなく、レコードをかけてそれにあわせて歌うか、あるいは自分の肉声のみ、アカペラで歌われていた。いまでこそこのような地域の祭りでは伝統的な沖縄民謡が非常に好まれるようになっているが、当時は興味を示すものすらほとんどいなかった。

沖縄らしさの抑圧の象徴であるいわゆる「方言札」は、比嘉の時代にはすでになくなっていたようだが、それでも標準語励行運動は根強く実行されていたようだ。とくにペナルティのようなものはなかったのだが、それでも教師からうるさく叱られた。

比嘉は子どものころの沖縄、復帰前の沖縄について、とくにそのにぎやかさについて懐かしそうに何度も語った。


あの当時は、（一九）六〇年ぐらいまで、ガーブ川とか国際通りは、ものすごく活気がありましたよ。開南通りね。ガーブ、いまはえっと、なんていうのあれ。何通り……ガーブ川……いま、水上店舗といわれて、あの当時てんぷら屋と食堂いっぱいあって。まあいまの台湾の屋台とそっくり。台湾の屋台が、もういまの台湾が、ああいうドル時代の沖縄と、いまがそっくりなんですよ。ほんとに、すごい活気があってから。


――「いまの国際通りもすごい活気がありますよね」

ううん、ぜんぜん、昔のほうが活気がありました。開南はもう、（いまは）ものすごいさびれてる。ドル時代に比べたら。あの平和通りから、こっちに来るのに何通りていってるねー、いまは……上のほう上がるところ。ドル時代のほうがものすごい活気がありました。

平和通りもいまさびれてきてるけど。とにかく……平和通りものすごい、当時は活気がありました。マルクニマーケットとかいって、米軍の払い下げ売ってる。びっくりそば屋とかありましたよ。びっくり。あれの元祖、大食い、早食いか。その当時、このどんぶり何分で食べたらタダというのがありましたよ。あれの、たぶん元祖だと思う。あの当時内地にもなかったから（笑）。そこに来て、マルクニマーケットのあの、ビンゴか、ああいうゲームもあったんですよ。

――「当時は大和から観光客が来てるわけでもなく」

ぜんぜん来てない、来てない。あの当時ぜんぜん来てない。

――「パスポートいる時代だし……じゃあその、にぎわってるっていうのは、地元の」

そう、ほとんど地元の人。

あの当時はまた、ほとんど三輪さー、貨物も三輪だから。そんで、こういう、荷物配達の荷車あったんです。一九六〇年ぐらいは。そのマルクニマーケットの荷車なんかありましたよ。ちょっとした材木とか、大きな荷物になったら、こういう荷車とかで運んでましたよ。

これ（マルクニマーケット）はいまのジャスコみたい。リウボウ。ひとつのあれで（ひとつのビルのなかにたくさんの）テナントが入って。そのなかに、洋服屋とか、ゲームとか、食堂とか。

――「じゃ、景気よかったんですね、沖縄」

ああもう、沖縄がいちばんいいの、一九六〇年から七〇年、ベトナム戦争の時代。安定して沖縄があれ（経済成長）したの。ベトナム戦争終わってから、だんだん、沖縄は（景気が悪くなった）。

本土就職のため大阪へ渡ったのは一九六四年。六四年といえば本土就職がピークをむかえつつあった時代であり、とくに中卒若年労働者は金の卵といわれいくらでも就職先があった。かれもまわりの友人たちがどんどん本土へ渡るなかで、時代の空気を感じていた。

中学を卒業後、しばらく定時制高校に通った。通っているあいだ、昼間は姉夫婦が経営する那覇の国際通りの文具店で住み込みのバイトをしていた。当時の国際通りでは観光客よりも米兵の姿を見ることのほうが多かった。店にもよく買いにきた。書籍、とくにポルノ雑誌が米兵や軍属のフィリピン人によく売れた。

定時制高校を卒業後、一年ほどで職業訓練学校に通うため大阪へ渡った。そこで左官工事の技術を学ぶ。当時の沖縄も好景気で、どんな仕事でも好調だったのだが、とくに左官職人はすぐにでも独立できると聞いていた。

本土に行くことに関しては、「手配師」という恐い人たちがいて、沖縄の若者たちを騙して悪いことをしているから気をつけろ、と言われたことは覚えているが、これといって不安も緊張もなかった。むしろ知らない世界へ渡ることのよろこびのほうが大きかったのだが、それでも渡日後しばらく一年ぐらいはホームシックに悩んだという。

──「行く前の、本土に対するイメージは?」

ああ、イメージ……ものすごいにぎやかというイメージは（あった）。そして（実際に）行って、びっくりした。人間が多いの、すごいびっくりした。

ほんで、建物が、高いのと大きいの。その当時沖縄まだ、山形屋が何階……山形屋ぐらいだったから。国際通りの、いまもありますけどね。いまもある。倒産はしてるけど、建物はある。あれがいちばん高かった。四階。四階か……あれより高いもんなかったもん。国際通り。まだあります。空店舗のはずだけど。

（本土の情報は）あの当時沖縄（には）テレビはない。ラジオだけ。新聞とか。だからラジオとか新聞とかで……あの当時はテレビないし……もっとあの、沖縄の人が（実際に）行った、あれ（口コミ）で、上等だったよーとか、そういう話聞いて。

だから、もう最初からもう、内地には行きたかった……。

（でも行ってみて）とにかく、暗いのと……びっくりした……この、空がこんな感じに、いつでもこんな感じだから（聞き取り当日、暗い曇り空だった）。空が暗いのと、人が多いのと、建物が大きいの。その三つはびっくりしましたよ。

（大阪の）梅田の地下（街）が当時できておった。木の、全部材木で道路つくって。いまは鉄で……あの当時みな材木敷いて、梅田の地下街、ちょうどあの時期に。あの地下街。最初、あれもなかったですよ、換気口というか。（大阪）駅前のね、いま、真ん中なんか、大きな換気口出てますよね。あの当時はなかった。あとからつくった。歩道橋もなかったしな。ナショナルが寄付した、最初寄付したという話だった、松下が。いちばん最初よ、いまはどうかわからん、いちばん最初の歩道橋は。

だからたぶん（昭和）四〇年ぐらいか、あの当時……名神高速もちょうどあの当時、その時分でしょ。名神高速は、あの当時日本お金ないから、イギリスから金借りて。一メートル（つくるのにかかる費用が）一〇〇万円だったよ、あの当時。いまはもう何千万。あの当時一〇〇万円っていう噂だった。名神高速。

那覇港から船に乗った。二等客室で三日ほどゴロ寝をして、船は神戸に着いた。当時の客船の運賃には食事代が含まれていた。昔の自分にとっては豪華な食事だった。元町から国鉄に乗り大阪へ。訓練学校の職員の迎えがあった。学校の寮には宮古と八重山の出身者がいた。また、天理教の教徒の生徒もいて、一緒に天理市の教団本部まで出かけたこともあったという。「（勧誘されたけど）入らんかった」。寮は二段ベッドの二人部屋だった。寮には六人ぐらいいたらしい。

学校の寮は福島区の、淀川の近くにあった。はじめて淀川という大きな川を見て驚いた。当時の淀川には渡し船があった。

――「六人ぐらい最初いたっていうのは、おんなじ寮ですよね……これはもうみんな友だち」

うん、向こうで友だちになった。ふたりはまだ付き合ってるよ。大阪にいるよ。まだ付き合いあります。ひとりは吹田かな、ひとりは岸和田かな。なんか遊びにおいでよーって言ってるけど（笑）……八重山と宮古。ほかの人、木工とかいたけど、塗装もいた。木工の人は、いま八重山で家具屋やってるって噂聞いただけだけど……そのなかひとりは同じ左官だったんですよ。でいまも左官あれ、バブルが弾けて、仕事なくなって、もうまた仮枠やってるっていう。電話きとったよ。だからいまいちばん（不景気）……沖縄もいまいちばん建築が、（バブルが）はじけて、いちばん、ショック受けてるんだよ、建築じゃないかねー。

日曜日はこの三名で街へ、梅田とか、遊びに行ったり（笑）。

また、ただの、ドッジボールしたり（笑）。あんな感じ。

――「川原とかで」

そうそう。すぐに堤防、近くだったから。野田、靭《うつぼ》公園とか。菖蒲園、藤棚。菖蒲園、見にいきましたよ、時期になったら。

もう……三四、五年（前の話）。

バンドなんか、休みの日によくやってた、公園で。お昼休みなんかに。いまもこういうの、あるかないかわからんけど、あの当時は、公園でいっぱいやってました。いまは商店街しまってから夜やってるって、テレビかなんかで見たけど（笑）。

あっちが溜まり場だった、いっつも休みなったらあのへん、よく。菖蒲園とか。盆踊りになったら、靭公園でやりましたよ。いまもあるかな……あのへんの。町内の。

あの当時夜店なんか、あったかな……金魚すくいとかあったかな……覚えてないな……。もう踊るのがメインだったんじゃないかな。あんまり覚えてないな、夜店のあれは……あれ、あとから出てきたんじゃないかなと思うけど。最初はもう踊るだけで。結局人が集まるところに……ああいう商売、最初はなかったような気がする、ああいう夜店なんか。

ああいう盆踊りはこのへん（豊見城）になかった。あの、中部はいちおう、エイサー（太鼓を用いた勇壮な演舞。沖縄の旧盆に踊られる）あったけど。このへん、南部ぜんぜんない。いまは青年会が盆踊りなんかやってますけど、あの当時なかったよ。

あっちは、一年間楽しい思いしました。いろいろ、友だちできて。その友だちとあっちこっち行ったりして。河内なんかにも行ったけれど。河内長野かな。つり橋がありました。つり橋もはじめて見た、あれ。通った。はじめて通ってびっくりしたよ、揺れて。河内の……もう覚えてない、なんの川かわからんけど。つり橋ありましたよ。ものすごい揺れて。田舎だった。河内長野っていったんかな、田舎だった。ものすごく恐かった（笑）。

一年だけ通った職業訓練校は、とてもよい思い出になった。中学校レベルの学科の勉強が午前に終わると午後は実技である。ここで左官の技術をしっかり学んだ。

訓練校を卒業するとすぐに大阪の左官会社に就職した。求人は学校にいくらでも来ていた。従業員一〇名ほどの小さな会社で、現場は安いアパート、大阪の言い方でいえば文化住宅や銭湯が多かった。最初の会社に三、四年勤めたあと退職したが、次の就職もすぐに見つかったという。

都島区の京橋に文化住宅を借りて住んでいた。近くの商店街にはダイエーの発祥の店があった。「汚いスーパーだったけど（笑）」。

比嘉は当時の好景気の様子を何度も語っている。とくに左官職人の給料が短期間で急激に増えたことをよく覚えている。また、仕事の合間には大阪だけでなく京都などにも足をのばして青春を謳歌していた。

――「近くのアパートにしたっていうのは、会社が近くやったからですか」

はいはい、そうですよ。また家賃が安い、一畳一〇〇〇円だった。あの当時。大阪が一〇〇〇円で、東京一五〇〇円。もう安いアパートで、文化住宅っていうの、大阪で文化住宅っていう。ああいう感じ。

あの当時、職人なっても、三〇〇〇円ぐらいだったはずよ。ほんで五〇〇〇円なって、また七〇〇〇円なって。沖縄、帰ってくる時分が一万円だったのかな、昭和四九年。来る時分七五〇〇円だった、大阪で。沖縄ではまだあれだったよ、ええと、来たら、四五〇〇円、四〇〇〇円か。向こうでは七五〇〇円だった。沖縄は、ちょうど復帰したあくる年なのかな、復帰の年に来たのかな、あくる年か復帰の年に来てから。

――「なんか青春ですね、給料もいいし」

ああ、もうあの当時がいちばん、昭和元禄といわれとった。昭和元禄。犯罪もないし。

（友だちは）そんときからふたり、遠いとこ住んどったよ。みんな、別々に就職して。なんかひとりは三国《みくに》のほういって。ひとりは近くだったけどね。

――「会社の雰囲気はどうでした?」

うん、みんな、よかったですよ。

――「沖縄の方って、おひとりだけ?」

そうそう。だから最初、そこでまた、下宿しておったんですよ。会社で。いちばん最初の一年。ごはん食べて、日当七〇〇円だった。その当時。この下宿先。最初の三ヵ月ぐらいかな。少しまた上がって一〇〇〇円なったけど。

でも一年住んで、もう給料高くなったから、自分でアパート借りて。(そのとき日給は)三五〇〇円。

――「五倍ですねそれ(笑)」

いやこれもう、(それまで会社で)ごはん食べてだったから(給料から食事代を引かれていた)。食事とって、寝て。でもあんまりおいしいの食べさせてもらえなかったよ。

――「これで、三、四年ずっと京橋のアパートですか、この間、友だちに会ったりもしました?」

ああ、はいはい、しょっちゅう……ストリップ見に行ったり(笑)。いまもあるんかなあ、天六にもあったし。九条か。十三《じゅうそう》のパチンコ屋にも行ったけど。あのへんによく遊びに行った。(大阪の地理は)ほとんどわかるよ。

――「最初電車とかどうでした？」

ああ、恐かったよ。最初乗るときわからん、ぜんぜん。地下街も入ったこと、地下も……あの当時は。地下鉄乗るのも。九条行くのに地下鉄乗って行ったけど……京都も、清水寺とか。あの当時タダだったけどね、入るの。いま、お金とるでしょ。あの当時タダ。清水寺とかよく行った、奈良のほうとかまた。あの大仏とか。お水取りする寺、なんていった？　よく行ったよ。

市電とか、風呂とか、あの当時二五円、市電も二五円、お風呂屋も二五円だった。コーヒーが八〇円。ふつうの喫茶店が。芦屋で三〇〇円だった。でも芦屋で一〇〇円のコーヒーしたら（逆に）売れないというて、噂だったよ（笑）。芦屋はもう高級住宅地さー。安くしたらお客さん入らんっていうてね。大阪、福島、京橋で八〇円だったよ。まあ贅沢品かもしらん。

（喫茶店なんて）沖縄で入ったことない（笑）。（沖縄の）うちにもあの当時コーヒーなんかない。お茶しかない。しーみー茶。普通一般の家庭ではまずコーヒーなかったはず。いまはどこでもあるけど。

――「コーヒーは大阪行ってはじめて飲んだ？」

はいはい。（ほかにもはじめて）大阪でシュークリーム（笑）。あっちではじめて食べて……すっごいおいしかった。沖縄あったかもしらんけど、見たことなかった、沖縄で。大阪で、ヒロタのシュークリーム。バームクーヘンとね。和菓子は食べたことない。もうほとんどバームクーヘン、ホットケーキ、喫茶店入ったらホットケーキ。ホットケーキは一五〇円だったかなあ。はちみつつけてから（笑）。

結婚したのは一九七一年。たまたま文化住宅の隣の部屋に学生が住んでいて、ある女性と同棲していた。この女性の友人としてよく遊びにきていたのが、のちに比嘉と結婚する女性である。その学生も同棲していた女性と結婚し、四人で家族のようにいつも一緒に過ごしていた。学生は福岡の生まれで、いまは郷里に住んでいるが、いまだに付き合いが続いていて、沖縄にもよく遊びにくるらしい。結婚式は大阪の教会であげた。妻となった女性は本土の生まれで、沖縄出身の男性と結婚し、ともに沖縄に住むことに家族から猛烈に反対されたという。しかし間をおかず子どもができ、育児のために親戚の多い沖縄へ引越すことになった。

沖縄へ帰ってきてからは、左官会社を経営し、息子ふたりと娘を育て上げ、いまは悠々自適の暮らしである。

とにかく、昭和四〇年代が、石油ショックまでがいちばんいいですよ（笑）。日本のいちばんいい……あの石油ショック来てからだんだんおかしくなってきて。

西成の宿（ドヤ）が、あの当時安いの二〇〇円だった。いまものすごい高いんだよ。いちばん安いのが二〇〇円だったはず。あっちにもよくこういう、靴とか、買いにいきよったよ。あの当時まだ、西成いうたら安全だった。あの当時から、ぜったい、車が来てもよけなかったけど、人。車のナンバー見てバクチしとったよ（笑）。次来るのはなにがあれというのが。車のナンバーで、カブみたいにやっておったよ。車のナンバーで……。

こういうあれもやっとった、三角公園で、いちばん近いほうが勝ちというの、こうして、ビー玉みたいな、こんな、こういうのもやっとったよ。ああ、新世界も行った、新世界。あっちなんか、劇場があった。ジャンジャン横丁。寄席なんかも見にいったよ、道頓堀とか。

大正区行ったら、三味線（三線）は聞こえとった、あの当時から。友だちがいたから。大正区に住んどった。

そういえばあの当時、あれ、光化学スモッグ。市内一時間オートバイで走ったら、ここ（顔）真っ黒になって、すぐわかりよったよ。光化学スモッグっていってから。だからちょうど、大正区行くのに一時間かかりよったよ、京橋から。一時間ぐらいかかったはず。遠いよ、大正区は。端と端じゃない？　一時間近くぐらいかかったような気がするけどな。

すぐ、行って半年ぐらい、ホームシックかかったな。あとはまあ、あっちで浮かれてパチンコ屋とか競馬、ボートとか（笑）。ころっと忘れて、沖縄のこと（笑）。競艇は住之江、競馬は京都の。あの当時、相乗りして、タクシー相乗りっていったけど、あの当時。いまもできるのかな。他人でも相乗りでいくらって、競馬場行きよったけど。

あっち（大正区）はもう、沖縄民謡いつも聞こえて、三線聞こえとった、あの当時から。

（大阪では）こういうのぜんぜん、あの当時聞いたこともなかったし。あの当時、沖縄のあれ、大正区以外はなんにもなかった（大正区にだけ沖縄らしいものがあった）。

――「懐かしいとか思いました？」

すごい思った、あっち行ったらすごい懐かしい……県人運動会とかありましたよ。参加したよ。県人会入ってないけど、すぐ参加できた。あの当時商品、鍋とかああいう商品をまた、走ってから、商品もらって（笑）。このへん、京橋とかこのへんにはなかったはずだけど、大正区では県人会というのがありました。

――「沖縄生まれっていうことでなんか不愉快な目にあったとか」

ああ、あれはだから、行った当時すぐ、英語。あの、英語で話してるのって。それはみんなあれ、行く先々で聞かれましたよ。また、就職したら、家族のほうから、まだ裸足で歩いてるのって言われましたよ。

もうあの当時、沖縄もどこにあるかもぜんぜんわからんかった。もうまずあの当時、テレビでもぜんぜん沖縄のテレビしなかった。言葉はもうとにかく言うてましたね。英語で話してるのって（笑）。（それに対して）ここおんなじ、方言が多いけどって。言葉は全部通じるよーって。アメリカの兵隊さんがものすごいいっぱいいるのーって、そういうの聞かれました。

復帰のとき大阪にいた。それはニュースでやってた。それ見てた。なんか、ああって思った（笑）。そんなに、あれ（感動）はしなかったけど。

――「パスポートはずっと持ってるわけですよね」

はい、持っとった、パスポート。もう捨てたんじゃないかな。茶色いパスポート。そのあとにまたグリーンのパスポートが出たけど。最初は茶色、おっきいの。あとからまた、あとからグリーン。行くときかならず携帯して、ほんであれ印鑑押しよった、いつ帰った、いつ行ったって。もうこれパスポート捨てたはずよ。どこにあるかわからん。

万博も二回ぐらい行った（笑）。もうすごい人だったよ、あんときは。だからあっちも全部竹林だったんだよ。全部、あのへんも仕事の現場ありましたよ。建て売り住宅とか。（万博の内容は）覚えてない、あまりにも並んどったから、ものすごい……あの、あれだ、上がガラス張りだから、下から見たら、あれしてるの覚えてるよ、ミニスカート（笑）。

Uターンしてからもうずっと（沖縄）。子どもは三人。働いてる。沖縄で。一回、昭和五〇年だったかな、ちゃう、五三年かな、五二年ぐらいに、（ふたたび大阪に）働きにいきましたよ、また。あそこの友だちんとこに、三ヵ月か四ヵ月。あっちで働きにいった。五二、三年だったはずよ。

——「どうでした、大阪時代は。振り返ってみて」

うん、いちばんよい時代だった。なんの心配もなく……沖縄帰ってきてからだんだん不景気になって（笑）。もう、先行きみえないよ（笑）。心配……。沖縄も、一九六〇年から七二年、ベトナム戦争までがいちばんいい時期だった。あの当時、高校の友だち（がしていた）アルバイト、ガソリンスタンドで時給が一二セントかそれぐらいだった。食堂でご飯一〇セントだったのかなあの当時。五セントだったのかな。バス代が、豊見城から那覇まで……。

だからこの前東京行ったら、ホームレスものすごい多くてびっくりしましたよ。あの当時、公園なんかホームレスいないもん。地下鉄、地下街（に）しかいなかったのに。座って、通る人にめぐんでくれ

（って）、地下街は。あの当時。あの、東京の地下街と大阪の地下街。地下街しかいなかった。公園なんかにホームレスっていないもん。昭和四〇年代は。

いちばん……大阪にいて、よかった。

――「今日はインタビューありがとうございました……」

いえいえ、昔のこと思い出せて、よかったよ。

金城博典

聞き取りは二〇〇二年二月、自宅にて。金城博典は一九四八年に与那原で生まれた。聞き取り当時五四歳。四月二日に生まれたのだが、戦争直後の貧しい時代で、早く学校に行かせたいと思った親は、四月一日に生まれたと役場に届け出た。

あのころ、戦後……戦後っていうよりもさ。小学校、一年のときかな、二年のときかな。この道は、アスファルトもなんにもないわけよ。だから、あれなわけさ、裸足。学校行くのも……家に、金なかったんだよな。七人兄弟だから。兄さんだから。いま生存してるのは、五名……五名か。戦争で亡くなってるのがひとりおる。

地元の中学校を卒業してすぐに那覇の鉄工所で住み込みで働いた。中部の米軍基地の発電所や、北部の製糖工場の機械などをつくっていたという。会社の規模は沖縄としては大きなほうで、四、五〇名いた。給料は五〇ドルから八〇ドルぐらいで、「ものすごくよかった」という。もらった給料は半分家に入れていた。

うちのおふくろが、いつも、お前のおかげで入れ歯入れたって。そのお金で。まあ、そのぐらい金がなかったんだろうなあ、本家は。

就職して半年ほどは見習いだった。先輩が鉄を溶接している現場にはりつき、その助手をしていた。会社の職人には腕のよい人がいて、いろいろと技術を教わった。溶接した箇所にレントゲンをあてて、しっかりとできているかを調べる検査があったという。

——「軍関係のお仕事がやっぱり多かったんですか?」

うん、まあ、あの当時はね。やっぱり民間では(仕事がないから)。本土からの工事っていうのはないわけ。だから軍の工事。嘉手納基地の、知花ってあるさ。あのへんに、弾薬倉庫? あれつくり(にいった)。あの、こうやって、アーチ型に、こんなして、コンクリ打って。その上に土かぶせる。上から見えないように。

おかしいのは、そこでヤギ（を放っていた）。なにするかな（と思っていたら）……原爆あったんじゃないかなと（思う）。あれ（ヤギが）倒れたらもう、入るなっていうような（笑）。軍が飼ってる。

――「坑道のカナリアみたいに？」

そう。（弾薬庫の）アーチ型の上に、土かぶせてる。こっちは立ち入り禁止なわけさ。

――「核兵器があったんですかね」

あったんじゃないか。いま考えたら。昔はアメリカもヤギ食うんかなあと思った（笑）。もう、（放し飼い）されてるさ、全部。草がいっぱい生えてたから。そのためにやってるんかなあと。

――「作業する人は大丈夫だったんですか」

うん、まあ、別に。事故があったら、入れんからよ。

実はもともと、戦前に大阪へ渡っていた叔父が子どもができなかったので、その家に跡継ぎとして養子に入ることになっていた。結局は養子には入らず、「すぐ逃げだした（笑）」のだが、「こっち（沖縄）で就職してもしょうがない」という本人の気持ちもあり、中卒後に那覇の鉄工所で一年ほど働いてから、大阪の叔父のもとへ。一九六四年ごろのことである。

――「もともと、内地、大和を見てみよう、と思ってました？」

好奇心がある（笑）。

――「当時は復帰前だし、そんなに日本の情報って……」

パスポート（の時代）だし。そんなに日本の情報、あんまりないんじゃない。うちが、小学校、何年ぐらいかな……五、六年（生）ぐらいにはじめてテレビ入れたわけ、おじいさんが。このへんではぜんぜん入ってなかった。白黒のテレビ。でもあのときはあの、一ヵ所に、部落の人、全部見にきよったよ。

――「復帰前当時、大和や大阪のイメージっていうのは？」

うん、だから、お互い誘うわけさ、行こう行こうって。いいとこだよ、って。どうしても行かなあかんなあって思ってからに。叔父さんのこともやりたかったし。

（見送りに）部落中きよった（笑）。ウチの親戚がさ。……義理だろうな（笑）。

――「やっぱりこう、内地に行くときは船とテープ渡して？」

そうそう、そうそう。波之上丸とか……なんだっけなあ。浮島丸も、黒潮丸……まあそういう感じで。

神戸港。天保山（大阪港）には着かんかったなあ。神戸着いて……神戸やったかな。神戸だな。三日。二泊三日。（奄美）大島に寄るさーな。

――「着いたのは、夜ですか？」

覚えてないな（笑）。

──「はじめてですよね、そのときは。本土を見たのは」

そうそう。まあ、ケタが違うねえ。やっぱり。このへんはもう、那覇でも、あのときはあれさ、ビルっていうのがないさ。神戸なんて、ものすごく……そんな感じ。

大阪では大正区で叔父が経営するスクラップ会社に住み込みで働いた。当時はまだ大正区には「クブン小《ぐゎー》」とよばれる沖縄人集住地区があり、場所によってはスラムとして認識されていた。実際に、低湿地地帯に建てられたバラック街などもあったという。

大正区。もうクブン小っていうか、北恩加島《おかじま》。北恩加島わかる？　雨降ったら、タクシーも通らんかったよ。タイヤが汚れるって言ってね（笑）。海（大阪港）のそば。

北恩加島に。これが嫌でなあ。もう、雨降ったら、歩けないさー、あそこは。友だちと遊びにいって、雨降ったらもう、タクシー乗って……（でも）少し手前で降りて、途中で（笑）。行ったことある？　あのね、いまは海になってると思うけど。水没したさ。北恩加島、こうやって、徐々に下がってきてからに。急に（低く）なってる。北恩加島。この区域はさ。この、下にいたわけよ（いちばん地面の低いところに住んでいた）。

んで、ダンプカー通るさ。泥々なわけよ。雨降ったら、もうたいへん。こっちタクシー（が車が汚れるのを嫌がって）上がらんわけ。帰りに。ほんで、「おにいちゃんもうこっちで勘弁して」って（笑）（途中で止めて下ろされた）。クブン小。だけどクブン小って、行ったことないはず。昔のクブン小。みんな、沖縄の人……。

あれは、もともと、市の土地なわけさ。大阪市の。ほんで、それを勝手にバラックを仕立ててさ。はっきりいって。で、使える土地は全部使ったわけ。ほんで、もう立ち退いてくれという、市からの（要請があったときに）代替地、要求しとる（笑）。ほんで、北恩加島の、チンチン電車通ってる、いまガソリンスタンドの近く、あっちに、土地もらったわけよ。役所から。叔父さんが（笑）。

――「もともとあのへんは不法占拠っていうか、バラックですよね」

そうそう。だからもう、電気水道を（勝手に）ひっぱってるさ。居住権がある。いまだったらもう、強制立ち退きでやられると思う。頭よかったわけ。あの時分はまだ（区画）整理事業入ってなかったんじゃない？

朝鮮もいたよ。朝鮮人とさ。朝鮮人と、沖縄の人と、一緒のグループ。神戸製鋼に納入する。で、全部まとまってからに。話して。こういうふうにしようなあって。片一方だけよくしたらダメだよって（下請け業者でまとまって品質を下げていた)。

朝鮮人と沖縄の人、仲よかったんだから。大正区で。「わーくるさー」、「ブタ殺す人」は、沖縄と朝鮮人しか。大阪で。わかる? お前沖縄か、朝鮮かって、言われるぐらいで。スクラップ業っていったら、沖縄か朝鮮か。本土の人はほとんどしない、こういう仕事。あの……ま、北朝鮮かわからんけどさー。朝鮮じゃないと思うけど。韓国かもしらん。朝鮮はいまはどこの国?

——「いまは分かれてますね、韓国と北朝鮮……」

北朝鮮と分かれてるから、そこの朝鮮かわからんけど……朝鮮朝鮮ってバカにしよった(笑)。お前四つ(被差別部落)かって言われる。案外、おもしろかったよ。本土の人が、喧嘩売るさ。沖縄の人と朝鮮人が、一緒になって(日本人と喧嘩して)からに……。

昔よ……。

大阪の叔父のスクラップ会社での仕事は典型的な3K労働だったようだ。給料はわりとよく、実家にも仕送りをしていたが、叔父が酒のトラブルの多い人で、夫婦喧嘩も多く、しだいに嫌気がさし、家を飛び出してしまう。

その後すぐ、新聞広告で求人を出していた梅田の酒屋に住み込みで働く。当時は小売りやサービス業での住み込みという雇用形態が一般的で、そのため転職や移動も容易だったようだ。就職した酒屋は梅田でも最大手のところで、周辺のバーやスナック、居酒屋に大量の酒を配達していた。この酒屋では一年ほど働いた。金城は酒を配達しているときに耳にした沖縄民謡について語っている。

――「当時、沖縄民謡なんて、聞く機会ありましたか？」

あれ聴いたらもう、涙流れるぐらい（に懐かしくなった）。ラジオ大阪とか聴くとか。（もともとは）好きじゃなかったな。まあ、（沖縄では）シチガチ（旧暦七月の旧盆）、正月（旧正月）とかあるさ。（そのときは）全部ラジオとかああいうのは、民謡さー。あんまり記憶になかったけどさ、まああの、新築祝いのカチャーシ（祝い事や宴会の最後に全員で踊られる踊り）ってあるさ。（沖縄にいるときには）どうって思わんかったけどな。

梅田にいたときに、たまにラジオ大阪が流した……ラジオ大阪っていうか、関西ラジオか……。やっぱり（配達の）車停めて聴きよったもんな。ああ、懐かしいなあと。あれだけはもう、やっぱり……何年か帰ってないさ。田舎に。懐かしいなあ。沖縄のニュースなんかやってたら、すごく気になる。やっぱりそれから、やっぱりあれさ、あの、一〇年ぐらいいたんじゃないか、大阪に……。いろいろ仕事かえてさ。

三味線（を弾くのは）あんまり好きじゃない。聴くのが好き。

懐かしいなあって。（大正区の北恩加島では）飲み屋でも全部三線流れてた。あのとき酒飲めんかったしな。

――「懐かしいなあと思うようになったのは？」

（梅田の酒屋で）ヤマトゥ（大和人＝内地人）と暮らしてから。ほとんど、あれさ、方言って使わない。通じないから。


あれはもう、忘れんな。

一年後、かれは酒屋にいた友人の紹介で天満のキャバレー「A」に移ることになる。その店には黛ジュンや青江美奈、石原裕次郎が営業に来たということである。女性が三〇〇名ほども働く、大きな店だった。その店のボーイとしてしばらく働いたあと、ふたたび引き抜かれ、梅田はお初天神のキャバレー「B」へ。給料も上がり、住み込みではなくアパートを借りるようになっていた。

――「『B』でどのくらいいました？」

どうかなあ。あんまり、記憶、薄くなっとる。一年ぐらいかな。んでまた、大正区に帰ったり、手伝ったりしてるから。叔父さんのところ。逃げないよー（「逃げるなよ」）とか言うて、電話きて。息子が飛び出して帰ってきて、いろんな仕事して、やってきて。

最終的にはどこだったかな。ラーメン屋とか。バイトみたいな感じ。本職じゃないわけ。趣味で。それも引き抜き（笑）。友だちが多いよ、大阪で。沖縄の倍ぐらいいるよ、いまでも。

酒飲まんときは恥ずかしいから、（人生の）話しないよ。……いっぱいあるなあ、職業。もっとあるけど、伏せておこうなあ（笑）。

――「この間、沖縄に帰ったりしました？」

ま、一ヵ月とか、休みもらって。おじいさんおばあさんが亡くなったときには、来たけど。本格的に帰ったときはもう、海洋博だな。海洋博って、いつね。

――「一九七五年です」

よう覚えてるな（笑）。じゃあ七五年帰ってきてから。その間（その前）十何年間、いたんじゃないかな、大阪に。

一九七五年ごろ、海洋博の好景気で沸く沖縄へ帰ってきた。帰る前に、業務用の調理器や什器などが購入できるミナミの道具屋筋でさまざまな道具を購入して送った。郷里で焼肉とラーメンの店を始める計画だった。

二年ほどバイトをして資金を貯めたあと、故郷の街の飲屋街で店を開いたが、海洋博景気はすぐに下火になってしまう。そのとき、未婚で娘がいた同郷の女性と出会い、結婚する。女性は子どもをかかえてひとりで生きていくためにラーメン屋を開業するつもりで、そのための修行として金城の店にバイトに来ていたのだった。

店は順調だったが、そのころかれは酒を飲むようになり、儲けは酒代に消えていった。また、横のつながりのなかで暮らさざるをえない沖縄では、常連客も身内のものが多く、自然と掛け売り（ツケ）が多くなり、資金繰りが悪化することになった。ラーメン店をたたんだあとは、親戚の土木業を手伝ったり、花卉を栽培して暮らしている。

――「大阪時代、沖縄出身っていうことで御苦労なさったことはありますか？」

あのときは、ほとんど、沖縄出身って言わんかった。差別が（あるから）。バレたらしょうがないって感じ。差別するよ。ほんとはよ。沖縄って、もともと国さ。琉球、国さ。薩摩にされるまでは。ほんとは、日本人が嫌うのは当たり前だよ。朝鮮とおんなじさ。俺はそうと思う。差別してるさ。

わからんけどさ、いまの人はどう思ってるか。うちら若いときは、沖縄って言いたくなかった。出身は。

だから、これは笑い話だけどさ、電車で足踏まれてから……聞いたことある?

――「「あがっ」って?」（沖縄方言で「痛い」を意味する。つまり沖縄出身を隠して標準語をしゃべっても、とっさの場合に沖縄方言が出てしまう）

ははははは（笑）。そういう感じだと思うよ。とっさに（沖縄方言が）出るけど、ふつうは、隠して生活してる。まあ、隠さなくてもいいけどな、別に。だから昔は、差別があったから、そういう感じだったかもわからんけど。

いまはもう、沖縄人でよかったなと思うよ。俺は。ヤマトンチュ（大和人＝内地人）よりよ。ウチナーンチュ（沖縄人）でよかったなと。お前、奥さんどこの人?

――「あの、大和です。三重県」

三重県か。いいところだよ。

（大阪では）楽しんできたよ。苦労っていうよりもさ、友だちいっぱいできたよ。（人付き合いは）まあ、好きだな。酒が好きで（笑）。酒飲めんかったら、人間、付き合いってできないんじゃないの。はっきりいって。ただ、昔は、沖縄出身って言いたくなかった……。ただ、昔はさ、沖縄の人って、気ぃ荒かったさ。ウチナー（沖縄）は悪かったよ。あの、空手習って。あんなのはしたらダメさ。大阪では。で、もうひとつ、深刻な事情があるわけ。ウチナーの。ひとりにアパート貸すさ。なら、一〇人も二〇人も入ってくるわけや。

――「実際にみんな来ました？」

来たよ。みんな頼ってくるからよ。こういうコタツあるさ。これに二〇人（笑）。四畳半で。ほんとに。もう、行くとこない。あれはみじめだったな。苦労っていうかよ……みんな、なんていうの？　仕事しないわけよ（笑）。飲んで、寝て……朝まで飲んでる。大阪来て。俺も、その時分はあんまり、仕事したりしなかったりしてたから（笑）。ずっと仕事は、してないよ。なんていうか、会社つぶれたり、やめたら……また、一ヵ月ぐらい遊んで。そんな生活してた。

――「そういうライフスタイルの人は多かったんですかね」

あの、なんていうかな。甘えてる。甘え。変な考え方。やる気のある人間は、ひとりずつ違うよ。だけど、沖縄の人は、ひとりが儲かってきたら、みんなにまた、食事代払ったりせんといかん。あと全部嫌になって逃げていくわけや。バカらしいさ。

結局さ、岸さん。はっきりいうけどさ。俺がはじめて、一七、八で、叔父さんの家から飛び出して、社会に働いて、どういう思いだったと思う？

誰も知った人いない。（はじめて入った会社で）四、五〇人、従業員紹介されて。金城です、よろしくお願いします……俺言った。言葉があんまりわからん、あのときは。まあ、通じたか通じないかわからんけど。すぐ友だちできたよ！　あんときはな。

だけど、洗濯も自分でやる。こんなして。洗濯板って、わかる？　わからんだろ。あれで作業服洗うんだよ毎日。冬でも。寮にいる、自分で。そういう生活してるから……いま（内地に）行ってもわからんと思う……。

また社長も社長、これさ、「金城さん」って言うんだよ。

――「若い従業員を、名字で、さん付けするわけですね。これは偉い人だったんですね」

これは、昔の商売人の、偉い人だったなあと思うよ。おれ、さん付けで呼ばれたのはじめてだった……一七、八さー。……だから、大事にされた。うん。すごかったよ。

だけど……話すけど、一七、八さ。

人間っていうのはよ。なんじ（難儀）さー、って、わかるか。しんどいって、わかるか。遊んで食える人間もいるさ。たまには、いるさ。政治家とか、ぜんぶ遊んで暮らす。沖縄の言葉でさ、なんじさー、一生なんじさーっていうのがある。覚えとけよ（笑）。

おんなじ兄弟でもさ、難儀する人は、いつも働いている。遊んで暮らせる人もいるわけよ。これがおかしいのよ人間って。だから、難儀する人は難儀。遊ぶ人は遊ぶ。これが沖縄の昔からの言葉であるわけよ。なんじさー、ちゃーなんじさー。

伊礼彰

聞き取りは二〇〇二年三月一日、糸満の自宅にて。伊礼彰は一九五二年、糸満の小さな集落で生まれた。聞き取り当時は五〇歳。周辺の家は農業が多かった。もともと父親は大工だったが、沖縄戦で足を一部失い、徒歩ではなく自転車で働けるという理由から、人の紹介で郵便配達員をしていた。公務員の身分だったが、生活は貧しかったという。当時は公務員の給料よりも軍作業の収入のほうがはるかに多額で、教員ですら退職して基地へ働きに出るものが多かった。

（兄弟は）多いですよ。男、上ふたりね。下は三名女。ちょっと、なかにね、俺の兄貴が病気で、小さいとき死んだっていうのがあるけど……（沖縄の人は）みんな、兄弟でひとりぐらいみんな亡くなってるんじゃない?

――「六人兄弟ですね」

実質は、五名ね。現在。(本人は)次男。

――「お兄さんは家を継いでおられる?」

そうそう。近くで。

――「このへんだと、近くに基地っていうのは……」

あったんだよ。あったんだけど、ぼくらも覚えないね。昭和二十何年まではあったみたいだけど、もうぼくらが覚えてから、ないね。昭和三〇年ぐらいまではあったのかな。ぼくら、(昭和)二七年生まれだから、記憶がないわけよね。

――「子どものときは日常的に米兵に接したりということは」

ないね。ない。たまにね、たまに、モノ、ねだりに……あの、〇号線、旧〇号線ていう、〇橋の通り。あの通り、あれは米軍の通りだったさー。あれから遠回りして家帰ってくるときもあった。アメリカー(アメリカ人)通るさーね、アメリカーから、チューインガム食べるためにさ。あすこらへんの人はよかったんじゃないかな。ぼくらまだ、逆の方向だから。当時からあったんだよね、そこらへんは、(この地域は)アメリカとはあんまり関係ないね……。

子どものころ、沖縄は「スクラップ・ブーム」に沸いていた。山火事になると、焼け跡の畑や野原から砲弾や銃器などの沖縄戦の遺物を掘り起こし、スクラップ屋に売り払って小遣いを稼いだ。大雨のときも、山の土が流されたあとに、そうした鉄くずがあらわれたという。スクラップ業者は、そうした沖縄南部の村々を自転車でまわり、掘り起こされた鉄くずを買い集めていた。

方言札ありましたよ。ここも一緒ですよ。あれはもう先生方が奨励してやってるんだから、どこも一緒ですよ。（各クラスに）ひとつかふたつ。女用とか男用だったかなあ……ふたつぐらいあったかなあ。もうあとめんどくさいもんだからさ。朝のうちに方言使っておいて、一日中自分で下げればいいわけさ（笑）。人にやるよりは。

――「もう、ずっと下げてても、別にいい、と」

そうそう。この方言札のいたずらいっぱいあったけどね。たとえば、訳せない方言があるさーね、あれはなんというかって、わざと聞いて、訳せないもんだから、はい交代って。

――「エイサーとかはありました?」

ありません、ぼくらのとき、ないです。ないです。このへんはないですね。ずっと前はあったっていう話だけど……この前A（人名）が、なんかなあ、こっち（のなにかの）一〇周年で……一二、三年前かな。勝連《かつれん》から、中部のほうから、（ここの）青年たちが（エイサーを）やりたいっていうもんで、Aが連れていって、向こうから教えてもらって……最近（復活した）。前はあったって話はしてるけどね。

ぼくは（本土に）一年半ぐらいいたんだけど、こっち（沖縄）で共通語ってなかなか使わんかったわけよ。向こう行ったら、もう一年ぐらいですぐ大阪弁にみんななってる（笑）。

――「共通語は抜きにして、いきなり大阪弁を……」

そうそう、日常会話は共通語っていうのは、もうぜんぜんないわけさ、その当時は。学校だけ。学校でも、めったにもう中学校からは、授業中以外はぜんぶウチナーグチ（沖縄方言）でやってますから。授業中以外は全部方言でみんなしゃべりまくってるわけ。だから向こう行ったら、大阪弁慣れるのが早いわけさー。みんな。

テレビはね、小学校四、五年のとき入ったんじゃないかな。五年ぐらいのときはもう入ってたかもしれんなあ。東京オリンピックの年の、一年前ぐらいに、入ってるはずよ。白黒の中古だけどさ、みんな。力道山見ました。あれだいぶ早く見てますよ、うちの前がちょっと、テレビ早く入ってたもんで。

金曜日だったかな。金曜日だったら、みんなこのうちに集まってくるさーね、プロレス始まるよって。

それから、あれまた水曜劇場といってね、ローカルの番組あるわけさ。芝居。これはまたオバアたちが集まってくる。沖縄芝居。これはオバアたちが集まってくるわけ。プロレスとかああいうのは、子どもたちが集まってくる。持ってるお家にね、押し掛けていくわけ。あの当時からありましたよ。

――「子供のとき、親御さんとは完全に方言……」

そうですよ。いまも方言。完璧じゃないけどねえ……でも会話するぐらいは……（正しい）敬語とか（は難しいが）、会話するぐらいは（できる）。目上の社長さんとかで、方言で会話しなさいっていったら、やっぱり使いづらいさーね。親と会話する（程度）の敬語ぐらいだったら、なんともないよ。ふつうのまた目上の先輩と話す敬語の使い方とかも、だいたい……どっかのお偉いさんと話するときの敬語の使い方はちょっとまた、難しい。

――「いま、お子さんとはどうですか」

いやもうぜんぜん、方言は……共通語だけ。（妻と）ふたりのときだけ方言……。

六七年ごろに中学を卒業し、当時の沖縄にいくつかあった「産業技術学校」に入学した。現在の職業訓練校である。ここに一年間通い、電気工の技術を学ぶ。とくに将来の目標などはなく、とにかく早く働いて車を手に入れるのが夢だった。実際に、学校を出るといくらでも仕事があったという。卒業したあとまずは、友人の叔父が経営する地元の電気工事屋に就職する。日当は一日あたり一ドル六〇セントほどだったという。当時のレートでも五〇〇円ほどである。ここで一年ほど働いたあと、大阪へ行くことになる。近隣の知人が大阪で就職し、たびたび故郷に帰ってきては若者をリクルートしていた。当時はこうした民間の「手配師」も多数存在していたらしい。伊礼はこの手配師の紹介で、同級生五、六名とともに大阪のある会社に勤めることになった。

――「中卒ですぐ就職する場合、やっぱりほとんど本土ですか?」

いや、ここらへんでも相当仕事あるのに。まあ、職種はかぎられてはいるわけさーね、大工さんが主さね。大工さんとか左官屋さんとか。土木。土木ってその当時なかったな、土木って新しい仕事だな……だいたいもう九〇%、大工にいってるね。(大工が多いのは沖縄)全体ですよ。

(集団就職は)男は、ぼくの記憶ではないなー。女はいるよ。あ、いるはずだけど、ぼくは記憶ないね。うん、そこらへんではよ。女はいる、同級生で。女はいる。男の人は少なかったんじゃないかなあ。みんなもう、募集かかってるの、紡績のあれ(女工)だと思うから。高校なって、車屋にっていうのは、同級生に何名かいるけど。車のメーカーの。

――「六八年ぐらいに技術学校出て就職ですよね」

そうですか（笑）。（最初の就職は）こっちで、こっちで。地元で。いまと一緒、電気工事屋。これは友だちがいた。友だちの叔父さんが仕事してたから。だから仕事は、その当時なんでも、いくらでもあるんだから、遊ぶ人っていないわけさーね。遊んでるやつ見つけたら、おいでおいでって（声がかかる）。

――「高度成長期っていうか、沖縄でもかなり人手不足っていうか景気がよかったんですかね」

人手不足もあるし、まあその当時、人件費も安いわけさーね。みんな人件費安いもんだから、遊ぶより、みんな……覚悟はしてるわけ。自分いったら遊ぶわけ、いかないのに。車とかあれば遊んでもいいんだけど、まあそれ自転車に乗って遊ぶわけにもいかんしね、この歳で（笑）。

ひとりだけ遊んでたら……（「目立ちますよね」）。こっちあの、みんな、言うさーね、「モノを読まれる」って言うさー。読まれるものは読まれる。要するに、うわさが広がっていくさー、みんなね、どこのどいつは遊んでるよーとかね。広がっていくもんだから。

それであの、たまにね、「ムーク」、婿さん。これがいまでいう……あの、なんていうの？　仕事斡旋するやつ。仕事斡旋するやつがいるさ、大阪なんかよくいるさ。兄ちゃん仕事あるぞって……。

――「手配師？」

そうそう、みたいな人が、こっち入りびたりしてたわけさ。こっちに。大阪から。「婿」だから、「ムーク」。婿さんさ。沖縄の嫁さん（労働者）、探してるわけさ。

――「先輩っていうのは中学の？」

もう、（先に大阪の）会社に入ってるわけさ。それで、そこの社長の弟が、沖縄（人）だけどさ。向こうでだいぶ住んで、もうヤマトゥ（大和人＝内地人）みたいになっていた。これが独身で、弟が独身で。（身軽なので）遊びにきながら、沖縄から人間連れていくわけさ。

――「要するにその弟さんが、手配師じゃないけども……」

手配師みたいになってるわけさ。

――「これが沖縄にリクルートしにくる。人を」

そうそう。給料いくらあるよー、日当でいくらあるよー、給料もあるよ、ボーナスもあるよーって。大きな企業でもないし、いちおう会社だけど。しっかりした会社だけど。給料もそんなに、土方よりは安いし。向こうの土方よりは安いし。会社自体も大きな会社じゃないさーね。（内地では人手不足で）募集もかけられなかったんじゃないかなと思うさ。

――「もう、景気のいいときですね、大阪でも。人手も不足だしってことで、沖縄に縁故で人集めに……」

そうそう。交通費とか、こんなのももうないわけさ。もし大阪来るんだったら、こっちの会社、俺たちの会社来いよー来いよーして。じゃあ、遊びながらでも行ってみるか、っていう感じだったわけさ、ぼくらは。

だから、行ったときはもう、この会社に入るのは決まっていたわけさ。みんな、友だち同士、行こうかって。みんな一緒に。五、六名ぐらい行ってる。残りの連中は高校二年、か三年ぐらいなってるさーね。もう三年になってるかな。ぼくらはだから、学校出てこっちで仕事して、残りの仕事しない連中は、五名ぐらい。じゃあ一緒に行こうかっていう感じで行ったんです。

あの当時、相当景気がよかったかもしれんよ、沖縄まで手配師みたいなやつが来るさーね……。要するに沖縄の人間は（県内の仕事は）日当は安いさー、沖縄は安いさ。向こう（本土）行ったら何倍かもらえるさーね、どこでも、若い連中は。

ぼくらなんか、まだ一八にもならんのに、ほんと会社は入れてはいけないっていうあれだっても……年をごまかしてみんな入ってる……一二歳ぐらいみんなごまかしてる。一八歳以上にならないと会社入ってはいけないっていう。会社、（未成年だと）採用しないわけ。でもみんな歳ごまかして入ってる。みんな向こうで、成人式は一回すましてきてるんだから（笑）。会社で。

本土はあこがれの場所だった。就職が決まり、パスポートを取得すると、すぐに那覇港から船で旅立っていった。とくに不安もなかった。ただ、家族はいつか帰ってくるものという前提のうえで送り出したようだ。同級生五、六名で本土へ渡り、みんなで同じ会社に就職した。それはまるで、長い長い修学旅行のようだっただろう。

――「その前に、もともと本土に行きたいなっていうのはあったんですか？」

行きたかったねー。なんで行きたいと……やっぱりあこがれがあったんじゃないの？　あこがれっていうのが第一さーね。見てもみたいさーね、どういうところか……。

――「本土の情報っていうのは、主にはテレビですか」

テレビでしょうね……。

――「人から話を聞くとか？」

それもあった。それから、どういうところだよー、日当もいくらぐらいあるよーって。

あの当時だから、パスポートつくってでもみんな行ってるさーね。パスポートつくるのもお金いるし。それでパスポートもらうの、ぼくらのときは一週間ぐらいかかったかな。二週間ぐらいかかって。だからもう、行くときは、一週間ぐらいかかるもんだから、あああれもつくったみたい、あああれもつくったみたい、もう行くんだねーって感じ。いまみたいに、急に明日行こうねっていうのはないさーね（笑）。

（最初は那覇港から）船です。

――「このときは、まわりの若い人、後輩とか先輩って、本土に行くって当たり前のことだったんですか」

珍しいことさー。だから、見送りとか相当、いっぱいいるさ。出稼ぎみたいなもので。友だちもみんな学校休んでくるさー。みんなじゃないけど。ぼくらは、ひとりじゃない、四、五名、五、六名行ってるさーね。みんな友だちさ。だから、見送りとか相当いた。友だちがいない、ぼくらの年齢は、もうひとりで行ってるかもよ。逆に。

――「不安だなあとか、ありませんでした？」

行くの？　ぜんぜん。ぜんぜんなかったね。

――「親御さんとかは、いかがでした、反対とかっていうのは」

いやいや、逆に、可愛い子には旅をさせろだね。だからそのかわり、長居はするなよ、と。社会見学程度で帰ってこいよーっていう話はあった。まそれでもいいやって感じさーね。

一、二、……四名かな。四名か五名だったよ。

――「みんな、おんなじ大阪の会社に?」

同じ。

――「じゃあ楽しいですよねえ」

そうそう。

（船は）鹿児島（行き）のやつ。鹿児島から、一八時間ぐらいかかったはずよー。あの、急行、特急じゃなくて急行だったはず。大阪まで。鹿児島から。

――「寝台車とかじゃないですよね。ふつうの椅子の電車ですよね。一八時間ずっと座ってるわけですか」

一八時間というか、半分以上立っているわけさ。

――「あ、立ってるんですか!?」

沖縄の人、その当時素直だから、若いから、席を譲ろうっていう感覚さー。この大きなトランク抱えてね。あの当時沖縄の人、みんな座らないよ。お客さん来たら、少しでも、はいどうぞって席譲るぐらいの、みんな純情な気持ちがあるさ。夜になって、やっと空いてから……まあ眠らんけどね。座るぐらいだった。

大阪着いたときは朝の……九時ぐらいだったかな。朝の九時ぐらい。

――「どんな感じでした、印象っていうか」

最初？　ああ、覚えてるよ。沖縄と違ってね、あの、スス。電車のスス。あの黒いやつ。これもう、沖縄と景色違うなあと思った。電車乗ってるさー、これ、汚いっていうイメージが。（街）全体が。あの、草履なんか履いて歩くさーね、足すぐ真っ黒になるさーね、沖縄でそういうことなかった。車も少ないし、その当時。一日中歩いて、草履履いて歩いたら、足真っ黒になるわけよ。沖縄ではあの当時、ならないのに、まあいまもそんなならんと思うけどね。あの当時また電車っていうのも、一〇〇％電車じゃないわけよ。ディーゼル機関車。街に入ったら、電車。田舎に行ったらディーゼル。

――「電車は、すぐ慣れました？」

いやいや、慣れないよ。友だちがひとりそういうのを、詳しいやつがいるから、あれ詳しいもんだからすぐこれ、見るだけで、はいどこまで、切符買って、はい次はなにが来る、特急が来る、っていうのがすぐだいたいわかる人がいたわけさー。ぼくらはなんべん乗ってもわからんよね。環状線ぐらいしかわからない。

会社は大阪市大正区にあった。創業し会社を大きく育てあげた先代の社長が沖縄出身者だったらしい。おそらく戦前に移り住んできた膨大な数の沖縄人のひとりだったのだろう。伊札は大阪港のコンビナートにある巨大な製鋼所の下請け工場で、そこの電気系統の工事を担当する部署に、友だちとともに雇われた。職場には沖縄人だけでなく、四国や九州出身者も多くいた。当時の大阪は、西日本から若年労働者を貪欲に吸収していた。

古い大きな病院を改築してつくられた寮に住んでいた。友人たちとほぼ貸し切りの状態で暮らしていたという。もと病室だった部屋がたくさん空いていた。寮に風呂はなかったが、工場に風呂があり、仕事が終わったあとはそこで入浴し、食堂で夕食をとってから帰っていた。

待遇はよかった。仕事は暇で、蒸気パイプを引き込んだ暖かい待合室で座っていれば残業代が付いたという。ボーナスも一ヵ月分もらっていた。高度成長期の日本の製造業の勢いを感じさせる逸話である。

――「大阪で住んでて、これは合わんなあとか、これはいやだなあとか」

いやいやもう、なんでも……なんでもおいしい、ごはんもおいしいし。

――「ほかの、たとえば職場のほかの沖縄以外の出身の人との付き合いっていうのは」

あんまりいなかったねえ。ぼくらはぼくらだけで、四、五名いるもんだから。

――「沖縄のご出身ということで、本土で苦労されたとか、そういうことは」

ない。ぼくら、会社の先輩もいっぱいいるし、所長自体沖縄の人だから。少し、喧嘩になりそうなときはあったよ。向こう（本土）のやつとね。ぼくらはぼくらでいつも四、五名でかたまって、なんでも行動するさーね。だから、だからなんか、狙ったんじゃないの。逆に。俗にいう遊び人とか、勘違いしたんじゃないの？

――「それはなんか喧嘩売られたとか、そういう感じですか」

そういう感じ。そういう感じだから。逃げるが勝ちさー（笑）。因縁つけられているわけさ。あの、出店。出店、向こうあの、（毎月）一日一五日が、夜店かな。夜店ありますよね。このときだったけど。ぼくらの、南恩加島の商店街で。バナナの叩き売りとかやってた。あの当時、映画館とかまだ残ってましたからね、向こうでも。もうたぶんないと思うけど。

――「職場でも、言葉とかはまあ、問題ないわけですしね……」

話するときは、いやあ問題あるよ。ほかの人嫌がるさー。やっぱり意味わからないことは、なんか嫌みたい。だから職場では、まあ共通語使おうねーという感じで。やっぱり嫌がるさーね。なに言ってるかわからん連中が来たらね。だから職場では、共通語使おうねという、まあ共通語もそんなに、わからんわけでもないし、ある程度話せるから、職場では共通語しようねーという感じで。それは、向こう嫌がってるよーと、先輩方から、嫌がるから、なるべく使うな、と（教えてもらったから）。

（職場に沖縄の人は）半分はいないですよ。まあ、いても、所長とか班長とかは、ぜんぜん言葉、方言しないさーね。七、八名、一〇名もいないぐらいかな。一〇名ぐらいかな。

ぼくらのとき、会社さーね、ほんとの会社だからさ……それでも無断欠勤しても、酒飲んで休んでも、まあ怒るのは怒るさーね、「休むときぐらいは会社に連絡しないかー」、怒るのは怒るんだけどさ、それでもなんともなかったからね。いまだったらもう、（かわりの）人間はいっぱいいるさーね。

雨降りのときもよく休みよったよ（笑）。雨降りだから今日休もうって（笑）。会社としては相当痛手ではあるわけさ。いっぺんに四、五名が休むんだから。（友だち同士で）いっせいに休むもんだから（笑）。仕事ができなくても、会社としては、来ないとダメさーね。

雨降ったら、もう（現場の仕事は）できないよ。だから、雨降るときは、会社、工場のなかで、今度はあの、洗面器とかブリキで、あんなのつくるわけよ。風呂場で使う洗面器とかタライとか、あれ、ガンガン、ガンガン（と叩いて）……ほんとうは買ったほうが安上がりよ。でも会社としては、休ませたくないんじゃないの。会社ももしかして、日当制とってるかもしれんよ。親会社から。要するにピンハネでもってた会社かもしれない。

寮に管理人は存在せず、伊礼たちの友人グループを中心にした一〇名ほどの入居者たちによって、一種の「治外法権」的な空間ができあがっていた。自分たちの友人や親戚が沖縄から来ると、勝手に泊めたりしていた。朝起きたら泥酔した見知らぬ「おじさん」が寝ていたこともあったという。近所からもよく苦情の電話があった。伊礼は語りのなかで、自分たちのことを「沖縄会」と表現していた。

いちおう関西に住んでいた親戚に会ったりもしていたが、同年輩の自分の仲間たちといるほうが楽しかった。同郷の友人たちと仕事も寝食も共にすることで、かれは大阪で働きながらも「沖縄から一歩も出ていない」暮らしを送っていた。それは大阪に持ち込まれた小さな沖縄だった。かれのグループは会社のなかでも目立って浮いていたという。

（寮には）ぼくらだけ。

――「四、五名の友だちだけ？　ああ、それは楽しかったでしょうね」

だれもいないし。（管理人も）だれもいない。だから、夜酒飲んでさ、暴れるさーね。

――「やりたい放題ですね（笑）」

会社に（苦情の）電話くるわけよ。また四、五日おとなしくしておいて、またやるわけよ（笑）。苦情が会社に……。

それで友だちなんか沖縄から出てくるさーね。なんもいらない。だれも気兼ねはいらない、いつもこっちに放り込んで。こっちに泊まらして、ほかの会社に行ってる人もいたよ。バレるどころか、だれも来ないよ。管理人とかそんな……。

和室は和室。まったく病院の、古ぼけた病院の跡だから、このあれを、各部屋を、畳敷いてあるわけよ。だから、メシも、なんもないよ。（洗濯も）自分で。ぼくら歩く距離だから、会社で着替えして、風呂も入って帰ってくさーね。

ぼくらはぼくらで「沖縄会」だから、もうあんだけ人数いるから。四、五名のところ、常時一〇名近くいましたからね。会社の違うやつもこっち来るし、遊びに、旅行しにきてるやつもいるし。寮っていうより、なんもない、オープンな寮だから。寮っていう、名前だけ。二階建て。三階だったかな。三階かもしれんね。

だから、朝起きたら、朝起きたらさ、まったく知らない酔っぱらいのおじさんがさ、布団のなかに一緒に眠っていたわけよ（笑）。隣に。ルンペンが。入ってきたんじゃない、朝まで眠っていた、朝まで、隣に、布団のなかに一緒に。自分も酒飲んでるからわからんわけさ。一緒に酒飲んで……ぜんぜん知らない人が入ってきて、眠ってる。布団のそばに眠ってる……そのぐらいオープン。

――「大正区は沖縄の人多かったですか」

そうそうそう、あの、北恩加島でも、〇〇製鋼所の工場あったわけさ。出張というか向こう行ったら、沖縄の人が住んでいましたよ。南恩加島にもあるし、北恩加島にも工場あったもんだから。出張で行くわけさ。

ぼくらが住んでいたのは、南恩加島。小学校のね。すぐ隣でしたよ。すぐ隣。たぶん学校の敷地はいまも一緒かなあと思うんだけど。すぐ隣。もうないと……（笑）……夏、あの（小学校の）プールに（勝手に）入ってね、とっつかまったことありますよ（笑）。

――「内地には親戚の方とかがいらっしゃいましたか？」

親戚のほうはいた。（会ったのは）二、三回よ。いやいやもう、飲ますから、行こうっていう感じで……でも親戚のほうは、ほんとの親戚だけど、遠縁みたいな感じ。ほんとの親戚だけど。遠縁みたいな感じで……向こうも、だれもいないもんだから、親も全部、離れ、親子離れればなれになってるわけさー。二、三回よばれて、先輩だから、二、三回よばれて、飲み屋行ったり……二、三回ぐらいしか、奢ってもらわなかった（笑）。で、ぼくらはぼくらでまた、仲間で（いるほうが）楽しいさーね。

民謡とかはもう、沖縄にいるときは好きじゃないけど、やっぱ向こう（本土）行ったら好きになりますよ。（沖縄には）一七歳までさーね……（それまでは）ぜんぜんじゃないけどさ、そんなに趣味はないさーね。グループサウンズの時代だったから、逆にグループサウンズのほうが魅力あるけど。向こう行ったら、民謡聞くもんね。聞きますよ。

（子どものときから）耳には入りますよ。ラジオとか。また、宴会とか、いろいろありますよ。結婚式、宴会とかさ。あの、お祝いでも、けっこう年寄りのお祝いありますよね、そういう感じ。お祝いのとき。

みんな、頭のなかに入ってきますよ。もうこのぐらいの年齢から、みんな、小さいとき立たされてんじゃないの。要するに、立たされて、カチャーシのときは、みんなはいはい、踊ってこいって（笑）、みんなやられてるわけさ。いまでもやるよあれは。あの三味線の音色っていうのは、やっぱ小さいときから頭に入ってるから。小さいときから頭に入ってるから、だから……これまた小さいときはみんな、立たして、みんなカチャーシとかさせるわけ。お祝い事のとき。

（大阪で沖縄民謡の）レコードとかあるさーね。レコード、テープとか。これ買い込んできて。

──「買ったんですね……じゃ、それはほんとに聞こう、ああ聞きたいと思って買いにいく……」

そうそう、買いにいく。大阪はいっぱいあるさーね。大正区だったらありますよ。（「友だちとみんなで」）聞いて。あの、カセットなんかはあの、自分で買うさーね。趣味のないやつは買わんけど。

民謡みんな聞いてますよ、向こう行ったらみんな聞くんじゃないかな。あの当時覚えた民謡はだから、いまでも二、三曲わかりますよ。また沖縄帰ってきてから、少し趣味的に薄れるんだけどね。懐かしいなあっていう感じで聞くわけさ。新曲なんかもやっぱり、向こう行ったら聞きたくなりますよ、また。

これ珍しいです……もって生まれたもんかなんか知らないけど、やっぱり離れれば離れるほど、これ懐かしさが、頭のなかにわいてくるかもしれないねー。小さいときから、その頭のなかでみんな叩き込まれているから、これが離れないんだねー。これはどこ行っても一生消えないよ。ブラジル行っても。

──「ホームシックっていうのはあった？」

ない。

（「それはないけど。でも民謡は……」）そうそう……友だちがそんだけいるから、かなあと思う。別に三線もしなかったね。三味線よりも、もちろんエレキとかにあこがれて……やってないけど。やろうねっていう話はしてた。みんなでお金出しあって買おうねって、準備はして。で、ひとりやめたのがいて、いやあそんなだったらやめるって言うからやめたっていう。

──「このとき七〇年ですね……そろそろ沖縄も復帰……」

復帰の、二ヵ月前ぐらいかなあ、もうあの当時から決まりかけていたんじゃないかなあ。

──「なんか復帰運動に関わったとか、そういうことは」

ううん、ないないないない。あれはもう公務員がやる仕事で（笑）。あれたちはもう、日当もらいながら運動しているよ。

大阪にいるあいだ、寒さは平気だったという。大阪でも雪を目にしたことはあったが、一度、共に暮らす仲間たちで北陸へ旅行したことがあり、そのときに見た雪が忘れられないと語った。なんとなくどこかへ行こうかということになり、国鉄大阪駅でたまたま目にした金沢行きの列車に飛び乗った。民宿の裏手の公園で積もっていた雪にみんなで寝転がり、雪というものはさらさらして濡れないものだ、と思ったという。また、金沢で食べた北陸の米の味もよく覚えている。

ほかにも京都の金閣寺にもよく行った。郷里から友人や親戚が遊びにくるとかならずそこを案内した。理由は、「ほかの場所を知らなかったから」だという。奈良の大仏、大阪城、そして万博。天王寺公園ではいかがわしいものをたくさん見た。背広売り、ガマの油売り、スズメの焼き鳥、そして「靴かたいっぽだけ売ってましたよ」。財布をすられたから一〇〇〇円貸してくれと言われて同情して貸したらそれが寸借詐欺だったという話。梅田で自衛隊にしつこく勧誘された話。住之江の競艇場では、お上が堂々とギャンブル場を開いていることに驚いた。「あの天王寺公園どうなってるかなーって、いまも行きたい感じはする……」。

一年半ほど大阪で暮らしたあと、伊礼は一九七一年に帰郷する。沖縄にUターンするつもりはなかったが、親の呼び戻しで帰ると、それにつられて友人たちも次々と帰ったという。

――「沖縄帰りたいとかなかったですか?」

ない、ない。ないですね。沖縄帰りたいって、もうぜんぜんなかったですね。

――「大阪にはどれくらいの期間……」

一年半。ほかの連中もみんな二年めぐらいには帰ってきたよ。

あの当時沖縄帰ってきて、失業保険もらえるよーっていう話あって……失業保険申請するよりは、申請するのも自分でやるわけさ。沖縄帰ってきて、自分で。職安持ってきてやりなさいよーって、ちゃんと書類だけは持たしてくれよったわけよ。まさかねー……。

――「ああ、大阪で会社が失業保険の書類を持たしてくれた」

うん、まさかでも、仕事もしてるし、もらう気しないかなーと思って申請しなかった。いい会社ではあったわけさ。沖縄、帰るよーって言っても、ちゃんと向こう、書類、出しなさいよーっていう話だったから。まあ、出さんかったんだけどさ、もらわんかったんだけどさ。まあ、一年半でもらえるのは、ひと月ぐらいのもんじゃないかなーと……。

――「けっこう聞きますよね、沖縄の人で、本土で出稼ぎして、行って帰ってきて失業保険で……」

あれたちは全部季節工でもらってる。季節工でも失業保険出ますよ。三ヵ月出ますよ。いまもう、簡単にもらえんけどね。あの、（失業保険の受給者が違法に働いていないかどうか）調べにきよるわけよ。（職安の職員が）「お父さんの友だちだけど、お父さんどこに行ったのー。友だちだけど」って言う。（子どもが）「お父さん仕事行きました」って言ったら、もう失業保険もすぐ下りなくなって……。

――「（受給中は）働いちゃダメなんですよね」

ダメですよ。国としても景気がいいときはこんな、調べないいんだけどね。いま徹底して調べるわけ。

でも、所帯持ちは六〇%ぐらいもらえるさーね、六割もらえるさーね。みんなもらってるよ。……もともと、季節工の仕事がないんだから。

――「友だちより先に帰ったきっかけは……」

親が帰ってこいって言うから、もう。で、ひとりはまた横浜行ってね。兄貴のところへ行くやつもいるし。残りはまた、残ってる連中もいるし、会社やめてほかのところにまた移ってるやつもいるし。でもけっこう、残ってるのも二、三名ぐらいは残ってたはずだから。

ぼくの考えとしては、Uターンとか、こんな考えは（最初からは）ないさー。いいところであれば住んでいいし。向こう（本土）からあんまり、帰りたくもない（なかった）けど、家庭の事情があるから家族（が）帰ってこいって言うから、「まあいいかあ、一年半ぐらいなってるから」ってことで帰ってきた。

（いまから考えたら）親に騙されたかなあと（笑）。いやあ、すぐ帰ってこいっていうのはよ。あの当時だから、みんな友だち（が本土に一緒に）いるもんだから、ほんとは帰りたくはないわけさ。ひとり残されたら、すぐ帰ろうってみんな思うはずだけど。ぼくはちょっとぐらい早かったかな。帰るのが。ぼくが帰ってきて、みんなじゃかじゃか帰ってきた（笑）。

それは、長くおいたら心配じゃなかったかな……親としては、近くにおいときたいんじゃなかったかな。

帰るときは、伊丹までね、タクシーで行ったのかな。道がわからなかったから……飛行機で。あれ、だから飛行機、はじめて乗った飛行機。いまでも恐いよ。伊丹の飛行場上がっていくのが、いまでも恐いよ。いまでもこの飛行機のイメージが恐いもんだから。最初乗ったときはああいう感じだから……伊丹の飛行場はなんか狭いみたいでね、ぎゅーってすごい急上昇して上がっていく。

（沖縄に）帰ってもいいし、（このまま大阪に）いてもいいしっていう感じはあった……。

帰って……またもとの仕事（電気工事屋）に。ぼくが帰ったときは、もう親方は違ってたんだけど。親方やめて、次の親方がやっていたんだけど。それから、独立して、一一年めかな。独立して。

（Uターンしたのは）復帰の前。

――「復帰はどう思われました？」

別に……帰って……自分の気持ちとしてはそんな変わらないすよ。期間が一年半ぐらいだし。そこらへん、まあ友だちもいっぱいいるし、まあでも帰ってくる人、ああ帰ってきたなあって挨拶するからね……ちょっと地形は一年半でちょっと違うなあっていうイメージはあったけど……あの、自分の家のまわりとかさー、道が違っていたりとかさ。舗装されていたりとか、わずか一年半のあいだで。

――「どうでしたっていうのも、漠然としたあれですけど、大阪っていうのは、どうでした?」

ああ、当時、いちばんおもしろいんじゃないの、(自分の)人生の(なかで)……。

まあ、青春を謳歌した……行ってないやつが逆に後悔してるんじゃないの。こっちにいても同じ人生、向こう行っても同じ人生だけどさ。でも行ったのはよかったさーね。歳とってから行けないんだから。友だち同士なんて行けないよ。ぼくらが、遅くまで、もし向こうに残っているようであれば、みんな逆に来たんじゃないの。

――「そのときの、友だちのメンバーの方々っていうのはみんな」

帰ってきておる。先輩がまだ残っているけどね。行ったのは一緒ぐらいだった。年輩の方がね。いまも頑張っているよー。でも会社はもうやめてはいる。やめて、ほかに移って。

(その先輩から先日、三〇年ぶりに電話かかってきて)俺はいつまでたってもカネ儲けきれんから、もう帰ることできんよーっていう電話(笑)。ほんとは帰ってきてはいるわけさー。なんか、おうちで行事とかあるときは、帰ってはきてるんだけど。そのままとんぼ返りで帰ってるから、また大阪に。

大阪は第二のふるさとだから……。

――「このあと、本土にいらっしゃったことは」

ないね。あの、遊びには行ったことあるけど。大阪は、ない。帰って以来、大阪、一回も……。友だち同士行こうねっていう話はあるんだけどさ。

新里定明

新里定明、一九四七年生まれ。聞き取りは二〇〇二年二月二一日、名護の自宅にて。当時五五歳。男四人、女二人の六人兄弟の次男。長男はいま大阪で薬局を開業しているため、かわって実家を守っている。

団塊の世代にあたり、同級生の数が多かったことをよく覚えている。教師は厳しく、方言なども禁止されていて、うっかり使うと体罰をくらったという。

（小学校は）二クラスだったり三クラスだったり、変動があったな。だいたいよ、二〇〇名ぐらいじゃなかったかな、同級生が。一学年でよ。あとほら、戦後生まれの、ちょうどほら。団塊の世代ってあるだろ。おれらがいちばん先発隊なのよ。昭和二二年生まれだから。二〇〇人……そんなにもおっきくないけど……二〇〇いないかもしらんな。一六〇ぐらいかな。そんなもんだな。一五〇はいかんな、だんだん数字（の記憶）も、古ぼけてくるねえ（笑）……。

三クラスぐらいまでは、なったわけよ。（みんな小学校から中学校まで）おんなじ学校。転校っていうのはあるよ。ただ、編入というのは、ないわけよ、数多くのね。もう、一年生から中学三年生までずっと一緒。

昔は先生が恐くてよ、ものすご。もう体罰はふつうよ。だって、終戦直後だもん。あのころはもうほんと、素敵な先生もいっぱいいいたけどね、さんざん殴られてよ（笑）。もう、方言使ったあれで、ムチで叩かれたりね。仕置きがあるわけ。方言使ったらいかんだろう、ぱしって、やられるわけよ。ゲンコとかね。それでも、先生に殴られたといってね、（体罰が）問題（になった）っていうの、一回もなかったね。

小学校一年から中学校三年まで。

うちらのころはよ、はっきりいって、まともに標準語使えるのは少なかったわけよ。まだ方言がほとんど使用されてて。ほんで方言を使用するなってね、要するにほら、ホームルームとかで、今週の努力目標とかあるじゃない、教訓みたいのが。それに課題にあげられてるわけよ。今週は方言を使わないようにしましょうっていってね。通り悪いからね。おうちでも方言でしょ。

テレビないですよ。小学校六年か中学一年、テレビ入ったの。（もし）テレビでもあったらテレビから標準語覚えるよ、毎日テレビ見るから。（でも実際は）親はみな方言しか使わんでしょ。おうちで方言（使ってて）……唯一先生、校長先生と先生だけ標準語使うわけ。

中学を出たあと地元の普通科高校に進学する。周辺では中卒で集団就職したという例はあまり聞いた覚えはないという。高校時代は遊ぶのに夢中で、まったく勉強をしなかった。クラスには大学に進学する生徒もいたが、とにかく「思いきり遊んだ」という。

生まれ育ったのは北部の街で、ひととおり歓楽街などもそろえていたが、田舎は田舎だったと語った。那覇にもめったに行く機会はなく、情報はもっぱら「親子ラジオ」から得ていた。親子ラジオとは役所などの受信機で受信した信号を有線で地域の各世帯に直接送るものである。各世帯にチャンネルの選択権もない、素朴なシステムだが、子どものころは内地の情報も世界中の情報もここから得るしかなかった。あとは内地に出張した教師が東京や大阪の様子を語るのを聞くぐらいだった。学校の歴史の授業で習うのは内地のことが中心で、社会科で日本地図を見て沖縄のあまりの小ささと内地の大きさに驚いた。

周囲に基地はなかったが、ビーチに海水浴にきたり集落の森に鳥や動物を狩りにくる米兵がいて、よくお菓子をねだりにいったという。「サンキュー」と「ギブミー」だけの英語でいつもガムやチョコレートをもらっていた。追い払われるときもあったが、だいたいは優しくしてもらった。

周囲の大人たちのなかには、公務員や教員の地位を捨ててまで軍作業を選ぶものも多かった。それほど賃金に格差があったのである。

高校のときにギターと出会い、一九六五年に高校を卒業してから本格的にベンチャーズのコピーバンドをやりだした。


俺は次男。妹がひとり、姉がひとり。

――「高校上がられたときには、お兄さんは大阪に……」

うん、わしが高校んときはもう……兄貴は高校卒業してすぐには行ってないわけさ。しばらくうちで農業手伝いして、浪人して、大学受けて。内地で。○○っていって、薬学の大学あるでしょ。あそこに入って。それから卒業して、大阪で薬局したわけ。

――「高校出られて、しばらくは農業ですか?」

農業っていうか……もう、農業もしないよ、若いころは。遊んでばっかりで。もう、ギター持ってよ。もうバカ遊びばっかりしてたよ。ベンチャーズ。当時は不良と言われたもんよ(笑)。ちょっとあの……草バンドだけどね。しょうもない、素人バンドだけど。

高校んときはねえ、もう、軽く触った程度で。ほんと、エレキ弾き始めたのは卒業してからだね。仕事もせんとエレキばっかりやって、親父に怒鳴られるしな。家にも帰らんと、友だちの家ゴロゴロ泊まり歩いて。練習ばっかりして、ちょっとも上手にならんしな。ただ音出せばいいてなもんで。高校の同級生ふたりと、一級下ふたり、四名で。ベンチャーズバンドを組んでよ。長いことやってたなあ。コピーいうか物まねというか……まともに弾いたこといっぺんもないバンドだったな。いまもなごりがあるでしょ（廊下のフォークギターを指差す）。思い出しては弾き弾きしてる。

――「モテました?」

う〜ん……ぜんぜん（笑）。そのときさ、もうなんていうの、頭んなかギターのことでいっぱいでしょ。そうしたらもう、女の子って思うけど、ちょっとするとすぐ、ああギター弾かなくちゃって、そればっかり。でもぼくの素質がなかったわけよ。下手の横好きみたいなもんよ。だって、ニーニー（お兄さん、つまり聞き手の筆者のこと）は昭和……一九七〇年ぐらい?

――「生まれは六七年です」

六七年、ひぇー（笑）。ベンチャーズって、わからんでしょ。ねえ。ビートルズはわかるかな。若いのがビートルズの曲弾いたりするから。ベンチャーズはわからんでしょうなあ。わったー（私）も五五（歳）だからねえ。

まあ、映画（館）は昔からあるけど、家庭でテレビが見られたのは、中学一、二年から。ベンチャーズは、おれ高校三年卒業して、来たわけよ沖縄に。一九六六年に。もう、それからもう……もう、いちばんに並んで行ったよ。

（自分のバンドの）メンバーみんな……そのときね、たまたまメンバーみなやめてどこ行ったかわからんわけさ。ほんで、こういうバンドって、また腐れ縁だから、また集まるでしょ。で、ちっとも上達しないからやめてから、「もうやめた」って、やめるわけさ。ちっとも上達しないし。もう、限界感じるわけよ。いったんやめるわけよ。ほんでまたベンチャーズが来る、ほんで、おお、すごいなあ、なんとかしようぜ、そうかそうか、って、また集まって、またバタバタ……また解散する……また五年ぐらいしてからまたやる……このくり返しで。あぎじゃびよー（ウチナーグチの感嘆詞）、もう一生なあ、俺の、なんていうの……。

かれの本が出たやない、『青春デンデケデン』（『青春デンデケデケデ』）って……あれとそっくりよ。いまはやってないけど、やりたい気持ちはあるけど。もうできないじゃない、メンバーおらんし。ふたり死ぬし。メンバーふたり亡くなるし。ひとりは心臓マヒみたいなもんで、死ぬし。ひとりは内地で、大阪でよ。亡くなったよ。もう七、八年前に。病気という話だけど。消息もわからんわけ、どこ行っとるかも。俺も俺、亡くなったのも知らんで、内地から帰ってきて、それも五年ぐらいしてからよ。亡くなったの、あきさみよ（同じく感嘆詞）、びっくりしてよ。

――「練習するときはどっかの家とかで……アンプ持っていって……」

うん、そう、融通のきく家が（笑）。あるとことないとことあるだろ？　そういうところばっかりまわってね、ほんでまた、その家がキレだしたらね、そろそろだなって、どっか行くわけよ。

コンサートというほど……盆踊りとかよ。なあ、盆踊りってあるだろ。あのときに、二、三曲やるだけ。その当時画期的だよ。うちらが最初だもん（笑）。三曲、四曲で、画期的だったそのとき。名護市内でエレキ弾いたの、うちらがはじめて（笑）。沖縄（全体）じゃないよ、名護市でよ（笑）。B（地区）じゃなくて、B、盆踊りなかった。D（地区）でよ。あの、役所のあるとこ。T村のときには、役所はDにあったから。T村のときは。Dが中心地だったわけ。郵便局はあるしね。学校はあるし。学校もDにしかないから。T小中もDだったから。郵便局でしょ、役所でしょ。有線放送の、あの会社でしょ。

――「そうですか……名護市初（笑）」

それは、書かんでいいよ（笑）。

――「家の仕事手伝ったりっていう、そういうことはあるわけですよね」

まあ、もう、ギターも弾きながらだけどね。まあ、時々さとうきびも手伝ったりしたんだけど。これまともにはやってないわな。やっぱりええかげんよ、家の仕事は。ほんで、それから、これじゃしょうがないなあと思って。これじゃあらちがあかんと思いだしたのが、だいたい二六、七かなあ。二六か七歳のころ。ここで、電器屋にね。電器屋に勤めだしたわけ。仕事しだしたわけ。那覇のほうで。こっち電器屋ないから、田舎だから。住み込みでね。（高校出てから）五、六年ぐらい遊んでたな。もっと遊んでるよ。ブラブラブラブラ、親のすねかじってよ。もう、勘当寸前だったわけよ（笑）。さすがに二六、七になって、焦りだしたわけよ。友だちはみんないい仕事ついてね、どんどんどんどん、安定していく。俺はいまだにフーテンしてると。

卒業してしばらく遊んで暮らしたあと、那覇で電器屋を営む遠い親戚の店で住み込みで働いた。親戚は以前から那覇でミシン店を営んでおり、そのころ電器屋にも手を広げてさかんに商売をしていた。高校を卒業してあまりにバンドにうつつをぬかして遊んで暮らしているのを見かねた父親が、「修行してこい」と、なかばむりやりに住み込みで就職させたのだった。

店では電化製品を店頭販売していたが、そのころ広がりつつあった月賦販売を始めて成功しつつあった。当時の月賦販売は銀行口座からの自動引き落としではなく、店員が毎月顧客の自宅まで現金を集金してまわるというシステムだったらしい。機械に弱かった新里の仕事は、もっぱらこの顧客まわりと集金だった。自分では「修理はもちろん、営業すらできなかった」と語っている。

いや、楽しかったよ。うん、楽しかった。やめたくなかったけどよ。……なんか、酒飲んで、ぶらっと、ズボラして、二、三日休んでよ。そのままよ、やめますとも言わずにそのまま。ほんで、やめて……。

してから、向こうの副店長みたいなのが家来てさ、やめるときはちゃんとやめないと、あんた残りの給料もとらんでやめて……もう、ちゃんとそれも払ってあげるからね、ちゃんと、店一回来なさい、と。

遠い親戚だろ、ちょっと気使ったんじゃないか？　残りの給料もあるのに、なんでちゃんと言わないのー（って）。根がこんなだろ、フーテンだろ（笑）。まだ更生してなかったんよ。ほんで、ああそうですか、すいませんでしたって、結局そのまま行かずじまい。

この会社をやめたあともしばらくぶらぶらしていた。ついに見かねた親によって大阪で薬局を開業していた兄のところへ送られることになった。語られた生活史は時間軸が錯綜しているが、おそらく一九七〇年ごろのことと思われる。

本土へはバンド活動を通じて強いあこがれをもっていた。当時はフォークソングブームで、すでに大量の情報が沖縄にも入るようになっていた。兄以外に本土に知り合いもいなくて不安だったが、それでもかれは行ってみることにした。

――「本土に対するイメージとか、覚えておられます？　そんときの」

もう、あこがれだけさー。いろんな。やっぱり、芸能人がいる、エレキなんかもすごいだろうと、すごいバンドも、（自分たちみたいな）素人バンドよりもすごいのがいっぱいいるだろうと。ほんとにいたよ、びっくりした。うわ！（って）（笑）。

もうそのときはもう、エレキも終わって、フォークソングブームになってたなあ。もう吉田拓郎の全盛時代だったな。吉田拓郎の終わるころかな。吉田拓郎がそろそろ終わる……まあ全盛だろうなあ。もう、そのころからわりかしね、（沖縄でも）生活は豊かになってるよ、カラーテレビはあるし。たとえばカラーいいだしたのが、俺が電器屋のときまだ、カラー買えんかったもんね、白黒だったもんね。俺が電器屋のとき。ほら電器屋勤めてたら安く買えるじゃん。いろんな電気製品が、従業員価格とかいって。それでも白黒だった。俺がやめてからだ、カラーになったの。

まあ、内地っていってもまだ、知り合いもいないし、不安だったな。やっぱり、いちおう……ひとりで（自分で）行ったわけじゃないから、俺、行かされたんだから（笑）。だから、どうしても、来ても、頼ってしかいけないじゃない。たまたま大阪だったわけよ。自分で大阪選んだわけじゃないわけ。

――「お兄さんがいらっしゃるから……」

そうそうそう。

――「これ、いかがですか、お父さんに行けとか言われて。うれしかったですか」

いやあ、半分半分。でも、内地には正直、行きたかったわけさ。ああ、行きたいなあと思った。

――「不安とかそういうのありました?」

それはあったね、いちおう。うん。なんか、いちおう、イモバンドだけどバンドがあるじゃない。こいつら、喧嘩して別れたんだから。おい内地行くぞって、なんで行くんだ、行くなよって、喧嘩して別れた。そのとき、フォークバンドだったわけ（笑）。笑っちゃうね、ほんとにね。三名でよ。飲んで、酔っぱらってからよ。ほんともう、どったんばったん喧嘩までしてよ。まあ純粋だったんだね。行くなって、なんで行くの、と。

俺は一身上だろ。向こうは向こうで、ある程度、バンドを一生懸命やりたい、と。熱が、もう、ヒートアップしてたんじゃないの。だから怒ったんじゃない。まあそういうことがあって、やっぱし、心境複雑さー。俺も（バンドは）嫌いじゃないから。でもなー。向こうは向こうで、生活はちゃんとしてるんだから。俺だけいつもふらふらしとったからね。だから、しょうがないわけさ。収入がないんだから。

こういうの多いよ……俺なんかよりもっとすごいのがいるよ。Aサインの、お前……Aサインバー、わかるでしょ、米軍基地の。そこで沖縄ロックが発生したんだからね。紫とか。ジョージ紫とか。（喜屋武）マリーとか。もっとすごいのいっぱいいるよ。……もう、あれなんかは、沖縄ロックのエリート。わったーは死ぬまでイモ（笑）。その歴史よ、ほんとに。

兄は東京の大学の薬学部を卒業してしばらく修行したあと、「商売の都」である大阪で開業していた。開業資金は父親が出していた。開業して間もない若い兄が、資格もなく本土での労働経験もない弟をいきなり雇ったのである。このエピソードは、沖縄の家族的紐帯の強さと、当時の日本の景気のよさを同時に物語っている。

本土にはあこがれていたが、上陸時にはとくに感慨にひたることもなかったようだ。

行くときは船だったなあ。神戸。神戸に入った。沖縄から船に乗って神戸に着いた〜♪、いう感じ（笑）。夜だったよ。二〇、三〇時間ぐらいかなあ。

印象？（笑）……ドラマチックやなあ……印象……いやあもう、当時兄貴が迎えにこないと、わし右も左もわからんわけよ。だから、兄貴おるやろか、と。これぱっかりさ。兄貴の顔見たら安心するわけさ。ああ、いたいた。ちゃんともう、ゲートの前で……どうせ俺はきょろきょろするだろなって向こうは思ってたって。うろうろするだろうなあと、俺がおらなんだらもう大変だからと思ってたって。俺が着く前から待っとったって。待合室で。

ほんで、兄貴、高速で行ったさ、大阪まで飛ばすわけよ、くわーって、なんでこんな飛ばすいうて、びっくりしたな。高速道路って、見たことないだろ。高速道路が（当時の沖縄には）なかったから。はじめて高速道路走った。阪神高速。

高速道路を、わーっと飛ばしていくのが印象的だったなあ。なんでこんな飛ばすんだろうと思ったなあ。そのときに、いちおう車の免許も沖縄でとって、持ってたわけ。電器店で働いてるときにね。バイク乗ったり車乗ったりして。だからそこらへんでもう、免許なしで仕事できんかったから。

そやけど、あんな飛ばさんかったでー（笑）。なんでこんな飛ばすんだろってびっくりしてよ。もうしばらく、そのときまで、まだ沖縄、右側通行だった、まだ復帰してないだろ。あそこは左側通行だろ。もうびっくりするから。ほんで、広い広い道入ってね。

個人営業の小さな店だったが、兄がやり手で、ほかにもさまざまなビジネスに手を広げて顧客を集めていた。新里はすぐに本土の道路にも慣れ、仕入れや配送の仕事を受け持つことになった。だが、とくに理由もなくすぐにここもやめ、吹田の木工工場に転職した。

そんで、復帰を迎えるときはよ、大阪の、吹田の……大阪の近くの、木工会社に就職してた。もう兄貴の家出たわけよ。いやあ、もうやっぱり、もう兄弟で、あそこはやっぱり一人前の給料もらえるから、もうあそこで生活せえと（兄に言われた）。ここおってもしゃあないと、わしの言うとおり、ああせいこうせい（って言っても）、お前言うこときかんから（笑）。（それまでの仕事は）あくまでも手伝いよ、なんも資格もなんもないさーね、あくまでも手伝いさー、雑用さー。

――「吹田の木工会社は、お兄さんが世話したっていうことですか」

いやまああの、広告見て。ここ募集してるぞ、どうだ、行ってみ、って。

――「新聞かなんかで?」

そうそう。ここ行ったら社宅もあるというもんで、文化住宅だけどね。まあ兄貴の家から自転車で二〇分ぐらいだったな、文化住宅は。その会社はまた自転車で二〇分ぐらい。ほんと、自転車で一四、五分で通えるぐらい。ほんで、そこでだいたい四年ぐらいいたかな。けっこういたよ。

そこの会社にいたときに復帰なって、おうちでテレビ見たの覚えてる、ひとりアパートで。うん。そんときひとり暮らしだから。アパートでテレビでよ、ああ、復帰なったんだあって。強烈に覚えてる。感無量というか……自分が沖縄にいたら、また感じが違ったかもしれんなあ、そのとき。内地にいるだろ。だから、やっぱ相当えらい(ことだ)と思ってよ、なんか変な気持ちになったよ。

いやあ、まあ、要するに、パスポートもいらないんだと。んで、なんか、よかったんじゃないかなっていう気持ちもあるさー、半分ね。……そのとき、沖縄にいたときと、また沖縄にいたら、受け取り方はもっと変わっていたかもしれんな。内地にいたから、復帰した実感なかったわけよ。はっきりいって。あんまりなかったわけよ。もう、ここでも、三年ぐらいたってるわなあ。だから生活の水準が、ぜんぜんこのへん（沖縄）と違うからよ。

――「木工会社って、どんな会社でした?」

一四、五人ぐらい、町工場小《ぐゎー》っていうか。小さい会社。全従業員が、一四、五名いたかなあ。二〇名まではいなかったよ。みんな内地の……東北みたいな、ズーズー弁使うのもいた。

――「沖縄は、新里さんおひとり」

そうそう。まあ、半分は大阪の人だなあ、あとは……地方から出てきた人とか。

――「沖縄出身であるということで、なんか言われたりとか、ご苦労なさったとか」

それはなかったね。うん。もうむしろ、大事にされたいうたらおかしいけど。大事にはされんけどね、別にちやほやはされんけど。気持ちよく、仕事できたなあ。

早かったよ、打ち解けるのは。ほとんど年上だったね。俺がいちばん下ぐらいだったからそうなったはず。もうほとんどもう、職人みたいなよ。職人かたぎっていうの、何十年も木工の仕事してる人。すごい、そういう人たちが仕事教えてくれる。こっちからみたらもう、赤ちゃんみたいなもんや。

けっこうおもしろかったよ。忙しかったねえ。ほんと、あのときは景気よかった。もう、いちばん上昇……そのあと石油ショックあったけども……あまりひびかんかったよ。いまの不景気ほどは。ね、あんとき、いっくら残業してもさばけんぐらい仕事あったもん。もういつでも、資材が山積みだった。ほんで社長が、今日は残業してくれるかあて言ったら、もう今日はきついから今日はやめやって言って、断るぐらいだったもん。石油ショックでちょっと仕事減ったけど、すぐまた持ち直したもんね。石油ショックは七四年か五年ぐらいだね。

ほいで七五年に海洋博があるというから、沖縄で。ほんで帰ったわけよ。やめなくてよ。正月休みに。一週間ぐらいね、沖縄帰ったわけ。海洋博見に。（会社の人も）そうかそうか、行ってこい、ってこころよく年休みたいなんくれて。二週間ぐらいか。そのときも船ですわ。行きも帰りも（笑）。そのときも船。はじめて帰ったね。内地行ってはじめて。

帰ったら、復帰してるじゃん。左側通行になってるわ、道きれいになってるわ（笑）、海洋博で。びっくりしてよ。高速もできてる。一部だけ。那覇の出発点から石川（現在のうるま市）まで。もう、目覚ましく変わってさ。なーんじゃこれはって。びっくりしたよ。とにかくいちばん変わったのは道だったって、みんなが言うもん。友だちなんかも。沖縄は道だけものすごく変わってるよ。うちの前の道も、大きくなって、きれいになってるもん。俺がいるときは、もっともっと小さかったもん。

海洋博……ぜんぶまわれんかったけどよ。まあ、すごいなあと思ったよ。地元だし。

――「七〇年の大阪万博も行きました？」

大阪万博も行ったよ……万博も行ってるよ。全部まわれんかったけど。あの吹田の。千里っていうの。あのとき、中央環状線できたんかな。万博にあわして。

海洋博の前まで（沖縄の景気は）よかったけど、海洋博終わったら、どーっと仕事が減ったように、なんかあかんようになったらしいで。

そんでまたその会社に（戻った）。二年ぐらい、あと二年ぐらいいたかなあ、あそこ。七七年ぐらいにやめてるな。ほんでまた行ったり来たり。またこっち（沖縄）遊びに帰ってきて。ここの畑したりして。また大阪行って。友だちとかいるわなあ。北九州も行ったよ。北九州にも一年ぐらいいたよ。ああ、それはだいぶしてからだけどね。

――「本土で沖縄文化には？」

また民謡よ、苦手なんだわ。まあ好きではあるけどね。まあ友だちとか民謡やってるのいはするけど。影響されるけど、民謡だけは、とても……ギターから離れきらんわけよ。うん、ハイカラっていうか。まだ、伝統文化が……受け継ぐ意志がないかもしれないな。

たまに、民謡聞いたら、懐かしいなと思うときはあったよ。テレビでとかラジオでとか。それからね。

それよりあんた、（ジョージ）紫なんかが内地まで来たやんか、それをテレビで見て、うわーすげえって、こんなのばっかり見てて。すごいよね。うん、だからもう、民謡なんかそっちのけみたいな感じではあったわけよ。もうそればっかしかしか目がいかんから。

七五年に「なんとなく」一度帰郷したあとふたたび大阪で暮らしたが、七七年にはまたＵターンしている。その後も何度か本土と沖縄を往復している。長男である兄が大阪で開業し、それなりに経営を維持しているいまは、次男であるかれが実家とトートーメ（沖縄の位牌。基本的に長男が相続する）を守っているが、そのうち高齢になればまた兄も帰郷するだろうと語っていた。かれはそのあともとくに決まった仕事を長くしているわけでもなく、タクシーや農業など、さまざまな職種を経験している。一五年ほど前に父親が亡くなったあとは、もう本土に行くこともなくなった。

――「ここの実家を継いだっていうのは、お父さんが亡くなられてからですか？」

うん、内地いるときによ。わしが、ちょうど北九州のときだったかな。親父危篤だよーって、電話きたわけよ。もう、一四、五年前。それからもう、ずっと沖縄。だからちょうどいいときに沖縄にいなくて（笑）、また景気悪くなってから沖縄来て……。

だからあんまり、沖縄に、ここで生まれ育ったんだけど、あまりこのへんのことは、あまり知らないわけ。毎日、もう一〇年で、徐々にまた、わかってくるけどな。だって、変わっていくでしょう。沖縄、復帰の波があったんだから。

本土で兄以外の沖縄出身者と付き合うことはほとんどなかった。一度だけ沖縄出身者の店に行ったことはあるが、そのあと二度と行っていない。

ベンチャーズにあこがれ、沖縄ロックにあこがれてギターとバンドに青春を費やしたかれは、いまでは家族的紐帯のなかで実家の土地と家を守りながら、静かに当時を思い起こしている。

たぶん、あれ誰かがよー、あそこで沖縄の人が（お店を）やってるよー、お前沖縄だろー、行ってみるかーと言って、行って、あんまりおもしろくないなあと言って、一回行って、ほんでそれっきりのところあったよ。

――「しゃべっても、あんまり合わんかったですか?」

あんまりもう……もう、いやもう、沖縄の人だけど、完全にもう、内地の人間になってしまって、もうわからんわけ。話して、向こうは沖縄だといわんと、沖縄色を出してとかそういう店じゃないわけさ。だからわからんわけよ。だからほんとに、沖縄料理とか、沖縄民謡とかそういうところの店には、行ったことなかった。うん。別に行きたいとも思わんかったなあ。

これからまた民謡好きになるかもしれんけどよ（笑）。だんだん年いくにしたがって。

――「沖縄に帰ってこられて、どうでした、ほっとしました？」

うん、もう、あまり（また内地に）行こうとは思わんかったなあ。とにかくやっぱりもう、来れる可能性がなくなったからじゃないかなあ、ああこれじゃ無理だあと思って（笑）。そういう経験をしてきました……。

もうだいたいよ、沖縄の人はよ、（本土へ）行くんだけど、帰ってくるわけよ。Uターンというか。もう若いのはかならず行ってるよ。まあ、期間は、どうであれね。かならず、一、二回は行ってる。そりゃあ、あこがれいうもんがあるじゃない？　あこがれいうもんがあるでしょ。わしの同級生？　ああ、いくらでもいるさー。ただ、いつ行ったか、どこ行ったかわからんけど、うん。そりゃいっぱいいるよ。

とにかくもう、沖縄というところはよ、一口にいってね、もう、うちらの世代まではアメリカ文化よ。青春時代はね。アメリカ文化で、もう影響されてるから。それで、それから内地行って、また沖縄帰ってくると……かならず帰ってくるんだよ沖縄の人間は……四、五年行ったらよ、かならず帰ってくる（笑）。どんなにいい仕事してても帰ってくるもんね。仕事やめて。こっちで、失業率ナンバーワンよ、全国一よ。帰ってくるのよ。ほらもう、細々暮らしてもいいわあと思って帰ってくるわけよ、田舎がいいのよ。

昭和二二年（に生まれて）……ベンチャーズ、テレビで見てるからね。ほんとそれは……もう日本橋でよ。あの衝撃いうのはもう、一生ついてまわるな。どっかで聴いたら、五〇になってもまた、ムラムラとする、ＮＨＫでオヤジバトルってあるだろ。あれ見て、またベンチャーズやるわけよ。

いやいや……（エレキ）やってると（言ったら）恥ずかしいぐらいであるけどよ。いやもう、ベンチャーズには翻弄されたからなあ、とにかく。うん。（レコードもいっぱい）持って、いたよ。（散逸して）どこいったかわからんけど（笑）。

長嶺多津子と又吉安恵

二〇〇二年三月五日、宜野湾市のある保育園に勤める保育士のふたりにお話を伺った。仕事の合間のわずかな休憩時間の、おふたり同時の聞き取りだったため、あまり詳しく質問することができなかったが、忙しい合間をぬって貴重な語りを聞くことができた。

長嶺多津子、一九四九年宮古島生まれ、宜野湾育ち、女性。聞き取り当時五三歳。七人兄弟の四番め。両親は宮古島出身の教員だった。一九六七年に高校を卒業後、東京都新宿区の保母学校に就職進学。タイピストや幼稚園助手などを勤める。三年後、学校を卒業と同時にＵターン、宜野湾市に保育士として採用され、いまにいたる。二七年前に結婚、夫は農業。子どもは四人。うち三人は本土へ。

又吉安恵、一九五五年宜野湾市生まれ、女性。聞き取り当時四七歳。両親はフィリピンに出稼ぎ移民。父親は農業と左官、六人兄弟の真ん中。地元の短大に進学する予定だったが、直前で滋賀県の短大に進学することになる。繊維メーカーに就職、待遇はかなりよかった。滋賀に住んでいた時代のことを、青春の思い出として楽しそうに語っておられたのが印象的だった。

聞き取りの場ではできるだけおひとりずつ語っていただいたが、どうしても会話になってしまうことがあった。この部分は編集が困難なため、ここでは会話形式のまま採録した。結果として聞き取りの場の雰囲気を伝えるものになったと思う。

長嶺多津子

もともと本土にあこがれを抱いており、高校卒業と同時に東京の保育士（当時は保母）の学校に「就職進学」する。当時は昼間働きながら夜間の学校に通う、いわゆる「就職進学」がふつうにおこなわれていた。進学したのは都立の専門学校だったが、学費も教材代もすべて無料だった。そのかわり、卒業してしばらくは都内で働かなければならないというきまりになっていたらしい。おそらくあまりの人手不足に、地方から若年労働者を集めるために考え出された策だったのだろう。ちょうど進学率が急速に上昇しているときでもあった。当時は、数年間の労働を条件に地方の若者たちを無料で進学させるほど、労働市場が逼迫していたのである。

実際には彼女はその条件を満たすことはなかった。すぐに実家の家族から呼び戻されたのである。沖縄に戻ったときは、人びとの「顔の黒さ」と自然の美しさを実感した。そのあと地元で保育士として採用され、いまにいたっている。

高校を卒業して……なんかね、私なんかのときはもう、東京にあこがれて、って感じだったんですよ。あこがれで。姉たちが行ってたもんでね。先に行ってたもんで、高校卒業したら、ぜひ行きたい、と。あこがれがあって、行ったんですよ。それであの、保母、保母学校ですけどね、東京の、都立の保母学校、おうちは兄弟が多いもんでね、学費は出せないっていうことで、二部に行ったんですよ。二部に通いながら、仕事をする……。

（高校卒業は昭和）四二年三月。（進学先は）東京都立の、保母学校。専門学校です。

うちは、ええと七人兄弟で、上に姉がふたり、兄がひとり。それから、弟がひとり、妹がふたり。ちょうど真ん中。ちょっと厳しい時期でね……家計も苦しかったもんだから……でもぜひ行きたいからっていうことでね、働きながら学ぶってことで……。

生まれたのは宮古です。うちは教師でした。宮古は、私はわからないです。二歳のときに（宜野湾に）

来てるもんで……育ちがこっちだから。（姉は）向こう（東京）で大学出て、足立区の小学校の教員してたんですよ。それを頼って私が行くって感じで。お姉さんの家っていうかアパート。いとこも一緒です。（三人で）共同生活して。

（高校は）○○高校。ここしかなかったね、宜野湾は。普通科だけで四○○……普通科だけで一○クラス、それに商業科とか家政科とかがあって、一学年で、一○○○人ぐらい……（一クラス）四○名で……五、六○○はいたはずね、全体で。（本土就職も）多かったですね。就職……就職、そうですね、就職も多かったけど。学校、仕事しながら出る（就職進学）っていうの、案外ふつうでしたよ。

――「本土の情報はどこから……」

うちは、姉なんかからかな。でもあの、映画もあったんじゃない？　私の友だち、案外多いのよ、あのね、いま集まる友だち六人いるんですけど、高校時代の。六人中五人はさ、向こう行ってる。こないだもこんな話したんだけどね。

――「テレビはもう、このときにはあった？」

なかった。オリンピックぐらいで、それではじめて。友だちのおうちで見にいって、だから、知り合いのおうちで見にいってたけど、（それを見た父が）かわいそうになってね。うちの（父が）酔っ払ってから（笑）……（勢いで）買ってきた（笑）。（シラフでは）買えないからさ、酔っ払ったときに、買ってきてさ、買ってきたよーって、そんな感じで、酔った勢いで（笑）。

――「お兄さんは地元で……」

（兄）は、私なんか帰ってから、また、渡ったんですけどね、琉大（琉球大学）出たんで。（もうひとりの姉）はね、あの人も、東京にいたけども、大学中退してから、京都に行って。京都に……行って、いまもいますけどね。京都のほうに。

――「本土にはあこがれてました？　やっぱり」

はい、あこがれてました。なんかね、やっぱし東京でしたね。言葉もきれいになる（笑）、きれいになる（と思ってた）。

――「方言とかは、学校では」

（方言札）つけてましたよ。ありましたよ。方言は使うなって。私なんかはね、宮古島なんで、方言はわからなかったんですよ。こっち（沖縄本島）に来てから覚えたって感じ。うちの、両親とも宮古だったんで、あそこの方言はわかるけど、こっちの方言はわからなくって。おばあちゃんもいたから。（宮古）方言のほうが聞ける。言えないけど、聞ける。宮古の方言。（本島と）ぜんぜん違う。もうぜんぜん違います。

向こう（東京）に行ってあの、よく沖縄の方言、なに、英語使ってるのとか、なんか言ってた。方言を使ってるのを聞いて、それを言ってたのかなあと思ったけど……でも考えてみたら、沖縄の方言っていうのもぜんぜんねえ、本土のあれと、わからないものだし……だから宮古なんかよけいなわけよ。宮古の方言はなんかね、英語みたい。

――「子どものときに伝統芸能に接するっていう機会ってありました？　三線とか……」

だからねー……うちはね、うちはそんなのがあんまりなかったですよ。地元じゃ、こっちじゃないでしょ。うちの母親なんか、踊りもしなかった……。あの、おめでたいときにも、こんな（カチャーシ）して、はいはいはいっってやるけど。うちのかあちゃんなんか、ぜんぜんできなかったからね。だからそういうのがあったかもしれないです。なんか、ね、ああいうのは、あの、遊び人がするものっていう考えが……そんなのがあったはず……だから私なんか、別にやらされてないし。

――「保母を選んだきっかけは……」

どうでしょうね……小説を読んで……小説を読んで、私、養護施設の保母になりたかったんですけど。いつのまに保育所の保母になってるんですけど……短編小説。

なんかね、雑誌に付いてる、うすい短編の、小説だったたんですけどね。養護施設の保母と子どもの、なんか、いい話でしたよ。あの、『記念樹』みたいな感じ。『記念樹』っていう（テレビ）ドラマが、またあとで放映されたんですけど……『記念樹』みたいな。あんなような……なんかあの、養護施設を離れてって、社会に出てからの子どもたちの様子もね、また……描いてあるんですよね。この小説はね、あんな感じででした。高校のときに読んで。中学のときもいろいろあったんですけどね、いろいろ。保母じゃなくて、看護婦とかもあったよ。

――「この学校を選ばれたっていうのは」

これはね、私は、お金のかからない学校ということで（笑）。でもね、あの、東京に姉がいるっていのはやっぱし、これはあったかもしれない。（この学校のことは）あのね、『蛍雪時代』っていう雑誌があって、いろんな学校紹介ね、いろんな、何県行けばこんな学校があるって、あったもんね。あれ高校生みんな読んでたもんね。写真入りで。あれでね、調べて。自分で案内書取り寄せて。

そいでね、無料だったんですよ。学費もなにも、あのね、本も無料だったんです。学費も無料、あの、本も、使うもんは無料だったんですよ。だからこれだったら自分の生活費だけを働けば、どうにかなるんじゃないかと。教材も、全部無料だったんです。

条件はあったよ。あのね、条件はね、卒業したら、原則で、二年はこっち（東京）で働かなければいけないとか。でもね、理由があれば、また（免除とかに）なるわけさー。ほんとうのほんとは、向こうで二年ぐらいは働かんといけなかったはず。

（通学時の就職は）これも自分で、仕事探す……保育園で働く人もいれば、またふつうの……。私ははじめはね、〇〇タイプライターっていう、あそこにタイプの仕事、和文。それで入って、それでそのあと、やっぱしこれはぜんぜん違う仕事だっていうことで、一年また幼稚園の助手をしたんです。で、受験して、合格……。

あのね、船でね、東京まで直行あったんですけど、ちょっと二日ぐらい、三日ぐらいかかるようなものだったから、鹿児島経由で行って、鈍行乗って（笑）（鹿児島で船を降りてから列車で東京へ向かった）。

鈍行乗って……だからほんとうに怖かったですよ。行くのも。ちょうど友だちがいたから、ふたりで行きました。何人かいたんですけど、何人か行ったんですけどね、鹿児島までは。行ったんですけど、ほかの人はまたさー、あの、列車が違うわけ。急行とか特急とかなんか、私だからふたりは、ゆっくりのほうで。二四時間、ずーっとそれは……。

京都の姉が大阪にいたんですよ。あそこで一泊か二泊してから東京に。

――「印象は?」

なんか、東京、人が多くて……すごい多くて（笑）。なんかぼけってしてたらなんか、押し倒されそう（笑）。速く歩きなさい、速く歩きなさい（と急かされているようだった）。

あの、就職活動もね、口があれば（言葉を話せるのなら）、自分で職安に行きなさいって言ってさ、職安ってどこにあるのってわからんのにさー。（自分で）行かされて、ほんとに、この電車で、あっちに着くのかねーって、ほんとに心配でしたけど。やっぱり口があれば、できるんだなって（笑）。あのときにね、自信がついたかなと思うけど。

――「学校から斡旋してくれるんじゃなくて」

ううん、そういうのはなかったです。あでも、あとから聞いたらあったんですけどね、幼稚園の教師とかは。はじめのころはそんなのもわからんから、自分で探して。

あのね、私はね、はじめの年は遅刻してですね（笑）、ボツになったんですよ。遅刻して、その年はね、なんか手違いがあって、いろいろ手続きの手違いもあったかもしれない。受験番号、受験のなんか用紙をね、いとこのおうちに住所をやってあったんでね、なんか手違いがあって、なんかぐじゃぐじゃぐじゃぐじゃなって。

あのときは、試験は受けたけどさ、ダメになって、なんかその年はダメだったわけ、それで、もう一回挑戦してから、次の年にまた受けたんですよ。

だから、タイプの学校に半年とかさ。タイプの学校に通ってから、そのあとからええと、○○タイプライターには入ったんですけどね。一年間は、アルバイトしましたよ。タイプの学校に行ったり、アルバイト、おもちゃとお菓子の店に働いたり、なんかいろいろやって、店員さんも。（沖縄の）おうちにも帰れんから（笑）。帰るとこないから（笑）。

上京一年めは受験の手続きを間違え、学校に進学せずにアルバイトをして浪人していた。その際に半年だけタイピストの学校に通っていた。

――「それでまた保母学校に入られて……」

入って、二年（課程）でした。私のあと（の年度）から三年になったんですけどね。この二部は。私なんかまだ二年でした。タイプは、一年でやめて。

――「保母学校に入ったときには、仕事は、幼稚園の助手」

助手でした。もう、卒業までです。朝は七時から……バスがあったんで、七時出勤でした。そして、五時ごろまで、夕方五時ごろまで。四時半かな、とにかく学校には間に合ってましたよ。晩ご飯は、立ち食いとか（笑）。毎日でした。（学校が始まるのが）六時半かな。

――「それから、八時ぐらいですか。次の日また七時から……それはたいへんですねえ……」

だから、遊ぶ暇なかったです（笑）。日曜日にね、たまに歌声喫茶に行ったり。（「フォークソングとか？」）はいはい。新宿の。

――「それは宜野湾っていうか、沖縄にいるときから聞いてました？」

うーん……でも歌は好きだったから。聞いてる曲もあるけど……でもあすこで覚えてた曲もいっぱい。

（東京では）姉のね、友だちとか、いとこの友だちとか。いました。みなさん内地の方で。なんか、返還同盟の人（復帰運動に参加する人）がいました、沖縄返還の。そんな人もいましたよ。でも私なんかはもう忙しいから、一回ぐらいは駅でビラ配りぐらいはしたかな……でもそんなにやらなかったですけどね。盛り上がってたころよね。

（内地の人とは）仲よくしてました。あのときは……でも、いとこもね、沖縄の人とも、よく……ありましたよ。同級生とかで集まって遊んだり。アパートに、またあの、学校の寮に行ったり、そんな感じ。だからそんな、さびしい思いはしてないです。

――「向こうで、とくに沖縄民謡聞くとかそういうことはなかったですか」

あ、姉の先輩が、たまに来て、三線を弾いて……このにいさん（その後）亡くなったけどさ……あそこでだから沖縄、わかった感じする。沖縄のことが、いろいろ、方言もあそこで、あそこで覚えた（笑）。民謡もあのにいさんがよく弾いてくれた……とっても懐かしくてね。

（沖縄にいるときは）あんまり興味なかったけど……自然もね、沖縄の自然も、こんなふうに思ってたのを、あそこ（東京）見て、やっぱしどんより曇ってね、ああやっぱし沖縄ってきれいだったんだねって。離れてみてよさがわかった。方言も、あそこで覚えたほうが多いかもしれない。

――「沖縄出身ということで、差し支えない範囲でけっこうなんですが、なにか不愉快なこととかありました？」

あんまり自分は、不愉快な思いはしたことないんですけど、でも喫茶店なんかとか食べ物屋さんとかの前に、沖縄人お断りっていうのがあったんですよ。

あれはなんだって思って、うちの姉に聞いたら、なんか沖縄の人ね、酔っ払ったら暴れる人がいて、迷惑かける人がいるからって、こんなの立ってるんだよーって言ってね。後ろ指さされないようにちゃんと仕事もしなさいって、ね。言われたんですよ。新宿あたりですよ。けっこう、あったですね。でも、直接私なんんか、差別みたいなのを受けたことはないですけど。

――「それから二年通って、すぐ沖縄」

それもさ、ネーネー（もとの意味は「お姉さん」だが、ここでは親から娘への呼びかけ）さ、結婚するって帰りなさいって（笑）（学校にそう言うよう家族に言われた）。やめるときの理由。ね、があったわけよ。学校で。

――「それは実際にご結婚なさって」

いえいえ（笑）、はあ、こんなのもできるのー、って思ったけど、でも（学費免除の条件があるので）帰るんだったらこんなしかできんよーなんて（笑）。

――「東京にいるあいだ三年間って、けっこう沖縄に帰りました？」

いえ、帰れなかったです。一回も……一回は帰ったかな。とにかく、帰れなかったですよ。あの、夏休みとかはまた実習があるんでね。

――「久しぶりに帰って、どうでしたか」

とってもだから……はあ、なんかはじめに感じたのはね、ほんと沖縄の人真っ黒だった（笑）。なんでこんなにみんな真っ黒なのって思ってさー（笑）。……それでまた自然がきれいですねえ。ほんとに、思ったです。青い空……。

宜野湾はね、ええと、ふたつ保育所があったんですよ。それで三つめができるときに、採用されたんです。九月……四月に来て九月に採用……（当時は）無試験です。資格のある人がいなかったですから。（結婚してから）三〇……二五周年やって、二七年。（夫は）前は農協にいたんですけど、いまは農業してます。（子どもは）四人です。（一番上が）二五かしら、いま。ふたりは横浜にいて、ひとりはまた奈良にいます。

又吉安恵

父親はフィリピンへ出稼ぎ移民として出ていた。又吉は父がフィリピンで習い覚えた三線を聞いて育ったという。高校卒業後は県内の短大に進学するつもりだったが、ひょんなことから滋賀県の短大へ。昼間は繊維メーカーで働いた。彼女もまた就職進学である。本土はあこがれていたが家族には反対された。卒業まで三年間働き、当然のようにUターンした。Uターンに理由はなく、帰還することは最初からの計画どおりのことだった。本土での暮らしはいまではよい思い出になっている。

生まれは宜野湾で、いまは〇〇っていうところに嫁にいって住んでるんですけど。（実家は）農業、はい。左官業と農業の兼業やってたんですけど、父は。母は専業主婦で。（兄弟は）六人ですね。真ん中。

昭和四五年、高校卒業して……私も小さいころから保母になりたくて。やっぱしどこの家も子沢山でね、小学校ぐらいから隣近所の子どもたちをおぶっていたような感じ。いつも遊ばせていたような感じで。だからもうそれが、子どもにくっついてるのが自然。自分の弟や妹の面倒みたり、隣近所の子どもたちね。それがふつうにやってて、将来もこういった感じの仕事がいいのかなあって、中学校ぐらいから思い始めて。

あのときは保育所とかあった？　ないよね？　だからね、ちょっとでも年長の子いたら、もう一緒にうちの子みててーって感じで、はいどうぞ、ね。もう日曜日とかね。学校帰ったあともいつもぞろぞろってみんなが寄ってくるっていうような感じ。保育園じゃないけどね。みててよーって感じで、もうふつうにね、自分の弟や妹面倒みながら一緒にね、隣近所の子も遊ばせてる状態。

あのときはもうふつうですよね。いまはもう子どもたちね、少ないから。あのころは、もう、どこの家（でも）戸開けたらもう、みんな子ども……。ねえ、どこ家も子沢山。九名とか、ふつうですよ。親がせっぱつまって……。どこの家もね、ほんとね、あのころは。

いまはもう（ひと家族に子どもは）三名とかね、三名、ふたり……四名は多いね。三名、ひとり、ふたりね。あのころは六、七、八（名）もふつうね。

（長嶺：「一ダースいましたよ（笑）。なんか、いま考えたらねえ……時間が、お金なくても時間が（あった）。親もみんな働きにいくわけじゃないしね、のんびりのんびり、井戸端会議しながら隣近所のおばさん同士ね。そのまわりで子どもたち、空き地で遊んでる状態ね」）

古きよき時代ね（笑）。

家はね、父は宜野湾市、母はまたコザ。コザから、結婚して宜野湾に住んでいた感じ。だからもう、兄弟とか親もいないからね、近くには。いないから、けっこう隣近所との付き合いを大事にしようって感じはちょっともってたみたい、よけいに。

――「当時は中卒で働く人も多かったでしょうね」

三分の二ぐらい？　半分以上はいたよね。そうそう就職でね、また本土就職とかね、中卒でね。いま考えたらかわいそうね。見送りとか行ったもん、あの桟橋行ってね、みんなでがんばってきてよーって泣いてからね、行きよった。那覇の港、ね、あっちから。

いま考えたら一六歳？　中卒だったら、一五……かわいそうねー、もう、甘えたい時期にね……いましたよ、ね。テープ投げたり、今日はだれが出発とか、いましたよ。みんなで見送り行ったりとかね……。

――「中卒で就職となると、これはほとんど本土でしょうか」

そうですね……私なんかよりちょっと前はね、復帰前だから、（沖縄県内で）メイドさんとかあったみたいね。アメリカのハウスのね、先輩たちぐらいはあったみたいよ、そこでアイロンしたり、メイドさんも（あったと）、なんか言ってたよ。あのころはね、（米軍に対する）あこがれとかあったんじゃない、なんかわからないけどね。（米軍）住宅の子守したり、ベビーシッターしたり……なんか食事、掃除したり……あのころはね。

――「なんか日常的に米兵見るとか、そんなことは」

長嶺：なかったです。

――「中部とかに比べたら」

長嶺：そうそう、ないです。

又吉：珍しくしてね、たまにこういう……なんか観光でこっちに来たら、ああアメリカー（アメリカ人）ってとっても（背が）高くてね、珍しくて……。

長嶺：私らんときこんななかった、小学校ぐらいのとき、これぐらい。

又吉：あったよ、筆箱とか。

長嶺：筆箱とか、いま考えたらね、慰問みたいな。

又吉：そう、ボランティア。
長嶺：来るんですよ、全校生徒に。
又吉：いま考えたらね、ボランティア、いまの……後進国にあげるような感じで（笑）、正月にみんな集めてね。
――「それ米兵が配って」
又吉：そうそう、これを、みんなにプレゼントって、筆箱とかね。
長嶺：筆箱、珍しくてね（笑）。
又吉：ないもんね、買えないもんね。
長嶺：お菓子もね。
又吉：キャンディーとか、チョコレートとか。買って、食べ切れないような。
長嶺：貧しかったんだね（笑）。
又吉：貧しかったはず……なにもないもん、もう。ね。
――「でも、海はきれいだったでしょう、自然は」
又吉：はい……。
長嶺：なんかあのときはきれいもなにも。
又吉：それが当たり前。

長嶺：それが当たり前（笑）。
又吉：あの、地球上みんなこんなのとしか思わないんじゃない？　離れてみて……。
長嶺：そうよね……。
又吉：ああ、沖縄はよかったんだって、あらためてね。そうそう、あのころはね、どこの人もみんなこんなの見てるとしかね、子どもだからね。
長嶺：わからんもんね……いまは、どこも行こうと思いませんね、住もうと思わない。こっちがいちばん。
又吉：そうだね、いちばんと思うね……。

うちは父が、なんかね、昔、戦争前ぐらいにね、どこか行ってたみたい。フィリピンに行ってた、出稼ぎみたいな感じで。そこになんか、母も行ってた。いとこに連れられて。そこで知り合って結婚して。

沖縄離れてるから、とっても、三味線（が）郷愁誘ったんじゃない？　ほかの遊びするよりかはこれをやったほうがいいって、自己流でね、三味線買って、覚えたみたい、そこで。

——「お父さんはフィリピンに、これは出稼ぎ移民？」

うん、行ったみたい。戦前。行って、そこで三味線覚えたって言ってた。いつも沖縄思い出しながら弾いてたって。それがもう、戦争終わってから帰ってきて、三味線は好きでうちはやってました、小さいとき。だから物心ついたときはいつも、父が、夜は弾いてて。

――「お父さんもやっぱり外で覚えたんですね。フィリピンで」

そうそう、そこにいるときもやっぱり、興味があったかなんかは、自分たちが生まれる前の話だから、わからないんですが。そこで……（ほかの）みんなはいろんなことして遊ぶ。仕事終わったあとはなんか、賭け事したり、いろいろ遊びにいくみたい。うちの父は、それよりかは、家で弾いたほうがいいっていうことで、三味線覚えたよーって……自己流でよ。耳で聞いたら弾く、って感じでね。

だからずっと、自分たち小さいときからいつも三味線は、夜になったらね。晩酌しながら弾く、それ聞いて。十五夜、宜野湾の十五夜の（お祭りの）ときも、地方《じかた》（伴奏）頼まれるわけ。で結婚式も頼まれるわけ。行って、あっちでまた、お祝いのね、弾いて。

うちの姉と妹は、踊りやりたいって、琉舞（琉球舞踊）。私は興味なかった。習う？って言ったらううんって（笑）（首を横に振った）。好きじゃなかったんじゃない？（姉と妹の）ふたりはね、結婚式とか、父が弾けばふたりは踊ってたみたい、衣装とかも持ってて。ふたりは好きだったみたい。たぶん、楽しみ？　自然な感じでね、とくに先生んとこいって習うとかじゃない、もう耳で聞いて。

そしていまうちの娘がやってるんですけど、間奏とか前奏（の正式な部分を）飛ばして（覚えて）るみたい（笑）、耳で聞いてるから、正式じゃないみたい。
――「自己流でやってるから……」
そう、でも歌はあってるわけ、歌の部分は。耳はいいからまた、チンダミ（調弦）とかね、こういったのはちゃんと、歌はあってはいる。でも前奏とか後奏とかね、ちょっと飛ばして、おじいもこっちはなかったとか（笑）、飛ばしたりもあるかもしれん。歌はあってるけど、歌口は。

自然にもう、なんかいつも親が晩酌したら弾いていてねえ。そして結婚式とか頼まれたらまた、なんか行って……それふつうに見ていて。それ、私なんかも、短大は本土、滋賀県だったんですけど、そこでも三味線聞いたらなんかぽろぽろ（涙が出るほど）、懐かしい。三味線イコール親。親って感じでね、聞いただけでも、フッて立ち止まって、どこから聞こえるのかねーっていう感じでね。

もうね、故郷を思うと……（沖縄に）いるときは、感じないよ。当たり前、あっちこっちで聞こえてはいるもんね、あっちこっちの家から、いつも夕方なれば。やっぱり……心の故郷、みたいな感じだったね。

私はね、キリ短（沖縄キリスト教短期大学）行く予定で、友だちと行こうねーと言ってね、資料ももらいにも行って。首里、龍潭池《りゅうたんいけ》のこっちだった、あのころはね。資料もらって、行くよって、ほんとに書く準備もしてるころに、幼馴染みの子が……その子いま図書館の司書やってるんですけど。高校の図書館してる子が。その子が幼馴染みで、その人のお父さんと、なにか求人の人が、戦友だって。

その人（幼馴染みの父の戦友）が求人で沖縄に来て、そこの（近所の）おうちに、なんか訪ねてきたんです。そして、自分のところは、R社、滋賀県の、R社っていうとこ、繊維製品つくる会社にいて、そこからね、働きながら学校も行けるよ、理容学校や美容学校、短大も行けるよとか、なんか説明したみたい。

滋賀の○○短期大学っていう大学、短大だったんですけど、教養学部に、図書館の司書の免許がとれる……そしたら彼女はもうそこ行くって決めてるわけ。で私のうちに夜来てね、私はもうキリ短行く予定で資料も持ってるのに。お父さんの友だちがいまね、滋賀から来てるけど、なんか幼児教育学科もあるってよーて、あんたも一緒に行こうって（言う）からね、説明聞きにいったんですよ。

そしたらもう、やっぱりあこがれるじゃない、（本土の）写真とか見たら。働きながら行けるってーとか言ってね。

（でも）自分の家族からはまだ本土に行ったこと、だれもいなくて、姉も兄も。地元で高校出て就職して、だれも行ってなくて。そしてうちのね、父のいとこの子かな、なんか名古屋かどっかにね、集団就職で行ってからね、行方不明になった、その前の年に。だからもう、絶対、本土って恐いところだし、行かさんよー、絶対こっちがいいよーって、親は反対。猛反対だったんですけど。

私はもう絶対見たい、本土ってどんなところか、この足で、見たいって、確かめたい。絶対行くって感じでね。もう親があと根負けして、ふたり、（その幼馴染みの）Fと一緒にふたり、ひとりだったら行けんけどふたりだったらいいっていうことで。

親たちは、本土って恐いところだよーってね、あの（行方不明になった親戚の）姉さんも帰ってこなくなってるし……もう、とっても親はね。

なんかね、高卒で（名古屋に）行ってから、二人部屋、名古屋だった、紡績、なんか工場でいて。そしてね、あの、パジャマ着て、上からガウンみたいなの着てから、寝る準備してるけど、ちょっとなんか飲み物、買い物してくるねーって言ってね、財布だけ持って、寮の近くに店もあるみたい、ちょっと買いにいくねって言ったっきり、帰ってこない。

モーニングショーとかってあったでしょ、叔父さんもモーニングショーにも出てね、帰ってきてーって（テレビ番組で呼びかけた）。でも帰ってこない、何十年も帰ってこない。そしたらね、もう、最近かね、何年か前にね、なんか川から遺骨が出てきたって。なんか、川に落ちてたって。落とされたか、落ちたかなんか、わからないけど。そして川からね、なんか骨が出てきて、このこれが何十年前の、行方不明者を調べたら、その子になってたみたい、年齢とか。

最近って、まだ一〇年経ってない、五、六年前ぐらいに帰ってきたって言うてからね、ああ元気で帰ってきたのーってね、どこか北朝鮮とかに売り飛ばされたのかねーとか、みんなも心配、あれっきり帰ってこないから。そしたら、この川から出てきて。年齢とか、何十年前にとか、あわせばその子にあたる……親とかね、ユタ（沖縄の霊媒師）とか行ってから……。

――「ユタも現場に行ったんですか」

うん、行ってね、遺骨とってきたよーとは、何年か前に聞いたから、たぶん……川に落ちて……ただ本土ってね、恐い、ね。親、自分はついていってやれないでしょ。

そして私が行ったあともね、家族みんな泣いてたって（笑）。永遠の別れみたいに（笑）。みんな泣いていたよーって、家族ね……やっぱり仲よくみんなあっちで暮らしてるのに、ひとり離れてるわけでしょ。

あとでまた二こ下の弟が、大阪の○○大学ってとこに入ってね。出てきて、またそこでね、一年はダブってるから、一緒に、日曜日とかね。それからもどんどんね、みんなも行くようになってね。私が三年のとき、あっちは一年。

滋賀県……いまでも住所出てくる（笑）！　○○市○○町。覚えてますねー（笑）、三〇年前の、ああ……そうそうそう。

去年、一昨年行ったんだよね……三〇年ぶりね、二八年ぶり。友だちとふたりで。（学校も）まだありました。

――「滋賀まで行ったんですか」

行きました。その会社も訪ねていってね。ちょうど日曜日でね、一一月の勤労感謝の日。その近辺ね。友だちとね、短大もまわってきて。場所一緒？　一緒で、もう……一緒だった、ほんとにね。それでね、懐かしかった、とっても……。

そこで三年間でした（短大を三年で卒業した）、うちは。働きながらね。そこの会社からね。いま考えたら、学費とか、会社が前借りしてくれたんだ、いま考えたら。いま考えたらね。そして自分たちは、働いて返す、三年のあいだに。それは、繊維製品をつくる会社でした。繊維製品。そこの寮に入ってて。そしてそこからね、そのR社のバスがあって、学校に送り迎え。朝、朝学校行ったら夜働くし……夕方、昼間あと働く……二交代制。（短大には）提携した紡績会社とか、いろんな会社の人がね、来てた。学生は、昼働いたり午後勉強したり。

繊維製品、なんか機械から製品が出てきて、こんなんか、箱に詰める。いまもう、会社は大きくなってました。学生……こんなにしないと、集まらないから……あのころはね。人数集めのために、そうそう……でもいまはね、学校も、あんまり採らないって。こういう感じはね。もう、ふつうの、一部（昼間部）の人が増えて……ねえ、いまは働いてなんか行く子いないいんじゃない？　昔はねえ。

（長嶺：「当たり前だったよね」）

そうそう、親に面倒かけずに、自分で出られるんだったら自分で出たほうがいいかなって感じで。

――「沖縄の人はいました？」

あのころはね、なんか試験的に、私よりいっこ上に、試験的にふたり、沖縄から採用したって。その人たちの素性が悪かったら、もう採らないってことでね、そしたらこの人たちがとっても立派な人で。とってても優秀な先輩だったみたい。そしたらまた、もうどんどん採ろう採ろうということで、翌年に私なんかとF（幼馴染み）と、（ほかに）A高校からふたり、またB高校とかね、C高校とかね、何名かいて。翌々年もいて。後輩たちも。……（会社には沖縄出身者が）二〇名もいたかな……。

でも、いま考えたらね、とってもやっぱし、いい会社だった。ミーティングとかあってね、自分たち困ってることとか、苦情とかなんかあったらね、こう、会社でね、自分たちが反対で、こういった意見も言えるし。

私たちはまた遠い沖縄からということでね、そこ（会社）の人たちがね、いろんなとこ連れてって、平等院とかね。京都、金閣寺銀閣寺、いろんなところ、日曜日とかになったらね。連れていってくれて。

いま考えたらね、とってもいい会社だった。私なんかは働きながら行って、三年ですぐ帰りますよね。もう卒業して学生はすぐ帰るけど。やっぱし就職だけで来てる人もいたんですよ、琉大とかからね。その人たちは幹部生になったみたい。三〇年ぐらい勤めてるわけでしょ。そこでもう結婚して。嫁さん探して、もうずっと。滋賀で住み込んで、家も買って……ずっともう、幹部のほう、上のほういってるみたい、あの人たちはね。だからいい会社だったみたい。去年ぐらい同期会しようってね、案内きたけど、行かなかったさー。同期会、みんな集まったよーって……いい会社、いま考えたらね。

長嶺：県人会なんかもさかんでしたよ。

――「あ、そうですか。東京で県人会とかって」

長嶺：ありましたよ。私、一回は参加したんですけどね。

又吉：けっこうなんか、兄弟みたいよね。沖縄の人っていうだけでね。ああもう懐かしいって、兄弟みたいね。わーんって、懐かしい、がんばってなーって感じでね、知らない人でもね。

――「東京の県人会はどっかから誘われたんですか？」

長嶺：だれから誘われたのかねー？　……あ、友だちが何人か行ってますよね、大学で。その友だちなんかと一緒かもしれない。なんせうちの同級生多かったですよ。向こうに。

――「滋賀は県人会ないですね、当時はまだ」

又吉：会社のなかでしかね……。

（日頃の）付き合いはね、寮の人とかね、職場の上司とか……外部ではそんなには。もう仕事して学校行ったら夜になって寝て。もう、寮とか会社単位。（寮のなかには）いろんなところからいましたよ、九州とか四国とかね。北海道もいたし。いろんなところから、地方からみんな出てきてね。その人たちとまた、休みなったらどっか行くとか、旅行行くとか。近くの街とか。（付き合いは沖縄出身とは）かぎらない。いろんなとこ。一緒に生活してるから。

――「とくに仲よかったのは沖縄の……」

かたまるというより、なにかあったら話はしやすい……兄弟みたいな感じでね。いつもみんな仲よかったし。なんかとっても親切にされた。大学の二年のときに復帰だったのかな。みんながおめでとうってね、よかったねーって感じで。コザ暴動とかテレビでやってたら、みんな心配して、一緒になってね。テレビでやってましたよ。ニュースみたいなので。ああ沖縄だいじょぶかねーって、みんなで心配して見たりとかね。

――「向こうで復帰むかえてどうでした？」

なんかね、晴れて自分は日本人、気持ちは日本人だけど、出るときはパスポート持ってるから、やっぱし沖縄は外国だったんかねーって感じでね。いまからは自由に行き来できるっていうのが、なんかとってもうれしかった、みんなと一緒にね。自分たちも晴れて日本人になるんだーっていうのはね。気持ちは日本だけど、なんかねえ、やっぱし宙ぶらりん……アメリカなのか日本なのか、なんか変な……ね。

（寮では）机とかあってね、ひとりずつみんな。ふたり部屋でね、机もあって。いま考えたらね、とっても条件いい会社だったねー、よかった……先輩と組むわけ。そこの寮はね、女子寮はみんな学生なわけ。男子寮っていうのはみんな働く人だけ。学校卒とか、みんな働く（人）だけ。

（給料は）たぶん、会社の明細がきて、毎月いくらって給料入ったら、学校にいくら払いました、あなたの残りは、貯金入ってます……してね、私も帰ってから、何十万とかたまってたはず。帰ってからピアノ買いましたよ。だからたまってたはず、たぶん。友だちも。余ったらね、遊びにいくのも、少ないですよね。だからたぶんいくらか余ってたはず。やめるときにみんな、（お金を）持たすわけね。あのころね、学校も行ってね。沖縄にも帰ってもね、自分で全部やってるし。

いい会社、いま考えたら。よかった、いまでもね、なんかあったら電話きたら集まったり。帰ってきた人たちもみんなね、もう公務員とかなってるわけ。だからみんな、よかったんだねーって言ってから、一緒に帰ってきた人たちもみんなねー、琉球新報とかね、小学校とかさ、図書館とか、役所とか、みんな（就職した）。帰ってきた人たちみんな。試験受けてからみんな入ってるわけ。だからねー、みんな真面目だったはずねーってからね……いい会社だった、いま考えたら、とっても、職員もね。進んでいた会社、いま考えたら。あのころはぜんぜんはじめての就職、学生だしね。みんなにかわいがられた、みんな。

長嶺：沖縄にも帰った？
又吉：帰った、成人式とか、一年に一回ぐらい。
長嶺：私なんか帰れなかったのに（笑）。

あのころ飛行機で帰って、行くときは船（だったけど）、飛行機で帰ってからさー。夏休みとかいろんなとこ行ったよ、四国とかね、いろんな。会社からもね、一年に一回慰安旅行っていうのがあって。一年に一回、みんな、ぞろぞろって、連れていくわけ。ぞろぞろって、みんないろんなとこ、温泉とかね。

そして親たちが来たら、（会社のなかに）客間っていうのがあって、泊めてくれる。食堂とか、ごはんも食べてね。いま考えたら、やっぱしよかったはずー。いいところだったはず、人間関係とかね。そんなトラブルとかもないし。いまでも、（会社の規模が）でっかくなってね、やっぱし、人材を育てたと思う。そこは。そしてね、帰らないで残る人なんか、そこで結婚して、ずっと勤めてるから。いいところかもしれん。やっぱし（契約のときの話と）条件が違うとか、そういったのもなかったですよ。

――「親御さんに仕送りとかされてました？」

ううん、こういったのはもう、自分のことで。たまにね、盆とか正月、たまに小包なんかで買ってからちょっと送るぐらいで。帰るときに弟や妹たちにお土産ね、お菓子とかお土産買って帰る。手紙がきたり、電話かけたりとかね。手紙がきたりね、懐かしく……。

（短大の資格は）幼児教育、幼児教育学科っていうあれでしたよ。幼稚園教諭。教諭と保母資格ってもらったね、ふたつ。これ卒業と同時に……卒業証書。実技はそこで、学校で。ピアノとかなんか、単位とらないと。ピアノとか……実技はね、ピアノとか、こんなのあったよね。卒業と同時に資格がついてたね。卒業証書プラスこういった幼稚園とか保母の資格が。ついてね。

又吉：自分たちが描いてた本土の人っていったら、なんかさ、イバヤー（威張り屋）っぽくってとかあったわけ、なんか言ったらいじめられ……自分たち親の時代はね、差別じゃないけど、やっぱしいま考えたら、情報もテレビも見ないし、情報がないからとっても格差？　あったと思うんですよ。

でも自分たちのころからは、ぜんぜんね。親が言うほどじゃないさーっていうのはあったね。

長嶺：そうそうそう。住めば都さーって思ってたね。

又吉：いま自分の子どもたちからはまたぜんぜんもう、そういったあれもないね。子どもたちの時代はもう。

長嶺：いまはまた、沖縄はね、とってもなんか。

又吉：注目されて、よけいね。やっぱりこの、（昔はいまより）交流がなかったんじゃない？

長嶺：それでね、方言もいまは通じるって（笑）。

又吉：『ちゅらさん』とか（笑）。

長嶺：方言してわかるって、もうなんか……。

又吉：親の時代はさ、まともな共通語も使えませんでしょ。方言もくっつけくっつけで。だからこの人アホかみたいに思われてたんじゃない？

長嶺：それでね、東京弁をしゃべれんといかんみたいな、緊張して。

又吉：文化の違うとかね。

長嶺：そうそう、とっても、そういうのは。

又吉：あったと思う。そしてまた、本土側からもまた、それでも無理はないかもしれん、沖縄の情報が入ってこないから。ね、ほんとに異質な人たちの島ってみえたかもしれんね、情報がないもんだから。

長嶺：そうそう、電話もさ、私なんかのときなかったからさ、会社に入って電話とるのがとっても恐かったの（笑）。
又吉：鳴ったら、もうかしこまった言葉で。
長嶺：はー鳴らなければいいのにって（笑）。
又吉：自然じゃなかったね。
長嶺：それで怒られたことがある、なんの用事ですかって言ってからに、用事があるから電話するんだって、怒られて、あはははは（笑）。
又吉：いまはもうね、いまの子たちは、ふつうにいろんな、パソコンでも情報もね。
長嶺：だからあんまり（本土に対する）あこがれもないからね。ほんとうに、行こうっていう気もないですよ。
又吉：いつでも簡単にね、ちょっと明日行ってこようねーって感じで、簡単にね。
長嶺：沖縄も、ね、東京もどこもみんな、文化も一緒だし。生活するにはこっちが楽だって
又吉：だから昔行った人たちはとっても苦労してね、やったと思いますよ。情報が入らんからね。わからん、またあっちもこっちもね、お互い、誤解みたいな。
長嶺：私なんか案外スムーズに、友達関係も悪くなかったし。
又吉：かえってね、滋賀のほうが差別あった。滋賀の部落？　○○（地名）とかね、あったわけ。なんか

あっちのほうの人がね、なんかこんな（被差別部落を示すしぐさ）とかやるからね、最初にね、こんなとかやるわけ。は?って、なに?って言って……あれ沖縄はあんなのなかったんですよ。だからびっくりしたね。

長嶺：私なんかね、自然に部落って（言葉を）使いますよ。

又吉：○○部落とか、ね、△△部落とか、

又吉：あっちはもうね、滋賀は……あっちはね、私なんかが、保育所実習で行ったところが、○○とかあってね、そこはね、行くときからもう、あっち行ったら気をつけてよとかね、言われた、その会社の人に。あっちはね、ちょっと荒い人たちが多いからねーとかね。最初こんなするから、なにこれーったら、動物みたいに?　なんか動物を。

長嶺：屠殺?　屠殺の仕事して。

又吉：したりとか?

――「詳しいですね、沖縄の方って（部落差別を）ほとんど知らないのに」

又吉：あっちで聞いた。

長嶺：私なんかもう、あとから知った。

又吉：あっちで聞いてね。

長嶺：あの、『橋のない川』でわかったんですよ。

又吉：……あれ見てから、ああなるほど、先輩たちが言ってたのこれだったのかなーとかね。

――「それは最初は」

又吉：知らなくって。

――「会社の人が言ってんのを聞いた」

又吉：会社の人がね、あっちに実習行くっていったら、教えてくれた。あっちはね、荒いからーとかね、なんかちょっと違う、血の気が荒いから気をつけてねーとかね。それでもう、（実際に行ってみると、そうした差別的な噂とはまったく違って）保育所なんかふつう、先生たちもみんなふつう。別にぜんぜん。父兄もふつう。そこで実習、何週間も通ってね。別にぜんぜん、自分たちも差別しないし、相手もしないしぜんぜん。昔はあったでしょうねっていう。

長嶺：沖縄がさー、こんなして、差別されてるっていうのも、私なんかもわからないで行ったわけ（笑）。そしたらね、沖縄人お断りっていうのがあって、これも差別なんだよって、聞かされたんですけどね。私なんかね、差別されたような……。

又吉：心のなかでは、そういったあれはないね、自分たちも、されたーとか、したとかされたとかは……（当時）たぶん六〇代以上はあったかもしれんね、まだ五〇代ぐらい、ね。以上は、とても苦労したかなってね、聞く、ね。

長嶺：紡績工場のね。

又吉：そうそう。

たまにテレビとかね、なんかで、いま考えたらね、『オキナワの少年』って、芥川賞とった、『オキナワの少年』ってあったね、峰なんとか（東峰夫）、この人の（小説の）映画があったわけ。わざわざね、京都までね、友だちと見にいってから、（映画に出てくる）オバアとかね、沖縄訛りとかね、（米軍用機の）爆音とか、出るわけ。泣いてた、ずっと（笑）。もう、見れんかった、ずっと泣いてた、もう。もう沖縄に心が飛んでから。

映画、映画でしたよ。そうそう、『オキナワの少年』っていう映画があったわけ。友だちと行こう行こうってからね、いったらもう、もう気持ちは沖縄に通じてるわけ。この主人公と自分がダブるとか、もう、見れんかった、もうずっとずっと泣いてね。いるときはふつうだけどね、いったん離れたら、やっぱしね。故郷っていいものだとかね。

——「どうですか、滋賀時代っていうのは、楽しかったですか?」

楽しかった、ほんとに青春時代。もう苦労もあったんですけどね、違う世界に。ねえ、沖縄と違うところに。でも、いい環境でいい人たちに恵まれて……。

最初はね、もう関西弁とか、ぜんぜん聞いたことないですよね、行ったらね、ぜんぜん（通じなかった）。「これほかしといて」（関西弁で「これ捨てといて」）とかいってね、はあ?って（笑）。もうぜんぜん言葉が……ぜんぜんあの、ぜんぜん聞いたことない……。

で、食事が甘かったとか、けっこう甘い味つけですよね、ここはどっちかといえばこってり型で、あっちはなんか甘い感じで……食事もぜんぜん違うしね。家のつくりとかもぜんぜん、環境も、海も見えないし。寒かった。行ったときはもう、三月二十何日に行ってね、雪降ってましたよ。ほんと、とっても寒かった。とっても寒いとこ。もう底冷えって感じでね、とっても寒かった。雪もはじめて。そうですよ。はじめて雪見てね、見てごらんて、雪雪ってよろこんで、みんなでとびはねてた（笑）。

いまでも手紙送ったりとか、連絡は。きたらまたみんなで集まったりとかね。

宮城登紀子

一九五四年読谷村《よみたんそん》生まれ。聞き取り調査当時四八歳。六人兄弟姉妹の五番め。実家は農業と養豚を営む。父親は福岡の炭坑へ出稼ぎに行き、そこで母親と出会った。一九六九年、両親の反対を押しきり、高校へは進学せず中学卒業と同時に集団就職で浦安の工場へ。四年間働きながら併設の定時制高校へ通う。卒業後しばらく東京にとどまり絵の勉強をしていたが、一九七三年Uターン。沖縄の紅型《びんがた》づくりに携わる。

本土では職場と学校に恵まれ、都市的生活を十分楽しんだ。彼女は語りのなかで、自然体で生きた本土での短い生活を、「楽しかった」と振り返っている。実際、戦後の本土就職者たちのなかで、これほど積極的に都市の生活を楽しんだ例はまれではないだろうか。

聞き取りは二〇〇二年二月一七日。

（生まれは）読谷村ですね。一九五四年です。両親と、祖母と、兄弟六人……姉ふたり、兄ふたり、妹ですね。だいたい沖縄は一般的です。六人兄弟っていうのは。多い人は一〇人いました（笑）。

——「農業でした？」

そうでした、はい。あのときはお米でしたね。お米とね、それから、養豚を少しと、さとうきびですね。お米のほうは……さとうきびはうちは、米よりさとうきびのほうがあとでしたね。家はふつうじゃないですかね。大きいほうでもないし。だいたいまあみんな、あのころのみんな、お米つくって、養豚して、さとうきびつくったりして、だいたいまあそういう生活っていうのかな、経済的には。

——「子どものときに、沖縄の伝統芸能には……」

うちはね、だからあの、またその時分の親にもよるんだろうけど、両親とも戦後すぐ、いったん沖縄で生まれて、外に出て、戻ってきたあれだもんですからね、うちの母もまた向こうで生まれて戻ってきてるもんだから、伝統芸能っていうのとあんまり縁がなかったような気がしますね、うち自体で、ほらお父さんが三味線弾くとかね、そういうのはありませんでした。

ただ部落ではほら、あの豊年祭とか、そういうのはありますよね。あの、旧（歴）の八月一五日の……御盆とは関係ないんですよ。旧の八月一五日ですよね？　それに、三味線にあわせて踊ったりとかっていうのが……。でも、私中学までしかいなくって、小学校のときなんていうのはほら、こんな夜の行事っていうのは、わざわざ見にいかないですよ。だからたぶん行った人もいると思うんですよ好きでね。でも私の場合は、出て見にいったという記憶はあんまりないんですよ。

でね、小学校何年かのときの、お芝居があって、それに北島角子《すみこ》（沖縄芝居の女優）が来てたっていう記憶はあるのね。それだけはもう、はっきり覚えているんですよ。それは、見にいってるから記憶があるわけですよね。なんかのお芝居だったと思うんですよ、北島角子さんっていう、あの人。いま芝居やってますから。だから豊年祭っていうのは、この四《よ》つ竹《だけ》の踊りとかそういう、なんかちらちらっと記憶はあるんですけども。そういうふうに、衣装見た記憶はあるんですけども、どういうふうなものっていうふうに、理解はしてないですよね、もちろん。

あとは情報としては、親子ラジオですね。親子ラジオっていうのがあったんですよ。有線ですかねあれ。

いまでいうと。あのときは親子ラジオとしかいわなかった。どこのうちもだから、柱の上にラジオがあって……部落でねえ、あれなんていったんだろ。あっちは。なんかとにかくそういうところがあって。で、スイッチをひねるとラジオからいろんなのが流れてくるって感じで。だいたいだから、うん、外からの情報っていうのは、そのぐらいだったんじゃないですかね。

電気が入ってきたのが、小学校の……そうなんです（東京）オリンピックのころなんですよ。だから、読谷はずいぶん遅いですよね。小学校五年のとき、オリンピックのころから、まともに電気が……。

――「聖火が通ったんですよね」

そうです、はい、通りました。でこぼこ道を（笑）。

――「五年生っていうと一〇才ぐらいまでは」

ランプでした。（洗濯するにも）みんな手です。

――「家のなかでは、あんまり方言は使ってない?」

はい、そうですね、方言も、祖母がいたんで、祖母は方言使って……あのころはね、私たちとにかく小学校のころは、共通語励行っていうのがありましてね。方言札まではなかったような気がする。ただあの、なんていうんだろ。この、毎週、なんか週番というのもね、小学校のときいたような気がするんですよね。そのときの、なんか標語みたいなのですかね、共通語励行かなんか、とにかくそれだけは覚えているんですよ。共通語励行っていうのが。

――「友だち同士の会話っていうのは、あんまり方言は」

そんなには使ってなかったですね、はい。だから、使えることは使えますけど、こう方言で、こう文章しゃべるっていうのは、だいたい私たち世代ぐらいじゃないですかね。もう、だいたい標準語ですよ。あの、なんていうのかな、ちょっとした言葉、あの咄嗟に出る、ウチナーンチュってね、あのほら、（自分で自分を）ウチナーじゃないって言ってもね、つねったりするとね、この、「あいた」って言うのね、「あがっ」って言うんですよ。それで（咄嗟に出るウチナーグチで）わかるっていう（笑）。だからそういう感じの単語っていうのかな、そういうのはたぶんウチナーグチ使ったと思うんですけど、それ意外は、あんまり使ってないはずです。

――「じゃあ、子どものときにまわりに沖縄文化っていうのは、当時はぜんぜんなかった？」

ないです。だって共通語励行があるくらいだからもう、なかなかそこまでは、みんな……うん。

――「御自身は集団就職でどちらへ？」

千葉県浦安の、トランジスタ工場です。浦安……あそこどこだったかな……これはトランジスタ工場で、ちょうどあれですよね、トランジスタ部品をつくるの、さかんな時期で。

うちはね、父が私が小学校あがる前にちょっと病気で心臓わずらったもんだから、ちょっとたいへんな時期があって、生活保護受けてた時期があったみたいなんですよ。私あんまり記憶がはっきりしてなくて。

――「親御さんは、高校進学して、家にいろと」

そうです、もう。いろいろもめまして（笑）。私は自分の意志で……要するに、いわゆる世間一般の人のいうあれですよ、まあ学校行って、それなりの高校卒業して、就職するなり、大学行って勉強したらいい就職ができるよみたいなね。なにをおっしゃいますかという感じで（笑）。私は世のなかが間違ってるて、親に食ってかかった（笑）。言いましたよ。

だって要するに、ちゃんと卒業しないと、仕事がないみたいな、とにかくまあ……やっぱり私は、うちにはいたくなかったし、沖縄にもいたくなかったし。だって勉強する意味もそのときはないし。友だちにみんな、あんたたちなんで学校行くのって聞いてまわったわけ。ひとりだけ勉強好きっていう人がいた。（当時は）もう（沖縄でも）みんな高校行くころですよ。ほら、先生方も勉強しなさい、みたいな。六九年です。就職したのは。あえて……。

――「県内で働くことは考えなかったですか？」

いいえ、沖縄にはいたくなかったですね……。だって高校に行く理由がまずないし。まあだいたい、そもそも学校があんまり好きじゃなかったし。だいたい中学の先生って、だいたいいまでもそうだと思うんだけど、だいたい建て前が多いですよね。それもあったし。やっぱりあの……。

――「学校でよく先生に反発してたりとか」

まあ、それはよく。

――「喧嘩したり、先生と？（笑）」

はい。

だから、とにかくシマから出たいですよね。沖縄から出るにはもう行くところ、あっちしかないじゃないですか（笑）。言葉が通じるとか、ほら。ましてや外国行くなんてことは頭にもちろんないですから。

――「なんでそんなに出たかったんですか、沖縄」

なんていうんですかね、やっぱり、親元にいるのが嫌だし……やっぱりそこらへんでね。それで私はやっぱり、あの、○○（地名）は、米軍の基地だったんです。あれなんの基地だったのか、ちょっとよく……で、基地ありましたよ。けっこうほら、米兵がトラック乗って通るし。だから、あんまりああいう……。

だからやっぱり沖縄はアメリカの植民地っていうのは、ほんとに目に見えて、自分たち生活してますよね。

——「そのへんも嫌でした？」

ですねえ、はい。

あのころはけっこうほら、復帰運動もさかんで……私なんかの年代はあんまりやってないけど、たぶん、五つ六つ上ぐらいの人たちは高校のときにね、みんなB52反対のなんか（を首から）下げてたの私、記憶があるんですよ。ちょっとよくわからないんですけどね、なんか、B52がなんか、なんかありましたよね、B52が（一九六八年に嘉手納基地で墜落した）。それがあって、だから高校生はあのころねえ、多感な時期だから、たぶんそういう運動やったはずだけど、私なんかだから、その手前だから、そこまではいかないけど。

あのころはだから、いろいろおもしろかったですよ。だから私も就職して、トランジスタ工場就職して、そのときにね、おもしろいのがもう、うん、私がおもしろいと思ったのは、就職のね、パンフとかそういうのなんですよ。仕事に行くっていう体制じゃないですよね、パンフが。もうお花の教室はこうなってます、寮のね（笑）もうとにかくほんとにそうなんですよ。私たちはなにしに行くの？　トランジスタ工場のこの部品つくって、これがどうなるとか、そういうのはいっさいなかったです。

だからはっきりいって、私行ったときに、仕事に対する不安は多かったんですよね。はじめてですよね、もう見たことのないとこ行くもんだから。仕事できるのかなみたいな不安があったんですよ。ただまあ行って教えてくれたら、もうほんとに、顕微鏡眺めて、トランジスタの金のワイアをつなぐっていう、あれなもんだから、すぐ覚えられましたけど。

うん、あとはほら、学校があるとか、そういうことで。それで私、船橋の○○だったかな……船橋になるんですかね、そこにあったんですよ女子高が。戦時中つくった学校とかいってたんですが、そこがあの、二交代だったんですね、仕事が。あの、早番が朝の五時半ぐらいからでしたかね。午後の二時に終わって、午後の人は午後の二時から夜の一〇時までっていう。そのあいだに学校行けるようにしてあったんですよ。

だからあの、若い子集めるために、お花の教室がこうだの、なんだの、学校行けるよとか、そういう感じで、まあ行けるんだったら行こうか、どうせ時間あるんだし、ということで、私はそこに行ったんですよね。学校が二交代制みたいな、いちおう夜学にはなってるんですよ。夜学にはなってるんですけど、遅番のときはふつうに朝行くわけですよね。

で、仕事がまた早番のときは、午後二時に仕事終わって、それからほら会社からスクールバスみたいにして、出すんですよ。それで、行って、四ヵ年いたんですけど。その夜学はねえ、もう何年かぐらいして、すぐなくなってます。学校行く生徒いなかったみたいですね。あとはほら、中卒で来る生徒もなかなかいないし、たぶんだからその集団就職のその下《くだ》りのとき（減少したとき）にはなくなってるんですよね。全日（制）はいま残ってますけど。

――「進学先が決まるときっていうのは、卒業前にもう決まってるわけですか？」

ええそうです、だから私はもう卒業式にも出なかったです。年内には決まってたような気がします。支度金もね、ずいぶんもらったような気がするんですよ。支度金というのをもらいました。

――「決め手はパンフレットですか？」

そうです。だったと思いますけど。私もどうして選んだんでしょう。あんまり記憶は……いやあ、でも、たぶん、東京に近いほうがいいと思ったんじゃないかなあと思うんですけどね。それでほら、○○にいった同級生もいるんで、だからどうしてこの会社にしたのかちょっと私も……卒業式はですね、あの、三月下旬くらいだったと思うんですよ、通常は。で、あの、とにかく仕事はじめが四月のいっぴだったと思うんで……それまでに間にあわせるということもあったんだと思いますが。

――「当時の本土のイメージはいかがでした?」

イメージは、ああ空が真っ暗だなあっていう（笑）。だって、黒いじゃないですかスモッグで。うん。あの、やっぱ暗い感じですよ、沖縄から行くと。それでね、私が行った年に、四月に雪が降ったんですよ。三月末だったのかな。六九年ですよ。だって就職したの六九年で。

（那覇港までは）バスだったね。もうね、ちょっとね……記憶が、定かでないですね。どうやって行ったんでしょう。たぶんバスだと思います。あのころ、車っていうのもそんなにない時代ですから……先生方も乗用車っていうか、けっこうバス通勤の人も多かっただろうし。（見送りには）うち母が来たような記憶が、するんですけど。……学校の先生も来たような気がしますけどね……あのときたぶんほら、いまの進路指導の先生じゃないんですけど、たぶん就職のときの、なんかそういう世話をやく先生がいたと思うんですよ。就職指導っていうかなんていうかわからないんですが。

大きい船で……なんだったんだろあれは。みんなテープはって。（集団就職専用ではなくて）いろんな人がいました。たぶんだからほら、大学行くとか、なんかそういう方たちもいらしたんじゃないですかね。

――「やっぱり寂しかったですか、最初は」

いえ、とてもうれしかったですよ。よろこんで、わーわー言って（笑）。

――「泣きながらとかじゃなくて？（笑）」

いえいえ、そういうのはいっさいなかったですね（笑）。なにを悲しむの、なんて。たぶん親は不安だったんじゃないですかね。でも私は、自分のあれは、負けないもんだから。うちの親が諦めて……そういうとこです（笑）。

行くとき船で行って羽田から飛行機乗って……違う……そう！　鹿児島から飛行機で羽田でした。でね、船で……そう、船でした。行くときは。行くときは船で。

――「奄美大島通っていくやつですか？」

はい、だったと思います。那覇港から、奄美大島通って、鹿児島で降りて、鹿児島から福岡までバスでした（笑）。バスで行って。そう。福岡から羽田まで飛行機だったんですねえ……そうですね、はい。

――「最初に、鹿児島。それがはじめてですよね、本土に行った」

はいはい、はじめてです。でね、いま思い出した。そのとき、あのねえ、（那覇の）港のねえ、底が見えたんですよ。きれいでした。あのときだって、ああいう大きい船乗るのもはじめてだし、ああいう大きい港もはじめてだし。そこらへんのね、読谷の海で、海眺めるぐらいなのに……ほんとにおっきい船が接岸してくっついていても、海の底が見えるぐらいきれいだったです。覚えてます。それがほんといまねえ、どこも汚いから……やっぱり変わったなあという気が……あのときはきれいですねほんとに。

鹿児島……船酔いして、船酔いしてとにかく鹿児島着いて、とにかくあの、頭がもうろうとした状態でバスに乗って……福岡に着いたのがとにかくねえ、とにかく羽田に着いたのがとにかく日が暮れてました。夕方、夕方っていうか、夜のたぶん……何時だったんでしょうねえ。たぶん一泊二日ぐらいだったと思います。

——「二日ぐらいかかって、朝ぐらいに鹿児島着いて、東京着いたのが夜……」

はい、そうです。結局福岡までバスで……ずいぶん乗ったような気がしますけどねえ。五、六時間か、何時間か。とにかく、うん。もうずっとバスのなかでぼーっとしたような気がするんですけど。あれはたぶん学校バスを、会社が借りてたんじゃないですか、きっと。よくわからないんですけど。港に着けば……。

——「鹿児島で、そこで振り分けを……」

ええ、ええ。

沖縄からのね、そしてあの、行った学校がT女子高等学校っていうんですけど、そこのね、半分は沖縄出身でした、生徒の半分。伊江島から来た友だち、いまも付き合いあるんですけど。伊江島から来た人とか、そういう。読谷の人も何人かいましたけどね。多かったです。だから鹿児島着いて、バスは、みんな会社行きの、私たちほら、一五の少女が乗って、福岡空港まで行ったはずですから。たぶんだから、港から一緒だったはずなんですよね。……だから、あの、那覇で、那覇港ですでにもうたぶん会社の人がまとめて船に乗せて、だったと思うんですよ。

――「最初に羽田空港に着いてどうでした東京は」

もう夜だから……えらい空港って大きいなっていうのは……もう夜でしたねえ。でかいもなにも。あんまりそういう（印象はない）。ただ、やけに明るいですね、飛行機がぴかぴか、電気もいっぱいだし。ただ、そういう飛行場の感じは、飛行場ってこういう感じなのかなあっていうのは、ありましたけど。（羽田に着いたらすぐ）会社のバスが迎えにきてましたね。

――「すごいですね、全部決まってるっていうか、全部手はずが整って……」

そうそう、もう、そうです。言われたとおり乗って、そして寮に着いたんですよ。そしてね、あのころ、だから飛行機をとにかく乗ったのは、この会社だけっていうふうに聞きました。会社の人はほら、めんどくさいし、那覇から羽田まで直接、やりたかったのかもしれないけど、ほかのとこはそれはなかったはずですね。船だったような気がします。

――「うん、飛行機っていうのは初耳ですね。集団就職で。かなり優遇してたっていうか」

たぶんそうだと思います。

――「人手不足だったんですかね。パンフレットもきれいな……」

そうそう、だからもうとにかく、こういうことができるよ、みたいなね。寮もとてもきれいでしたし。だからとにかく、支度金もとにかく、なんか、何十ドルかもらったような気がします。支度金。一〇ドルかな、もう忘れましたけどね。それでなんか洋服買ったような記憶があるから。

着いて……ええとね、行ったときに、先輩と一緒の部屋だったんですよ。四人から五人部屋で。先輩がふたりいたのかな。ふたりいて、新しくふたりだったのかな。なんかそういう感じで。

で私、覚えてるんですけど、最初に寝坊して（笑）、隣の部屋の国頭《くにがみ》の人が、あの国頭のね、奥間じゃないわ、とにかく国頭から来た人たちがいてて、彼女が隣の部屋で。彼女が起こしてくれたのを覚えてる。で、着いて、翌日、着いてほらとにかく、寮で夕飯食べて、部屋に行きますよね。部屋割りされてるんで。翌日はだから、みんなで……あのね、会社まで歩いて五分くらいでしたかね。

――「仕事はどうでしたか？」

顕微鏡をのぞいてですね、トランジスタの小さい部品に、ワイヤーをくっつけるんですよね。ほんとに、髪の毛より細い……何ミクロンっていったかな、ちょっと記憶にないんですけど。その金のワイヤーなんですよ。それを、この部品間を、こっちとこっちみたいな感じで、私たちは理論的なことはわかんないから、こっちとこっちを、っていうふうに、班長さんがいて。その人に教わって……顕微鏡をのぞいて。（労働時間は）だいたい八時間に近かったと思います。昼休みもあるし。

で、何日か春休みですよね、すぐ仕事のほうが先で、しばらくして学校で……あの、いわゆる入りたい人はだれでも入れるっていう、テストとかそんなのもなんにもなくて。面接はあったような気がしますけど。半分沖縄の方。女子高です。バスで、船橋で、そこは○○っていうとこだったんです。

おもしろい学校でしたよ。なんていうのかな、（沖縄の中学校では）だいたい先生、建て前のことしか言わないから、私の中学のときの先生も、あんまりあれなんですけど。要するにほら、高校行かなきゃダメみたいな。じゃあなんで高校行くのっていったら、それは（はっきりした答えが）ないじゃないですか。だからやっぱり、そうなるとね。

いちおうほら、ふつう、学校行くと部活とかあるんだろうけど、私たちは、なかなかそれが、時間がなくて……。でもまあ、学校が午後のときは、一時間、部活やろうってことで、なんか。まあ自由参加ですよね。それで一時間はあったと思います。私はなにもしなかったですけど。

ほらお部屋も一緒に……学校行く人は、結局部屋が一緒なんですよ。そうでないと時間が、仕事が遅番のときに、学校行く人はもうほら、七時に起きて準備して行かなきゃいけないですよね。ほかの人たちは寝てるっていうこともあるんで。

──「じゃほんとに、家と職場と学校っていうのがずうっと同じ顔ぶれで？」

そうですね、はい。

──「仲よかったですか？」

うん、と思いますけどね。

女子寮っておもしろかったですよ、追っかけがいるわけですよ、そしてね、私のおんなじ部屋の子がね、フォーリーブスのだれかのファンクラブとかね……おもしろいでしょ。だから女子寮ってね。いろんな人がいましたよとにかく。あのときちょうど整形流行りで整形したり（笑）。美容整形。目を二重にするとかね。とにかく女子寮というのはね、おもしろいところですよ。あのころファッションのあれでは、美容整形が流行ってて、それから眉をそり落とす、あの、なんていうの、平安時代の、あの化粧なのかな。一時期そういうものが流行った。で、あのころから、ミニスカートはいて、ロングのコート着るという、だいたいそういう流行りの時代ですよ。

でね、あの、沖縄でね、いまみたいな菓子パン？　あれがちょうど五セントだったんですよ。そしたらね、あっち行ったときに、一八円から二〇円ぐらいでした。だいたい一緒ぐらいだったんじゃないですかね……。それが、とにかくいるあいだで、みるみる上がっていきましたよね。要するに、値段がね。なんかそういう感じがしましたね。うん。

――「とくにそのとき沖縄が恋しいとか……」

いやそれはないです。

――「御家族とは頻繁に手紙とか？」

ええ、手紙。電話はやらなかったです。電話はね、あのときはなかったです、うちは。沖縄はここらへん電話が入ったのは、かなり遅いはずです。もともとほら、沖縄に電話が入ったのは、遅いです。それで申し込みしてもずいぶん待たされたはずですよ。ずいぶん遅くですよ、電話が入ったのは。だいたい手紙ですね。

（家への仕送りは）やらなかったです。やってる人は、あんまりいなかったんじゃないかな。貯金にするか使うかで……そしてあの、その夜学行ってるときに、そのT（女子高校）の先生たちが、なんていうの、集団就職で来て、ほら夜学行って、だからイメージとして一生懸命っていう、あれがあったでしょ、貧しいながらも、ってね。でも、「あんたたちはちっとも可哀想じゃない」って（笑）。

――「かなり大規模な工場でした？」

そうです、はい。大規模ですよ。とにかくもう、何百人じゃきかないでしょ、大きい……トランジスタ工場で、工場の敷地に……同じ課に、一〇〇名以上いたんじゃないですか。だって二交代だから、私たちの課であって、そういう建物で五階建てでね、第一工場第二工場がおんなじ敷地内にあって……たぶん、とにかく、よくわからないんですけど。いま考えたら……。

だから、その私たちの課に、事務所がね、事務職の方がいますよね。で私たちのほら、現場の工員がいますよね。その工員だけでも、一〇〇人ぐらいはいたはずだから……。

――「ずらーっと顕微鏡が並んでる？」

そうそう、そうです。だからこう、五、六人こう並んで、また五、六列やって、そしてまた向こうの通路があって、向こう側にはまたちょっと違う部品つくるのがあって、っていう感じで。ちょっと記憶が……。

――「学校はどれくらいいました？　二部のほうに生徒は」

少ないですよ。ええっとですね、私たちよりひとつ先輩が第一期だったんです、夜学の。私たちが第二期で、二クラスでした。全日制のほうも、ほんとにこぢんまり。中等部がね、一クラスずつで四〇人いなかったはずです。高等部がだいたい二クラスずつだった、ほんとにこぢんまりした学校で。わりとだれでも受け入れるっていうことで、東京で放校された人がここに来て……いろいろいましたよ。

――「修学旅行とかはありました?」

ええとですねえ、ありました。あれはねえ、自由参加ではあったんですよ。それで、万博行きました。ええとね、あれは五月の連休です。あのときに会社、あのとにかくね、休みもかなりあったんですよ。そういう連休と、正月と、かなり連休もあって。なんかそのときに、希望者だけですね。希望者だけ。何人行ったかなあ。あと、京都の苔寺。京都ですよね苔寺。あれ、とてもいいイメージが……大阪の万博と……。

(高校は)六九年に(進学して)、七二年に卒業です。四ヵ年でした。七二年でした。復帰して、翌年七三年の三月の卒業だったのかな。そうですよね。

――「じゃあ、復帰は内地で。なにか印象ありますか?」

ううん、印象といっても……あんまり。私は向こうでずっと新聞とって見てました。個人的に。『朝日新聞』とって読んでたんですが。……なんなんでしょうね。たぶん、やっぱりなるべくしてなったみたいなね。

あのほら、復帰運動があって……私だからあのとき思ったのは、中学でも小学校でも日の丸振らされて、結局だから、私たちの世代は、「振らされた」わけですよね。自分の意志じゃないじゃないですか。あの、復帰運動のあれは。学校でなんかパレードがあるとほら、校門の外に立ってみんな、なるほどああだったのねえというのはね。ありますけど。

――「じゃわりと、日の丸は、大人からやらされたみたいな……」

だから、あとになって考えれば、そういうことですよね。小学校中学校のときのああいう、復帰運動というのは。でもまあ、なるべくしてなるような。

――「パスポートは会社が管理？」

いえ、自分が持ってたと思いますけど……。あの、帰省は、休みのときほら、帰省するしないは自分の意志ですからね。私は翌年の夏に一週間ぐらいだったのかな、とにかく会社が休みのときに戻ってきました。えっとね、あのとき……船で、うん、往復しました。……帰りは飛行機だったのか、とにかく、いちばん最初だけ船だったと思います。それから、あとは、飛行機だったような気がしますね。

――「とくに沖縄だからって嫌な思いをしたとか」

私はないですね。そしてね、たぶんほかはトラブル……あの、私自分で言うのもなんですけど、適応能力は高いと思ってるんですよ（笑）。なもんだから、同じお部屋の子が秋田の子で、そしてね、その秋田の彼女のクラスはね、半分以上が、彼女のクラスに半分以上、沖縄の子がいたはず。それでね、やっぱりね、クラスでなんか、私には言いにくそうに言うわけね、やっぱり先輩は違うって言うわけ。おんなじ沖縄でも、私がいっこ上だったんだけど、先輩は違うって、彼女どうのこうの言うわけ。だからやっぱり、すくなからず、沖縄出身とほかの地方の人のトラブルはあったと思います。

だから私はわからないですよ。私は（トラブルの経験は）ないもんだから。そして顔つきもあんまり私ウチナーっぽくないわけね。東北出身って言われたこともありますから。いまは黒いですけど、若かりしころはまだ……みんなほら、目がぱっちりしてるのかな、沖縄の人は。二重まぶたで睫毛も長くて、ちょっと顔つきも……やっぱりそこらへんは。でも私たちのときはそんなには、あの、沖縄の人だから英語しゃべれるでしょみたいなのはなかったです。それはなかったですね。

ただね、あのとき私おもしろかったのは、会社のトランジスタ工場の、私たちは第二工場だったんですよ。第二工場っていうのは五階建てのほんとに、ビルみたいな、工場自体がそうですからね。私は……もう忘れてた自分で……そこのね、課長っていうのが事務職でこの事務所にいるわけね。で、あとほら、現場担当の、あれは、組長っていったのかなあ。で、組合の話しまして。

その、何年か前に会社ね、組合で、どうのこうの（争議）があって。とにかくほら、ちょっと新入社員を集めて、組合活動にブレーキかけるような物言いをするわけ（笑）。たしかそういうのがありました。組合活動がどうのこうので、会社が危なかったような、ね。なんか知らないけど。あのとき第二組合あったのかな？　ちょっと、私たちだから、そういうのに入りもしないんだけど、とにかく。そういうふうな人もいたし。

それからやっぱり、いろいろですね。あのときに感じたのは、北海道から来た人がいてね、アイヌの人もいたんですよ。でね、このアイヌってね、私はわからないですよね。一緒に同じ年の北海道出身の、彼女は美唄《びばい》町出身だったんだけど、おんなじ職場の先輩だったの。あの人アイヌよ、って言うわけ。で、それがいかにもほら、わかりますよね、人ってこの、ものの言い方で、どういう含みをもってるのかね。だから、ああそうって、そこは終わったんですけど。

それからね、壱岐からも来てる人もいました。それから、五島列島ね。だいたいだから、そういう意味では、見てると、この、どちらかというと貧しい地域の、あれかなっていうのが多かったですよ。沖縄の人もけっこういたし。そういう意味ではいろんな人がいるなあって……。

それで、やっぱり私が沖縄出身ということかもしれないけど、共産党の……まあ赤いボールペンでびっしり（笑）、手紙をもらって、ぎょっとして（笑）。あの要するに、この共産党に一緒に入って活動しませんかっていう感じのことをね。それもねふつうのボールペンならまだわかるんだけど、赤い字で書いてあるわけ。おんなじ職場の方ですよ。女の人ですよ。いくつか先輩なんですけど。五つ六つぐらい上だったんでしょうね……。東北の方だったと思うんですが。だからたぶん、あとで考えたら、やっぱり沖縄の人は狙われるのがあるんだろうなっていうのは、私はそういうふうにとりましたよ（笑）。だから、いろんな人がいたし……。

私も別にほら、それに対して返事するわけじゃないし。それであの、お話はずっとするし、職場のなかでの付き合いは、ずっとありましたけどね。でも結局ほら、学校行って、会社とのあれで……ぜんぜん。

（給料も）よかったですよ。……貯めなかったですね。私はもらったものは使うもんですから（笑）。いくらだったんだろ？　覚えてないんですよ。でも、何万円って感じだったはずですよまだ。一〇万単位ではなかったはずです。一〇万までこないけど、とにかく……だから、いくらだったかはっきりとは……だけど、なんにもしないじゃないですか、別にほら。食券買って、寮と会社でほら、食事して……。

ええとねえ……（家賃は）なんにもなかった……タダみたいなもんだったと思いますよ。なにもなかったような気がしますよ。だから、食券買って食事するとそんなに高くないですよね。だいたいそんなんで……。

であのときは、金は自由になるもんですからね、お金。給料とっておいて、カメラ買って、葉山なんかに写真撮りにいって、あの葉山御用邸っていうのがね、帰ってきてわかりましたね。いつもね、これなんなんだろ（笑）、このでかいお屋敷なんなんだろって、思ってたんですよ（笑）。葉山の海岸に写真撮りにいって。（沖縄に）帰ってきてわかりましたよ私。あ、なるほど、あれ御用邸だったのねって。

——「なんかあれですね、青春ですね」

そうですね。いやほんとに青春ですよ。

——「味が合わないとかそんなのはありませんでした?」

いや、私はそれがない……すぐ納豆も食べられました（笑）。いまでも好きなんです。とにかく、なんも合わないっていうのはなんもなかったですね。もうほんとに青春ですよ……。

——「会社やめるときの理由はなんでしたか?」

えっとね、（会社に対しては）一身上の都合です。だから、あのときにいちおう進学しようかなあっていうつもりがあったもんだから、いちおうやめて、予備校行こうかなあっていうのもあったし。一二月いっぱいにやめて、っていうあれはあったんですよ。……貯金は、すくなからず……少しはあったんじゃないですかね。

だからそういう意味で、東京はいろんなものが……いいものが。そういう意味では。だから、どうせ那覇に住むんだったら、こんな汚いとこ住むより東京のほうがいいんじゃないのって、私友だちに言ったりしたんだけど（笑）……。

おもしろいといえばおもしろいですよね東京は。そしてね、あの青山の、コシノジュンコのブティックに、友だちと行って、その帰りに、機動隊が、なんかあったときで、（検問で）袋のなか、見られましたよ、青山歩いてて。それで、見られたの。

それからね、駅の、結局ほら、ジュラルミンのあの機動隊。あれも、駅でもあった。とにかく、あの時代、いろんなものがありましたよ。あんなのみんなはじめて見るもんだから。それからほら、駅の地下の通りのとこで、傷痍軍人っていうの、あの人たちがなんかアコーディオンとか弾いて、ああいうのもいたし。それから私……なんか、だから自分が目にするものですよ、はじめてね。それからあの、あの朝鮮学校の制服が私、よくわからなくて、あれきれいなもんだから、きれいなあれねっていって、ほら、ほかの本土から来た子に、変な顔された？　うん。そういうのがとても記憶に……。

――「当時、沖縄出身者のサークルがいくつかあったと思いますけど……」

たぶんひょっとしたらだから、その職場に誰か行ってる人いたかもしれないけど……声はかからなかったですね。それとも、声がかかったけど、私が行かなかったのか……でも、かけられた覚えもあんまり……。

だって、ほかにおもしろいこといっぱいあるのに、なぜわざわざ沖縄の人と（笑）、つるむこともないと思わないですか（笑）。

私はいい思いしましたよ、だから。うん。みんながほら、たぶん高校卒業して就職なり進学なりした時点で経験したものを、前取りしてやってるじゃないですか。

ええとね、七二年の一二月いっぱいで会社をやめて、東京にいとこがいたんでそこにちょっと、世話になって。（東京のいとこの家から）学校は通って、三月に卒業したんですけど。いちおう（大学に）進学しようかなあって考えてたんですけどね。いちばん迷ってる時期でしたね。（沖縄に）戻ってきたのが七三年の九月に引き上げてきましたからね。

だから進学しようかなと思って、私、絵描きたいなあと思って、絵描きたいっていうか、たぶんいろいろやりたかったんだと……まあ勉強なんかね、本読めばなんとでもなるっていうふうに思ったもんだから。

それで、自分ができない、好きだけどできない（けど）、絵を描いてみたいなっていうのがあって。えとね、あそこはね、自由が丘にね、絵画教室っていうより予備校があるんですよ。要するに芸大めざしてる人のね、そこに半年ばかり行ってたんですよ。結局、でもやっててやっぱこれも違うなあっていう。

それはなんとなくというか……やっぱりもうほら、ここでなんもするのがないと、もう帰るとこはやっぱり自分の実家しかない。うん。目標……ええと、だいたい目標があったわけではないですから、なんもなんていうのかな、とりあえずほら、高校卒業して、別にこの仕事だってずっと続けていくつもりはないじゃないですか。その、仕事ずっと続けていくつもりもないし。

で、結局ほら、そこでやることないし、どうしようっていうふうに迷いもあるし……やっぱりもう、そしたらほら、もう帰るとこは、ねえ、自分の実家しかないなあっていうのがありますよね。

――「親御さんから帰ってこいっていうのは？」

それはなかったです。ただ大学行くんだったら金は出すということで。それで予備校通ったわけですよ。

――「いい親御さんですよねえ……」

でしょうね……私、いまでも、タダは親だけだと思ってますから（笑）。タダは……それ以外タダはないですから……。

だから私は、もうなにをするかなって悩んでるときに、結局ほらもう帰るとこがないわけですから。ねえ。で、実家に戻ってきて、さあ、さりとてどうしようかなあって悩んで……。

まあ、たぶん生きている原点はね、衣食住だろうから、それに関するのやりたいなと思って、いちおう農業しようかなあと思ったんですけど、農業の辛いとこいっぱい見てるから、んなもんやってられないと思って。

で、沖縄のほうは、あれなんだったんですかね、『沖縄の文化』でしたっけ？　なんか出てましたよね、創刊号から四、五（号）ぐらいまで。そんなにたくさんは出てない……ちょっと読んだのと。まあ、それでほら、私ずっと趣味っていうのが読書と手芸なんですね。中学のときも友だちと手芸してて、お裁縫したりとか、それはずっと好きで、洋服とか自分で縫ってたりしたもんだから。まあ、布もいいかな、と。

そのとき一九です。帰ってきてじきですからね。その年の九月ですから。七三年。で、（親に）一緒についてってくれって言ったら、八月でしたかね、夏休みにいったん戻ってきたんですよね、要するに予備校夏休みがあったはずだから。そのときにどうしようか悩んでたから。そいで、（紅型の工房に一緒に）

行ったら、（親は）うーむって言いながら動かないわけ、やっぱりなんでこんなものするというのがあるもんだからね。こんなものやったってほら、しょうがない、目悪くするぞみたいな感じで。あの年代はまだほら、その、自分の親が織物してたたいへんさを見てるから。

私はそんなもん関係ないから。それでまあ、それだったらいいかなあというのもあったもんだから。行って。……やっぱり、なんていうのかな、直接的な仕事（がしたい）っていうのかな、この衣食住に関するね、それがあったもんだから。それで、行ったんですけど。だから、それでそのときはもう最初に下見みたいな感じで行って。いったん東京戻ってやっぱり引き上げようって言って戻ってきて、でまたひとりで行ったんですよ。仕事したいっていうことで。で、親もついてってくれないもんだから、しょうがないからひとりで行って。最初は夏休み帰ってきたときは、友だちとそのお友だちの彼が車持ってたもんだから、それで一緒に連れてってもらって。東京、いっぺん引き上げてきて、でそのあとまたひとりで、まあ就職活動というか。仕事したいということで。行って。で、その年の一〇月から仕事始めましたね。七三年の一〇月から沖縄で。

――「よく話に聞くのは、集団就職なり単身就職なりで、本土に行って、本土で沖縄に目覚めて帰るっていうのが多いんですすが」

いえいえ、私はそういうことないですね。

だから向こうでね、社会科の授業時間、社会科の先生が、イザイホー（久高島で一二年に一度だけおこなわれる神事）のね、あれ見せたんですよ。で私、あれはなんだろうと思って、たしかに記憶には残ってるわけ。向こうでですよ、社会科の時間に。千葉にいるころ、T女子高等学校に、社会科の先生がたぶんだから、そういうふうなあれがあったのかな……なんかあの、スライドで。

私はね、これなんだろうって、ぜんぜんわからないじゃないですか、沖縄にいて、そんな見たこともないし。ふうんと思って、質問もなんもしないですよ、ただ記憶にはあって、帰ってきて、ああれはイザイホーだったんだっていうのが。

だから、私は別に沖縄とかなんとかいう意識はぜんぜんないんですよ。要するに、なんも……だから、私いつも自分のことしか目に見えないからって言うんだけど、自分のことを考えてやっただけのことであって、なんも。だからとにかく、自分はどこにいても適応高いと私は思ってます（笑）。別に向こう（内地）に住んでもいい……たまたまだから、生まれたところが沖縄で、帰るところは自分の親のところしかないじゃないですか。だから親はタダですよ。だから、たまたま……それだけの話だから。どうしてやってるのって聞かれても、困るのよね私。

――「よく聞かれます？」

いや、聞かれるんですよ、それがね（笑）。なんでって私は思うんだけど……別になんもね。

ええとね、（若い）ときね、（マスコミの取材を）受けたような記憶が……あの人はおもしろかった……ええとね、あのＮＨＫのね、あの有名なプロデューサーが、海洋博のときにね、来たのよ……ええとほら、金城……なんだったかな、亡くなった方。あの、鉄腕アトムじゃなくてほら、ゴジラだっけ？

――「ウルトラマンの金城哲夫？」

ウルトラマンの、うん。あの人がね、海洋博当時帰ってきてて、海洋博かなんかのどっかの仕事してたはず。それで、ＮＨＫのプロデューサー、あのね、奥さんがなんとかエミさんって、衣装デザインしてる人ですよ。

――「ワダエミ？」

ああ、そうそう。その人の旦那さんが来て、なんか撮影していったんですよ。私はそんな海洋博なんか、やらんほうがいいと思ってたから、（そう答えたら）海洋博反対のおねえちゃんバイバイっていって（取材班が）帰ってったわよ。なんかの撮影でね。（紅型の）工房の撮影ですよ。私の取材じゃなくて。

――「海洋博反対だったんですか？」

だってあんなの意味がないじゃないですか（笑）。私はもともとあんまり、いやあ（大阪）万博は行きましたけれどもね。どんなもんかなと思って行ったけど。私並ぶの嫌いなもんだから、みんなね、アメリカ館の、隕石でした、あんなの並んで見るもんじゃないしと思ってたから。並ぶの嫌いだから……で、「見てきた?」って（言われて）、「見なかった」って。

一度ね、『（沖縄）タイムス』の取材の人来て、帰ったはず。だって、聞くことがね、なんていうか、もうちょっと、私は返事に困るのね。あの、なんていうの、紅型の奥を極める……奥を極めるなんて、なにを聞けばね、もうちょっとね……。だから私あのときね、いや別に労働力売ってるんですよって（笑）。だって、現実に私は職人として働いて、お給料もらってるわけだから……うん。労働力売って賃金もらって、そういう関係じゃないですか。私あんまり、言ったんですよ、あんまりほら……ぜんぜんほら、返答に困ること言われるもんだから、私がそういう返事したら、もうたぶんダメだと思ったんでしょうね、帰りましたよ。

（その記者は）沖縄の方です。えっともう、あのころで五〇近かったんじゃないですか。ひょっとして。よくほら、あんまり人の年齢も言い当てられないからわからないんですけれども。たぶん、だからね、私としては、もうこういう質問受けてね、なんていうの、やっぱりうさん臭いというか、なにを演出したいの?っていうふうにしか私は受け取れないですからね。もうあんまり……。

だから私も、だからその就職するときも、親と喧嘩したときに、いま時分学校出てなければね、安い賃金の仕事しかないよみたいなね。就職もできないよみたいな。散々、私からすれば嫌味ですよね。高校行かないで就職できないわけないじゃないですか。できないよって（言われると）、そんなの世のなかが悪いんでしょって言って。

別に……ただ、いま考えたらほら、自分が本音でしか生きていないから、人の建て前はたぶん見抜く力があるんだろうなっていうふうに、いまだったらわかります。あのころは嫌っていう印象しかないですよね、その教師に対しても、要するに嘘っぽいじゃないですか。

――「その、『タイムス』の記者が言っていたことも」

そうそう。あの、本気としてはとれないですよね。だからたぶん、自分は建て前では生きていかないし、その本音の部分でしか生きていけないから、それからするとああいうふうに。就職するときも、だから中学二年のときの先生、どうして就職するのって、いろいろ言われたわけね。こっちこうこう行ってほら、勉強してどうのこうのみたいな感じで。だからみんなそこは言うんだけど、なんのために、どうしてって聞けば、だれも返事くれないじゃないですか。

だからやっぱり、あのとき嘘っぽいなあっていうふうに思ったんじゃないですかね。それはありましたね。だから私同級生に、勉強好きなのって、ほんとにみんなに聞いてまわって。なんで進学するのって。だからみんな、いやみんなが行くからとかね。やっぱり、結局勉強しないとほら、就職が……いや、あの、はっきりいうと私、あんまり先のことは考えないタイプなのかもしれない。だから、これ行かなければ就職できないとか、ちょっと違うような気がするんですよね。

第三章　ノスタルジックな語り

一　ノスタルジックな語り

本章では、前章で紹介した生活史の語りのなかでもとくに「ノスタルジックな語り」について考察する。

本書における移動の生活史の聞き取り調査はすべて沖縄県内でおこなわれたが、沖縄で本土出身者が沖縄の人びとに本土での体験を聞くということによって、語りの場はかなり複雑な構造をもつことになった。聞き手は私という内地人で、語り手は沖縄の人びとなのだが、そこで語られているのは四〇年前の東京や大阪の話である。私は沖縄まで出かけて東京や大阪の話を聞いたことになる。

この生活史の語りのなかで、もっとも頻繁に、そして印象的に語られたのが、「あこがれて渡った本土の都市で楽しく暮らしながら、沖縄のことを思い出し懐かしみ、やがてUターンしていった」という「ノスタルジックな語り」である。ここで紹介した人びと以外の生活史の語りにおいても、数多くの望郷の物語が聞き取りの現場で語られた。語り手たちは、地理的な移動によって引き起こされた当時の望郷の感情を、数十年たったあとの聞き取りの場において、それ自体が懐かしいものとして語っていた。いわば「懐かしい懐かしさ」が語られたのである。

当時の人びとによって体験された地理的移動は、離郷と望郷と帰郷の物語のなかで定型化され、自己の一部になっていった。そして現在になってふたたび、本土から訪れた私という聞き手にむかって「懐かしい懐かしさ」が語られたのである。それはまるで、沖縄から本土へ、そしてふたたび沖縄へという身体の空間的移動を、現在から過去へ、そしてふたたび現在へという語りの時間的移動のなかで再演しているかのようだった。遠い過去の望郷を、遠い未来である現在からもう一度懐かしんで語る。「沖縄的な語り」という表現がもし許されるなら、その語りのなかでは沖縄はいつもかならず、どこか遠い場所、遠い過去にあるものとして語られる。本土就職の聞き取りの現場は、こうした時間的な遠さと地理的な遠さをひとりの語りのなかで交差させ、「沖縄的な語り」を再構築する、非常に「沖縄的な」場所だったのである。

ここで語られた「ノスタルジックな語り」は、さまざまな構成要素から成り立ち、またその語られ方も、「定型的」というには躊躇するほど多様であった。しかしそれはおおまかにいって、次の三つの重要な語り方から成り立っている。

まずひとつは、出発前の本土に対するイメージである。復帰前の沖縄の人びとにとって、日本とは

「あこがれの祖国」だった。日本は進んだ、文明的な、豊かで平和な社会で、そこに行けば「いまと違う自分」になれると信じられていた。

ふたつめは、本土社会の「楽しさ」である。沖縄的なコミュニティをそのまま持ち込んだ場合であれ、まったく単身でたくましく日本の都市での暮らしを生き抜いた場合であれ、そこにいくらかの「差別的な視線」を感じながらも、全体として本土での生活は楽しかったものとして語られた。

最後に、移動先における「沖縄的なものの再構築」としての望郷の語りである。沖縄的な文化や生活様式は、地元にいるときは当たり前のもの、興味のないもの、空気のようなものとして感じられていたが、本土での生活のなかでしだいにそれはなくてはならないもの、やがて帰っていく場所、心のふるさと、自分のルーツが宿るよりどころとして感じられていった。このような、離れてみてはじめて実感する沖縄の価値というものが、ほとんどの生活史において繰り返し語られている。ここで重要なことは、それがいずれにおいても「移動先においてあらためて再構築・再編成されるもの」として語られていることである。

それでは順を追って、語りのなかから該当する箇所をもう一度振り返ってみよう。ただし重複を避けるため引用するのはごく一部だけにする。

まず、移動者たちにとって、本土はあこがれの地であった。すでにみたように、当時の沖縄は空前の好景気に沸いており、地元に残っていても仕事はいくらでもあったのだが、移動者たちはみな自分から進んで本土に移動している。たとえ移動した先が地方の工場でも、本土とはなによりも文明であり、近代であり、物質的な豊かさであり、そして都市そのものであった。
たとえば、大阪の職業訓練学校を経て左官会社に就職した比嘉哲生は次のように語っている。

――「行く前の、本土に対するイメージは?」
ああ、イメージ……ものすごいにぎやかというイメージは(あった)。そして(実際に)行って、びっくりした。人間が多いの、すごいびっくりした。
ほんで、建物が、高いのと大きいの。その当時沖縄まだ、山形屋が何階……山形屋ぐらいだったから。(九八頁)
だから、もう最初からもう、内地には行きたかった……。(九九頁)

生活史を語るなかで、復帰前の沖縄と本土の高度成長の様子は強く印象に残っているようだった。比嘉の語りは、沖縄と大阪とを行ったり来たりしながら、ゆっくりと進んでいった。大阪の暮らしでは、沖縄で暮らしていたときには感じなかった沖縄への郷愁を強く感じたようだったが、四〇年前に大阪で故郷の沖縄を懐かしんでいた、というエピソードが、現代の豊見城の自宅の居間で、それ自体が懐かしそうに語られた。成長し激変する大阪で、けんめいに仕事をしながら、沖縄を懐かしんでいた、ということが、懐かしいのだ。詳細な数字を想起しながらここで語られたのは、帰郷後に語られる、過去のものになった望郷である。

比嘉の本土移動は、高校から紹介された大阪の職業訓練学校から、そこで紹介された職場へ移るというフォーマルなルートをたどった。かれは本土ではとくに沖縄出身者と付き合うこともなく、スムーズに本土への移住を果たし、結婚相手も見つけて沖縄につれて帰っている。かならずしもはじめからUターンする予定ではなかったようだが、結婚をきっかけとして沖縄へ帰りたくなったようだ。「子どもを育てるなら沖縄」と語っていたが、かれのなかではみずからの家族は沖縄という地とのつながりなしには考えられないものだった。

叔父の経営する大阪のスクラップ会社からスタートし、酒屋やキャバレーで働いた金城博典の場合、本土移動は非常にインフォーマルなルートをたどった。まず親戚との付き合いのなかから大阪行きが選ばれ、そこを飛び出してからはかれは完全に個人的な努力によって高度成長期の大阪を生き抜いていった。かれも沖縄出身者と付き合うことはなく、自分自身の才覚と人柄で都市での生活を切り開いていったのである。そしてまたかれも本土へはあこがれを抱いていた。

――「もともと、内地、大和を見てみよう、と思ってました？」

好奇心がある（笑）。（一一三頁）

――「復帰前当時、大和や大阪のイメージっていうのは？」

うん、だから、お互い誘うわけさ、行こう行こうって。いいとこだよ、って。どうしても行かなあかんなあって思ってからに。叔父さんのこともやりたかったし。（一一四頁）

友だち同士で一緒に大阪へ移動し、沖縄的共同体のなかからほとんど一歩も出ずに暮らした伊礼彰も、本土へのあこがれを語っている。


――「その前に、もともと本土に行きたいなっていうのはあったんですか？」

行きたかったねー。なんで行きたいと……やっぱりあこがれがあったんじゃないの？　あこがれっていうのが第一さーね。見てもみたいさーね、どういうところか……。（一三四頁）

あまり仕事をせずベンチャーズのコピーバンドに熱をあげていた新里定明は次のように語った。


――「本土に対するイメージとか、覚えておられます？　そんときの」

もう、あこがれだけさー。いろんな。やっぱり、芸能人がいる、エレキなんかもすごいだろうと、すごいバンドも、（自分たちみたいな）素人バンドよりもすごいのがいっぱいいるだろうと。ほんとにいたよ、びっくりした。うわ！（って）（笑）。（一五九―一六〇頁）

――「これ、いかがですか、お父さんに行けとか言われて。うれしかったですか」

いやあ、半分半分。でも、内地には正直、行きたかったわけさ。ああ、行きたいなあと思った。（一六〇頁）

宜野湾の保育園でインタビューに応じてくれた長嶺多津子と又吉安恵も、きわめてストレートに本土社会への強烈なあこがれを語った。

高校を卒業して……なんかね、私なんかのときはもう、東京にあこがれて、って感じだったんですよ。あこがれで。姉たちが行ってたもんでね。先に行ってたもんで、高校卒業したら、ぜひ行きたい、と。あこがれがあって、行ったんですよ。（長嶺、一七三頁）

――「本土にはあこがれてました？　やっぱり」

はい、あこがれてました。なんかね、やっぱし東京でしたね。言葉もきれいになる（笑）、きれいになる（と思ってた）。（長嶺、一七五頁）

そしたらもう、やっぱりあこがれるじゃない、（本土の）写真とか見たら。働きながら行けるってーと

か言ってね。（又吉、一九二頁）

私はもう絶対見たい、本土ってどんなところか、この足で、見たいって、確かめたい。絶対行くって感じでね。もう親があと根負けして、ふたり、（その幼馴染みの）Fと一緒にふたり、ひとりだったら行けんけどふたりだったらいいっていうことで。（又吉、一九三頁）

「沖縄的な語り」をつねに拒否し、私の解釈からいつも逃れていく語りを語った「トランジスタ工場の」宮城登紀子は、ここでもやや異なる視点から本土のイメージを語っている。

だから、とにかくシマから出たいですよね。沖縄から出るにはもう行くところ、あっち（本土）しかないじゃないですか（笑）。言葉が通じるとか、ほら。ましてや外国行くなんてことは頭にもちろんないですから。（二一三頁）

だからやっぱり沖縄はアメリカの植民地っていうのは、ほんとに目に見えて、自分たち生活してますよね。

——「そのへんも嫌でした？」

ですねえ、はい。（二一四頁）

本土という場所は、当時の沖縄の人びとにとって強烈なあこがれを抱く豊かな大都市であり、やがて帰っていくはずの母なる祖国であったのだが、また同時にそれは、敗者復活を可能にする場所、もう一度やり直せるところ、いま自分を縛りつけるものから自由にしてくれるところ、「ここではないどこか」としてイメージされていたようだ。聞き取り調査では、沖縄県内の受験に失敗してから本土への就職進学（昼間は工場などで働きながら夜間に定時制に通う形態の本土移動）を選択するパターンも少なくなかった。

「とにかくシマから出たかった」という宮城の語りが示しているのは、本土という場所が、当時の沖縄の若者たちにとって、大袈裟にいえば「現実的に移動可能なユートピア」という意味をもっていたということである。

すでに分析した多くのデータからもあきらかなことだが、当時の沖縄の経済状態からしても、「ほんとうは自分の生まれ育ったシマで暮らしたいのだが、仕事がなくて泣く泣く本土に行った」というよくある物語は現実とはかけはなれている。実際には復帰前後の移動者たちは、そのほとんどがきらびやかな大都市としての本土（実際に配属された職場はかならずしも都市部とはかぎらなかったのだが）にあこがれ、自分を縛りつけるものから解放される「ここではないどこか」へと、ふたたびUターンすることも決めずに移動していったのである——いずれその大部分がUターンしていくことになるのだが。

このようにして移動した先で、本土就職者たちはほとんどが都市部のサービス業や製造業に低賃金労働者として組み込まれていった。しかしそこでの暮らしは、やがて短期間でＵターンしていったこともあってか、あるいはまた数十年を経て懐かしい思い出になってからインタビューをおこなったせいか、過酷な排除と被差別の経験としてではなく、楽しかった青春の思い出として語られている。比嘉哲生は次のように語る。

あっちは、一年間楽しい思いしました。いろいろ、友だちできて。その友だちとあっちこっち行ったりして。河内なんかにも行ったけれど。河内長野かな。つり橋がありました。つり橋もはじめて見た、あれ。通った。はじめて通ってびっくりしたよ、揺れて。河内の……もう覚えてない、なんの川かわからんけど。つり橋ありましたよ。ものすごい揺れて。田舎だった。河内長野っていったんかな、田舎だった。ものすごく恐かった（笑）。（一〇二頁）

――「どうでした、大阪時代は。振り返ってみて。」

うん、いちばんよい時代だった。なんの心配もなく……沖縄帰ってきてからだんだん不景気になって（笑）。もう、先行きみえないよ（笑）。心配……。（一一〇頁）

金城博典の語りにおいてははじめは差別の体験として語られた本土での暮らしも、やがてそれはすべて楽しかったノスタルジックな思い出としてまとめられている。

（大阪では）楽しんできたよ。苦労っていうよりもさ、友だちいっぱいできたよ。（人付き合いは）まあ、好きだな。酒が好きで（笑）。酒飲めんかったら、人間、付き合いってできないんじゃないの。はっきりいって。ただ、昔は、沖縄出身って言いたくなかった……。ただ、昔はさ、沖縄の人って、気ぃ荒かったさ。ウチナーは悪かったよ。あの、空手習って。あんなのはしたらダメさ。大阪では。（一一二―一一三頁）

もちろん当時の本土社会でたったひとりで生きていた金城たちのような沖縄人にとって、本土社会がもてなしのよい快適な場所だったといいたいのではない。差別的視線にも言及するこの語りは、かなりストレートに本土社会の本質を語る貴重な語りである。しかし差別や排除は生活史のなかでは前景化／主題化されることなく、「楽しかった本土での生活」というノスタルジックな語りのなかに回収されていく。

だがすぐあとでみるように、この語りは、「望郷の語り」のなかでさらにもう一度ひっくり返されることになる。

「沖縄的共同体」のなかで暮らした伊礼彰も、本土の印象をこう語った。

――「どうでしたっていうのも、漠然としたあれですけど、大阪っていうのは、どうでした？」

ああ、当時、いちばんおもしろいんじゃないの、（自分の）人生の（なかで）……。

まあ、青春を謳歌した……行ってないやつが逆に後悔してるんじゃないの。こっちにいても同じ人生、向こう行っても同じ人生だけどさ。でも行ったのはよかったさーね。歳とってから行けないんだから。友だち同士なんて行けないよ。ぼくらが、遅くまで、もし向こうに残っているようであれば、みんな逆に来たんじゃないの。（一五〇頁）

大阪は第二のふるさとだから……。（一五〇頁）

ベンチャーズバンドの新里も本土の職場の印象をこう語っている。

――「沖縄出身であるということで、なんか言われたりとか、ご苦労なさったとか」

それはなかったね。うん。もうむしろ、大事にされた言うたらおかしいけど。大事にはされんけどね、別にちやほやはされんけど。気持ちよく、仕事できたなあ。（一六五頁）

長嶺多津子と又吉安恵も「琉球人お断り」などの差別の物語を語っているが、自分自身は被差別体験はないと語った。

――「沖縄出身ということで、差し支えない範囲でけっこうなんですが、なにか不愉快なこととかありました？」

あんまり自分は、不愉快な思いはしたことないんですけど、でも喫茶店なんかとか食べ物屋さんとかの前に、沖縄人お断りっていうのがあったんですよ。（長嶺、一八二頁）

――「どうですか、滋賀時代っていうのは、楽しかったですか？」

楽しかった、ほんとに青春時代。もう苦労もあったんですけどね、違う世界に。ねえ、沖縄と違うところに。でも、いい環境でいい人たちに恵まれて……。（又吉、二〇六―二〇七頁）

本土の楽しさをもっとも詳しくはっきりと語ったのが宮城登紀子である。

――「やっぱり寂しかったですか、最初は」

いいえ、とてもうれしかったですよ。よろこんで、わーわー言って（笑）。

――「泣きながらとかじゃなくて？（笑）」

いえいえ、そういうのはいっさいなかったですね（笑）。なにを悲しむの、なんて。（二一七―二一八頁）

――「とくにそのとき沖縄が恋しいとか……」

いやそれはないです。（二二四頁）

――「なんかあれですね、青春ですね。」

そうですね。いやほんとに青春ですよ。（二三一頁）

だって、ほかにおもしろいことといっぱいあるのに、なぜわざわざ沖縄の人と（笑）、つるむこともないと思わないですか（笑）。（二三三頁）

以上のように、歴史的な高度成長のまっただなかの沖縄から、本土の都市にあこがれて旅立っていった本土就職者たちは、大阪や東京での豊かな暮らしを満喫したようだ。しかしかれらの大部分はやがて数年を経ずしてしてUターンしていく。沖縄的なものは、そこに住んでいるときは見向きもされなかったが、異郷の地でそれは再発見され、再構築され、ふたたびみずからが還っていく故郷の地として語り直されていく。以下ではそうした望郷の語りを取り上げよう。

仕事も順調で友人も多く、のちに結婚する恋人すら見つけた比嘉哲生はこう語っていた。

すぐ、行って半年ぐらい、ホームシックかかったな。（一〇八頁）

――「懐かしいとか思いました?」

すごい思った、あっち行ったらすごい懐かしい……県人運動会とかありましたよ。参加したよ。県人会入ってないけど、すぐ参加できた。あの当時商品、鍋とかああいう商品をまた、走ってから、商品もらって（笑）。このへん、京橋とかこのへんにはなかったはずだけど、大正区では県人会というのがありました。（一〇八頁）

また、本調査においてもとくに印象的だったのが、金城博典の次の語りである。

――「当時、沖縄民謡なんて、聞く機会ありましたか?」

あれ聴いたらもう、涙流れるぐらい（に懐かしくなった）。ラジオ大阪とか聴くとか。（もともとは）好きじゃなかったな。まあ、（沖縄では）シチガチ（旧暦七月の旧盆）、正月（旧正月）とかあるさ。（そのときは）全部ラジオとかああいうのは、民謡さー。あんまり記憶になかったけどさ、まああの、新築祝いのカチャーシってあるさ。（沖縄にいるときには）どうって思わんかったけどな。

梅田にいたときに、たまにラジオ大阪が流した……ラジオ大阪っていうか、関西ラジオか……。やっぱり（配達の）車停めて聴きよったもんな。ああ、懐かしいなあと。あれだけはもう、やっぱり……何か帰ってないさ。田舎に。懐かしいなあ。沖縄のニュースなんかやってたら、すごく気になる。やっぱりそれから、やっぱりあれさ、あの、一〇年ぐらいいたんじゃないか、大阪に……。いろいろ仕事かえてさ。（一一八―一一九頁）

泡盛を飲みながらの聞き取りの終盤では、ひとりで経験した異郷での暮らしが語られた。生活史のなかではとくに本土での直接的な差別体験について語られることはなく、それどころか大阪での暮らしが楽しかったことや友人が多かったこと、大阪は第二の故郷と思っているということすら語られた（この表現はほかの人びとによっても語られた）のだが、異郷での暮らしで感じた「違和感」は、一〇年以上住んでも消えなかった。印象的だったのは、こうした違和感がある種の懐かしさとともに語られたことである。そこには、本土の過酷な社会で生き残ってきた誇らしさと、ふたたび迎え入れてくれた故郷への愛着、そしてなによりあれほどあこがれた本土社会への複雑な感情が渾然と同居しているように思える。

かれは軽トラで北新地や東通り、堂山の酒場に酒を配達するその途中で、おそらく梅田の街のどこかだろうが、ふとカーラジオから流れてきた沖縄民謡に、路肩に車を停めて聴き入った。流れる赤いテールランプ、盛り場の喧噪、行き交う人びとがおりなす都市の夜景のなかで、はるか南のかなたにある故郷の唄は、どのように響いたのだろうか。

また、「沖縄から一歩も出ずに」本土移動した伊礼彰もまた、意外なことに、移動後のノスタルジーについて何度も語っていた。沖縄文化は、沖縄にいるときは空気のようなもので、外に出てからはじめてその価値に気づく。かれの語りもこうした定型的なノスタルジックな語りと同じようなものなのだが、興味深いことは次の二点である。まず、宴席でのカチャーシなどの「生活のなかの文化体験」から、移動の経験のなかでレコードやテープなどによって蒸留され抽象化された「文化商品の消費」へと移行すること。そしてまたそれが個人的な体験としてだけではなく「沖縄人すべての経験」として俯瞰的な位置からも語られたということである。特定の地域の文化は、その生活の文脈から切り離され、それ自体が商品として遠隔地において流通することがある。移民や移動労働者たちが故郷の文化に手軽にアクセスできるとすれば、それはこのような抽象化されパッケージ化された文化である。移動者たちは遠隔地において、まるで外国人のように郷里の文化に接する。それはやがて、帰郷後にみずからの文化を再生産するときの土台になっていったにちがいない。とくに沖縄ブーム以後の沖縄文化の再帰的なカタログ化や商品化の源流は、この時代の本土体験にあるのかもしれない。

さらに印象的なのは、本人が「沖縄会」とよぶような郷里の人間関係をそのまま持ち込んで暮らしていてさえも、そのようなノスタルジーが発生したことである。学校を卒業してからすぐ同級生の仲間たちと、わずか一年と少しのあいだだけ暮らした大阪で、ホームシックなどほとんど感じないなかで、それでもかれらは沖縄民謡のレコードやカセットテープを手にした。当時の本土移動者たちが感じたノスタルジーはおそらく、郷里から持ち込まれた人間関係ですらも癒せないような感覚であり、明確な被差別の経験がなくてもわき起こるような感情である。

民謡とかはもう、沖縄にいるときは好きじゃないけど、やっぱ向こう（本土）行ったら好きになりますよ。（沖縄には）一七才までさーね……（それまでは）ぜんぜんじゃないけどさ、そんなに趣味はないさーね。グループサウンズの時代だったから、逆にグループサウンズのほうが魅力あるけど。向こう行ったら、民謡聞くもんね。聞きますよ。（一四三頁）

これ珍しいです……もって生まれたもんかなんか知らないけど、やっぱり離れれば離れるほど、これ懐かしさが、頭のなかにわいてくるかもしれないねー。小さいときから、その頭のなかでみんな叩き込まれているから、これが離れないんだねー。これはどこ行っても一生消えないよ。ブラジル行っても。（一四四―一四五頁）

ベンチャーズの新里定明は、インタビューの終わりに、おそらくは自身の体験にもとづくものだろうが、沖縄の人びとのUターン志向について語っている。この語りもまた、きわめて印象的である。具体的なことはなにも話されなかったが、おそらくはいろいろなことがあったのだろう、もう二度と内地には行かないと思ったという。語られた「手軽な往来」の語りは、おそらくかれの体験のごく一部でしかないだろう。なにが語られなかったのかを知るてがかりはない。一般的な「沖縄の人」に仮託して語られるノスタルジーのなかに、本土に対する根源的な違和感が込められていると思うことは、外部の観察者の勝手な思い込みにすぎないのだろうか。

もうだいたいよ、沖縄の人はよ、（本土へ）行くんだけど、帰ってくるわけよ。Uターンというか。もう若いのはかならず行ってるよ。まあ、期間は、どうであれね。かならず、一、二回は行ってる。そりゃあ、あこがれいうもんがあるじゃない？　あこがれいうもんがあるでしょ。（一七〇頁）

……かならず帰ってくるんだよ沖縄の人間は……四、五年行ったらよ、かならず帰ってくる（笑）。どんなにいい仕事してても帰ってくるもんね。仕事やめて。こっちで、失業率ナンバーワンよ、全国一よ。帰ってくるのよ。ほらもう、細々暮らしてもいいわあと思って帰ってくるわけよ、田舎がいいのよ。（一七〇頁）

長嶺多津子と又吉安恵もまた、それぞれの言葉で望郷の思いを語っている。

……あそこ（本土）でだから沖縄、わかった感じする。沖縄のことが、いろいろ、方言もあそこで、あそこで覚えた（笑）。民謡もあのにいさんがよく弾いてくれた……とっても懐かしくてね。

（沖縄にいるときは）あんまり興味なかったけど……自然もね、沖縄の自然も、こんなふつうに思ってたのを、あそこ（東京）見て、やっぱしどんより曇ってね、ああやっぱし沖縄ってきれいだったんだねって。離れてみてよさがわかった。方言も、あそこで覚えたほうが多いかもしれない。（長嶺、一八二頁）

もうね、故郷を思うと……（沖縄に）いるときは、感じないよ。当たり前、あっちこっちで聞こえてはいるもんね、あっちこっちの家から、いつも夕方なれば。やっぱり……心の故郷、みたいな感じだったね。（又吉、一九一頁）

宮城登紀子の語りは複雑であり、沖縄的なものを見出そうとするわれわれの手軽な解釈を拒否するものである。彼女はみずからが沖縄へUターンするにいたった理由をふたつあげている。ひとつは、「ここ（東京）ではもうなにもすることがない」ということと、もうひとつは「帰るところは親しかない」ということである。彼女の生活史もまた印象的である。なに不自由なく楽しく暮らした東京を、彼女はあまりにもあっさりと捨てる。一八歳や一九歳ですでにこの巨大な都市を見限ったかのようだ。東京とは、二、三年働きながら学校に通い、趣味の写真を撮り（彼女は東京でカメラを購入している）、いくつかの映画や演劇を見て、友人たちとのおしゃべりを楽しんだら、もうあとはなにもすることがないような街なのである。そして、なにもすることがなくなったときに思い浮かんだ「次にすること」が、Uターンだったのだ。

だから私は、もうなにをするかなって悩んでるときに、結局ほらもう帰るとこがないわけですから。ねえ。で、実家に戻ってきて、さあ、さりとてどうしようかなあって悩んで……。（二三五頁）

以上、ごく一部の再引用だが、「ノスタルジックな語り」について該当する語りを抜き出してみた。これらの語りを聞くかぎりでは、本土への旅は沖縄人にとって、やがて沖縄へ帰るための旅だったのではないかと思えてくる。さまざまなルートで移動を経験した沖縄人たちは、実に多様な都市生活を経験するなかで、ムラ的関係の持ち込みとそれへの埋め込みから、個人的なネットワークを駆使した生活戦略にいたる、幅広い生のあり方を通じ、都市に適応してきた。そして、本土への移動の旅を通過した沖縄人たちの多様な語りにおいて、「ふたたび見出された沖縄」のストーリーは、定型化され、何度も参照され、繰り返し語られている。また、本書に掲載した七名以外にも、男性や女性、中卒や大卒、単身就職や集団就職、東京や大阪という具合にさまざまに異なる本土移動者たちの多くが、同様のストーリーを語っていた。

移動者たちの「ノスタルジックな語り」では、まず、本土へのあこがれが語られ、都市での楽しかった暮らしについて語られた。そして――あるいは「にもかかわらず」――、もっとも熱っぽく語られたのが、異郷の地で離郷後に気づく望郷の感情、沖縄を離れたあとに本土において再構成され再経験される沖縄的なものである。あるいは家族(としての沖縄)。都市においてそれまで自然化され自明視されていた、いわば「気づかれなかった沖縄」が再発見され、多くは映画やレコードのようなメディアを通じて、あるいは三線や民謡という、民族文化のアイコンを通じて回復されていった。この語りのなかには、都市において再発見された沖縄への望郷の思いと、メディアを通じて回復された沖縄への、いわば「象徴的な帰郷」の経験が含まれているのである。

以下では、これらの「定型的な語り」としてのノスタルジックな語りをどのように捉えればいいのか、考えてみたい。

二　「繋留点」としての定型的な語り

個人の生活史のなかの「定型的な語り」から社会的なレベルのことを分析することには、なにかしら「理論的抵抗感」ともよぶべきものがつきまとう。現在の生活史の方法論に関する議論においては、定型的な語りは「権力」によって一方的につくられるものであり、それよりもむしろ、その定型的な語りを解体するような、「反定型的な語り」のほうに価値がおかれている。以下ではこうした生活史方法論における定型的な語りの批判を取り上げたうえで、それへの反批判をおこないたい。それは、定型的な語りがかならずしも権力によって一方的につくられるものではなく、それはきわめて個性的で想像力あふれるかたちで語られているからであり、そして、これらの定型的な語りによって、ある時代においてあるできごとを共有したものたちが似たようなかたちで語る語りのなかに、そのできごとを理解する鍵があるからである。

質的調査にもとづく社会学を研究するものは、それがどのような立場からであれ、人びとが語る語りに決定的な価値をおいている。だが、そうした語りというものは、個性的な話法、予想外の展開と脱線、意外な解釈、かけがえのない経験、もっとも秘められた感情にあふれている。そして、また同時に、無意識の錯誤、単純な記憶違い、矛盾、あからさまな拒否、意図的な捏造、誇張、操作に満ちているのである。まずはこれらの、定型化できない語り、「余剰物」としての語り、混沌とした個人的な語りが、生活史の理論のなかでどのように考えられてきたのか、という問題から考えてみよう。

「実証主義的生活史法」を採用する論者たちにとっては、個人の語りがもつこうした「余剰」な部分は、どちらかといえば不必要なものである。実証主義的に生活史の語りをあつかう人びともちろん、語りの余剰をはじめから完全に排除するわけではない。それらは多くのアイディアや知見、新たな認識との出会いを可能にするものとして、研究のなかで重要なものであるとされる。しかしすくなくともそうした定型化できない語りは主要な理論的分析からは丁寧に切り取られ、たとえば論文の序文や結論でエピソード的に引用される程度のものとしてあつかわれる。たとえば、実証主義生活史法研究の代表者である谷富夫は、「調査者の主体的な構え＝視点があってはじめて、それに呼応する対象のある側面が姿を浮かび上がらせてくる。視点が異なれば把捉される生活の側面も異なってくる」（谷編 二〇〇八、八頁）として、無意味に語りの余剰物に依拠しないよういさめている。生活史とは生活構造の主体による再帰的な記述であり、科学としての社会学が依拠すべきデータである。ただ、それはあまりにも多くの夾雑物を含むために、調査者はあらかじめみずからの問題関心に従ったフィルターによって、有意味な語りとそうでないものを振り分ける必要がある。こう書いたからといって谷が豊穣な語りの可能性をまったく否定しているわけではなく、むしろ逆に、たびたび言及される「高校野球沖縄代表のエピソード」(同、二一四―二一五頁)など、きわめて文学的で美しい物語から多くのものを得ているのである。

だがやはり、実証主義的なスタイルで調査をする人びとにとって、語りの余剰は示唆的で魅力的ではあるが、分析の主なプロセスからは除外されるべきものであるようだ。たとえば、実証主義といえばいいすぎかもしれないが、ダニエル・ベルトーも同じように述べている。かれは解釈学的な枠組みに従ってはいても、その実際のベクトルは断固たる客観主義者である。

……移り気なライフストーリーはあらゆるおもいつくままのストーリーのように、前に飛んだり後ろに戻ったり、近道したりする。だから、ストーリーそのものについての分析という根気のいる仕事によって、想起された〈通時的構造を再構成する〉必要があるだろう。分析者が誰であれ、そしてその解釈学的志向がどのようなものであれ、分析者はおなじ結果にたどりつかなければならない。だから、この通時的構造は言説的な客観性をあらわしている。

この客観性は、どの程度ライフコースの通時的構造に正確に対応しているのか? 記憶あるいは想起の間違い、出来事の混同、〈圧縮〉と〈移し替え〉、あるいは自発的な隠匿の結果、なんらかのゆがみがあらわれる。しかし、このようなおこりうるズレの大半は非一貫的なかたちで分析するときにあらわれるにちがいない。それはおそらくほんのわずかであろうし、ライフストーリーは、ライフコースの通時的構造をまったく壊してしまったと前提とするよりも、よい対応関係を前提としているというほうがはるかに妥当であるようにおもえる。（ベルトー 二〇〇三、一一〇─一一一頁）

条件が同じなら結果も同じ、とでもいうかのように、社会的条件を共有する特定の集団の成員の生活史を収集していけば、いずれ客観的な社会的法則を構築することができるほど飽和するとベルトーは楽観的に述べる。

だが、語りに定型性を求めるというこの分析方法は、これらの「語りの余剰」となる部分を切り捨て、かならずしも調査対象の人びとの現実を反映しているとはいえない「研究者の解釈枠組み」に、語りを一方的に押し込めるものとして、多くの論者から批判されている。

たとえば、野家啓一は、「口承言語」の多様さを、同一性という近代哲学の隘路を乗り越えるものとして評価する。

口承言語は出現するそばから消滅する一回的な「音声」を媒体にすることによって、文字言語のもつ物質的固定性ないしはテクストの自律性から能う限り自由である。口承によって伝達される物語は、その都度の話者の身体を通過することによって一種の「解釈学的変形」を被る。物語るという行為は、いわば忠実な「伝聞報告」であると同時に、話者の裁量に任された「創造的発話」でもあるのである。(野家二〇〇五、六二―六三頁)

口承言語が「文字」ではなく「音声」を媒介とするコミュニケーションである以上、話者は「常に自然の印象と記憶力によって」物語を伝達するほかはない。印象深い場面は記憶に永くとどめられるであろうし、逆に陳腐なディテールは記憶の濾過作用によって忘却されるにまかされるであろう。そこにはおのずからなる「取捨選択」の力学が働くはずである。……記憶と忘却との拮抗によって洗い出された細部は話者の想像力によって補完され、さらには聴衆の興味関心の方向に沿って膨らんで行く。それゆえ、物語は「話者」の作用と「場」の反作用とのせめぎあいとその止揚を通じて生成されていくのである。

作用と反作用とが形作る合成ベクトルは、物語の伝承の場面では「叙述の省略や敷衍」という操作をともなって具体化される。さらにはそれに、「誇張」「単純化」「転倒」「換骨奪胎」「寓話化」「引用」等々といった操作を付け加えることもできる。物語はつねにこれらの操作を介して削除されまた増殖し、「リゾーム状の生成」を続けつつ伝承されていくのである。それゆえ、物語行為は一種の「編集作業」になぞらえることができる。物語の語り手は「作者」ではなく、い

わば「編集者」なのである。（同、七三―七四頁）

たしかに野家が明確に主張するように、人びとによって語られる生活史の語りは創造的発話であり、語り手と聞き手との社会的相互作用のなかで生み出されるものであり、そこには誇張や単純化、転倒、換骨奪胎などが必然的に含まれるのである。

生活史の語りとは、孤独な書斎で唯一の作者によって書かれる文字言語ではない。そこにはかならず、虚偽、間違い、装飾などが存在する。それだけではなく、語る作業が書く作業よりも編集する作業に近いという野家の指摘のとおりであるとすれば、そもそも語られている語りを語り手に（あるいは語り手の生活構造に、階層に、ジェンダーに、経歴に、エスニシティに）帰属させる、ということにも危険がないとはいえない。たしかに、生活史の語りには人生の記録だけではなく、引用や借用も数多く含まれている。「それはいったい誰の語りか」という問いを問うことは、生活史の調査においては「してはいけないこと」なのかもしれない。

さて、このような性質をもった生活史の語りだが、構築主義とよばれる人びとのなかには、ある種の社会変化と個人の語りとを結びつけて論じる人びとがいる。

ケン・プラマーは、ゲイやセクシュアル・マイノリティたちが自分たちの性を語るその語りが、近年になって変化していると述べている。性というものは近代人にとって自己のアイデンティティの核心的な部分に位置するものであり、性を述べるということは自分自身を述べるということなのだが、この語りが近代的な「大きな物語」から、個々の多様性や実存を重んじる「小さな物語」に変わってきたと主張している。とくにそれは、カミングアウトのストーリーにおいてみられる変化である。みずからのセクシュアリティを否定し、のちに自覚し、最後に肯定して真の自己にいたるというカミングアウトのストーリーは、それ自体すぐれて近代的な「マスター・ナラティブ」、あるいは「定型的な語り」なのである。

性的苦難と性的生き残りという近代主義者のストーリーは、二十世紀の最後の何十年かにわたって驚くほどなんども繰り返し述べられてきた。それらは、苦難、カミングアウト、生き残りという、迫力ある一貫性をもった線形のプロットからなるストーリーであり、結局は、旅、家郷、達成というすぐれて原型的なストーリー・テリングに合致する。……

だが、いまや私たちは世紀末にいる。歴史は移行期に入りつつあり、そこではいくつかの旧来のストーリーが、ナラティブ世界での強固な支配力を部分的にしろゆっくりと失ってゆく。きわめて多くの人びとが過去数十年間示唆してきたように、私たちが異種の社会秩序へと移動しているとするならば、古くからのストーリーと並行して異種のストーリーが現れると期待できるかもしれない。(プラマー 一九九八、二七六頁)

ある種の構築主義者たちは、われわれが「前調査的」にもつ解釈枠組みや理論的道具立てなどは、個々の存在の多様性を否定し枠にはめるという意味で、ともすれば抑圧的な権力として作用することを強調している。たとえば、ゲイなどのセクシュアル・マイノリティのコミュニティでも、まず全体社会のヘテロセクシュアルな枠組みやカテゴリー化として作用する大きな物語が、ゲイたちを「異常者」として閉じ込め、差別する。それだけではなく、そうしたマジョリティの抑圧に抵抗するためにコミュニティにおいて流通しているモデル・ストーリー（たとえば「理想的なゲイのカミングアウトと自己の目覚め」のような）までもが、それに当てはまらない個々人のミクロでささやかな体験や実感を否定し型にはめてしまうのである。

言語論的に転回したあとの社会学理論としての構築主義では、権力や差別はなによりもまず言語の問題である。権力とは、言語や認識を規定するカテゴリーの力であり、したがって権力に対する抵抗とは、ある大きな物語の語りを解体し語り直すことである。この点についてプラマーよりももっとはっきり述べているのが桜井厚である。かれにとっては、大きな物語と小さな語りとの関係はただ単に後期近代になって「そうなった」という時間的な配列のなかにあるだけのものではない。かれにとっては小さな語りは大きな物語よりも――あるいはそうした小さな語りを取り上げることができる「ライフストーリー・インタビュー」は、実証主義的な調査法よりも「政治的によりよい」ものなのである。

ライフストーリー・インタビューが、そうした新しい声やストーリー生成の契機となる場になりうることには、十分な注意をはらっておく必要があるだろう。インタビューの相互行為は、語り手の個人的な経験をマスター・ナラティブやモデル・ストーリーを参照し、借用しながらライフストーリーに編成していく過程と考えられる。そのライフストーリーのなかに、とまどい、矛盾、非一貫性、沈黙などの亀裂がみられるときは、新しい声やストーリーが生成する兆候を指し示すときなのかもしれない。（桜井二〇〇五、五一頁）

語りには大別すると、支配的文化が保持しているマスター・ナラティブ（ドミナント・ストーリー）と、それに同調したり対抗したりするコミュニティのモデル・ストーリーがある。こうしたストーリーは、あるときは個人のアイデンティティ形成や行為の動機を提供するが、また、あるときは多様なストーリーを抑圧する権力としても作用する。語りのなかで、ドミナント・ストーリーやモデル・ストーリーに対して使われる、揶揄、哄笑、冗談、照れ、笑いなどは、自分の個別的なストーリーをそうしたストーリーへ回収されまいとする語り手の〈個別化＝主体化〉の実践なのである。そして、そのような実践こそが、新しいストーリー生成の契機になる潜勢力を秘めているといえないだろうか。（桜井二〇〇二、二八八頁）

ここであきらかなように、桜井厚にとって「とまどい、矛盾、非一貫性、沈黙」「揶揄、哄笑、冗談、照れ、笑い」などは、支配的なマスター・ナラティブやモデル・ストーリーに対する抵抗である。

関西の被差別部落で長年フィールドワークをおこなってきた桜井にとって、マスター・ナラティブとはたとえば「部落を一般化しカテゴリー化する差別の語り」であり、モデル・ストーリーとは、「部落解放同盟などによって作り上げられてきた解放の語り」である。後者について桜井は、その運動史上の価値を十分に認めながらも、多様な部落民たちの実存をカバーするものであるというよりもむしろ、それぞれの存在をある一定の向きに方向づけるものとして考えている。それは名づけられない被差別の感覚に名前を付け、部落の人びとをエンパワーするものでもあったが、同時に「理想的な部落民」像をつくることによって、部落の多様な語りの可能性を否定するものでもあった。

また、倉石一郎も、ある教員が書いた在日朝鮮人教育の「実践報告」のテクストを批判的に分析し、そこにふたつの「語り方」が存在すると見抜いている。

> 実践報告の語りは、共同性を備えた文化的行為（反復としての語り直し）であるとともに、ズレやきしみを顕在化させ、新たなテキストを準備する営み（創造としての語り直し）でもあった。特に「語り直し」の後者の側面は、実践報告が自閉した言語ゲームに陥ることから防ぐ「自浄作用」を持つとともに、複雑なものを理解可能な単純なものに変換する通常の物語機能とは逆に、単純な見かけの事象を複雑化し、新たな意味創出の契機となりうることも示唆し、興味深い。
>
> （倉石二〇〇七、二四五頁）

ところで、こうした「小さな物語がもつ解放の機能」という物語は、最近になって精神療法の分野でも広く受け入れられつつある。精神医学が提供する科学的な言説は、医学的言説がもつ権威にもとづいてさまざまな当事者の多様な状況を「患者の症状」として固定化する。しかし、当事者たちの語りというものは、それ自体で解放的な作用をもっているのである。

まず、病理と治療を客観的事実とみなすモダニストの物語が捨て去られ、ひとつの文化的神話として捉え直される。そして、治療者が病因と治療について卓越した知識をもった科学的権威であるという見方に疑問が投げかけられ、その安定した地位は足もとから掘り崩される。セラピストの物語は、文化が用意する無数の可能性と並立するものとみなされ、他に抜きん出るものではなく、単に、他と異なるものとみなされる。さらに、クライエントのストーリーをセラピストの用意する固定的で限定的なストーリーに置き換えるというやり方も再検討されなければならない。複雑で豊かな細部をもつクライエントの人生を、生活状況とかけ離れた単一の既成の物語へと変形していくことは、セラピストの狭い仲間内以外では通用しそうもない。最後に、クライエントに劣等感を抱かせ欲求不満にさせる従来の地位序列も正当化されるべきではない。セラピストとクライアントは、お互いに使えるものを持ち寄ることで関係を形成し、それによって未来を切り開くのである。（ガーゲン／ケイ 一九九七、一九七―一九八頁）

ここでの治療者と当事者という二項対立は、生活史調査における聞き手と語り手、研究者と調査対象者という二項対立に対応している。複雑で豊かな細部をもつストーリーを医学的言説の枠に閉じ込めることが禁止されているだけではなく、語りの現場における役割の非対称的な構造それ自体が批判されているのである。ここにおいてはっきりと示されているのは、大きな物語と小さな物語という理論的対概念が、権力をもつものともたざるものとの関係に正確に対応しているということである。

以上のように、解釈枠組みにすんなりと収まらないような複雑で豊穣な「小さな物語たち」は、押しつけがましく抑圧的なマスター・ナラティブやモデル・ストーリーへの抵抗として捉えられているのである。全体としてかれらが、われわれの解釈枠組みから外れるような語り、予想外の表現や理解、意図せざる効果などを、定型化された語りよりも重要視していることはあきらかだろう（それがかれらの「実際の分析」のなかで活かされているかどうかはまた別だが）。

桜井厚のような構築主義者たちは、近代や国家という大きな歴史と構造のなかで生み出され強制される大きな物語をある種の言語的な権力として捉え、われわれの日常的でミクロな生活史の語りをそれへの抵抗として捉えているのだが、その根拠となるのが、実際に語られる語りの多様性である。われわれの世界をみつめるまなざしを規定し、認識を方向づける無意識の枠組みそのものを、小さな物語は解体し脱構築する。生活史の聞き取りとは、あらかじめ解釈者が知らないうちに用意するそうした枠組みが壊されつくり直される過程である。

だが、語り手が語る語りを、大きな物語への抵抗としてだけ捉えるのは一面的である。まず、大きな物語がわれわれの生活世界から独立してその外部に存在する、という考え方を疑うべきである。しばしば生活世界は、「社会システム」と対立して把握されるだけでなく、システムの論理によって外部から侵略され、その本来の姿を変えてしまったものとして（社会学者によってさえ）表象されるのだが、これは構築主義において大きな物語とそれに抵抗する小さな物語という二項対立として再現されている。この二項対立という（それ自体が大きな物語であるような）解釈枠組みは、要は、大きな物語と小さな物語とを本質的に異なるもの――前者は外部から注入されるイデオロギーで、後者はそこから独立した自由意思、といったような――として前提しているのである。しかし、大きな物語もまた、われわれの日常生活において語られ続けることによってはじめて存在しうるのである。つまり、いかに近代的な物語であっても、それはわれわれ生活者によって欲望され、習得され、新しくつくりかえられ、つねに語られ続けているのである。本章でいくつか紹介した語りの例をみても、大きな物語と小さな物語という区別には意味がない、ということがわかるだろう。これらの語りのなかでは、定型的な語りはそれぞれが非常に印象的で個性的なかたちで語られているのである。

語りに対して権力はもっと複雑なかたちで作用するし、抵抗のあり方ももっと複雑である。「近代の強固な一体性」が「ポスト近代の多様な異種混交性」へと移行するというストーリーは、それ自体きわめて近代的で線形的な、ある意味で社会進化論的な「大きな物語」である。押しつけと抵抗のプロセスも、ある特定の歴史的状況においてそういうことはあるだろうが、多様な語りをそのように一律に解釈すべきではない。大きな物語に抵抗する小さな多様性という考え方は、「かけがえのない個人」という、それ自体すぐれて近代的な概念をこっそりと導入することにしかならないのである。

桜井厚にとっては、定型的な語りとは権力によって「強制」されたものであり、イデオロギーによってゆがめられたものである。「かけがえのない個人」の経験を理解しようとすれば、定型的な語りとは邪魔になるものである。かれにとって定型的な語りとは、単なる「マスター・ナラティブ」あるいは「モデル・ストーリー」でしかない。桜井はなんらかの定型的な語りを過剰に言語論化された権力論の視点から否定するだけではなく、そもそも語りのなかにいかなる「定型的なもの」を見出すことをも批判する。そしてさらに、語りがそのように社会的に規定・規制されていること、あるいは別の言い方をすれば、語りが社会的なもの——あるいは「現実」——を反映したものであることを否定している。

かれは、語りを「現実と関係しているもの」ではなく「語られたもの」としてだけあつかおうと主張する。その実際のエスノグラフィーのなかでは、かれはしばしば（被差別部落などの）「現状」について参照・言及しており、その方法論的主張と矛盾するところも多いのだが、ここではとりあえずその方法論的な議論だけを取り上げるとすれば、簡単にいえば語りをつねに「引用文」としてだけ取り扱うべきだと主張していることになるだろう。極端にいえば「引用文」としての語りにはそれに対応するいかなる現実も存在しない。それはただ、「このような語りが語られた」といっているにすぎないのである。

だが、本章で参照した生活史から浮かび上がってくるのは、まさに都市の沖縄人の、生活と適応の戦略の多様性であり、そして「定型的な語りの多様性」である。それぞれに個人的で多様な都市での経験を、多くはオリオンビールや泡盛を傾けながら語りながら、きわめて多くの語り手たちが、定型的な望郷と再発見の語り、ノスタルジックな語りを語っているのである。

沖縄という場所はつねに特殊化・他者化され、しかもそれはあこがれや賞賛といった肯定的な感情（あるいは欲望）とともにそうされてきた。したがって、まず第一に、そうした他者化するカテゴリー化から少しでも距離をおき、多様なもの、柔軟なもの、主体的なもの、ふたたび（あるいはまったく新しく）構築されるものとして、つまりは脱－カテゴリー化という企てのもとに沖縄を考える必要がある。この必要性を十分に認識したうえで、さらに問わなければならない。あの諸々の定型的な語りは、いったい「どこから」やってくるのだろうか？

あるいはこう考えるべきなのだろうか。それはそのように言語化されたなにものかなのであって、それがそのまま「経験そのもの」を指示しているのではない、というように。フィールドワーク、とくに生活史調査の難しいところは、いったいわれわれは話し手の「生活」をみるのか、それとも「語り」を聞くのか、ということにあるのだが、この両者は離れがたく結びついている。いやむしろ、生活史というものに対するアプローチの仕方によって、この両者の区別が生まれてしまうのである。その意味ではこの区別は、ほかでもない調査者＝聞き手がつくりあげてしまうものなのかもしれない。したがって、定型的な語りを、沖縄人の「経験そのもの」としてあつかわないほうがいいのかもしれない。

桜井厚は「同型的な語り」について、次のように述べている。たとえば、被差別部落の解放運動に参加するなかでみずからの被差別性に目覚めた、といった同型的な語りは、生活そのものの同型性ではなく、そのように経験の語りを組織化する「語りの共同体」の存在をあらわしている、と（桜井二〇〇二、二四六―二六三頁）。

これではむしろ「語りの共同体」の存在を実体化することにならないか、という批判はともかく、語りと経験（あるいは語りと「世界」）とを直接対応させるようなやり方に対して桜井は最大限慎重であろうとするが、この慎重さはたしかに理由のないことではない。ここで問題となっている都市における沖縄人たちについても、その適応戦略だけではなく、そもそもその戦略・経験・生活を語るその語りそのものが、多様で複雑で流動的で、状況に規定されながらも状況を規定するような再帰性を備えている。たしかにそれは世界をうつす鏡ではない。言語は透明ではないのだ。それを使う、ということは、より積極的なおこないなのである。

したがって、語りがある方向にむけて構造化されている場合、まず考えるべきは語りをそのように言語化する力（「語りの共同体」）の存在である。桜井は部落解放同盟などの社会運動を考えているようである。あらゆる社会運動は単なる物質的な利害だけではなく、ブルデューの言い方を借りれば「象徴的な利害」をめぐっても争われるものである。つまりそこでは「世界の語り方」もまた賭けられている。どのように世界を定義し、どのように世界について語るかという「政治」は、おそらく物資的な利害と同じくらいか、あるいはそれ以上に重要な賭け金となる。したがって「世界の語り方」

が、ある力によって動員され一定のかたちに構成されることは、珍しいことではない。

しかし、構造化され定型化された語りに関するこうしたモデルは、つねにどんな場合でも当てはまるわけではなく、当てはめることが妥当なこともあれば、そうでない場合もあるだろう。とくに戦後の本土就職者たちの場合、どこまで適用できるかどうか疑問である。つまり、あえて単純化していえば、ここで聞き取った七名の方々は、ほとんどがなにかの運動団体などの特定の社会運動、あるいは共同体に所属した経験をもたない。時代が時代だけに一時的にデモに参加した程度の経験は語られたが、とくに個別の運動団体のメンバーだったものはほとんどいない。なかにはごくかぎられた親戚以外はまったくひとりで大阪という街で生き抜いていったというものもいる。たしかに、マスメディアなどを通じてわれわれは経験をなんらかのまとまった物語へと構成することもあるだろうが、そうしたメディアからの一方的な作用という概念は、生活史法における主体性という概念とはなじまない。ナラティブを共有することでエンパワーされたり世界の新しい認識に到達することはありうるだろうし、そのような場合は特定の共同体の存在が重要となるだろうが、個人の力によって生き抜いてきた本土移動者の語りにこの単純なモデルを当てはめることに、私は躊躇してしまう。だとすれば、これらの定型的な語りは、「どこから」くるのだろう。

構築主義的生活史法を自らの出発点としながらも、私がどうしてもそれに対し一抹の不安と違和感を抱いてしまうのには、もうひとつの理由がある。それは、語りの「事実性」に関してである。要するに素朴実証主義では「事実か事実でないか」という基準で判断されていた「語りの事実性」、あるいは別の言葉でいえば語りの「真理値」は、構築主義生活史法では強く否定されており、そこでは真理値を「空白」にすること（あるものが「真」か「偽」かを判断しないこと）が求められている。つまり、素朴な実証主義では、「真実」を語った語りだけをデータとして採用し、そうでない語り、曖昧さや矛盾点、あるいはあきらかな虚偽や幻想を含むような語りは、注意深く分析から排除されることになるが、構築主義生活史法で問題となるのは「なにを語ったか」ではなく「どう語られたか」となるために、そういった「ノイズ」を除去せず、語りの「真理値」は空白のままおかれるのである。いいかえれば、調査者＝聞き手は、語りが「真実か虚偽か」という問題に関しては、そのどちらともとらず、オープンな態度を保持する必要が主張されている。

おそらくはこうした理由から、定型的な語りをそのままなんらかの社会構造によって産出される共通体験をあらわすものとしてあつかわない、構築主義の独特の理論的構えが導き出されるのである。定型的な語りをそのまま経験と対応させてしまえば、これまでの沖縄研究における「沖縄を他者化・特殊化するまなざし」が陥ってきた「生の多様性の抑圧」が、ふたたび復活する危険性が生まれるのである。語りを徹底的に語りとして扱うことで、構築主義生活史法は大きな成果をあげてきた。このことを考えれば、桜井厚の定型的な語りの扱い方には、理由がないわけではないのだ。

しかし、まさに調査の現場で「なにがおこなわれているか」を考えるとき、構築主義の理論的な困難があきらかになる。

私は泡盛やオリオンビールを飲みながら、語り手との相互構築的なリアリティ産出の場に、ひとりの大和人として立ち合った。そのような場で語られた定型的な語り、おそらくそれは大文字の「沖縄」なるものに関しての語りだったのだが、そのような語りが語られる場に立ち合い、リアリティの相互構築過程に参与したのだ。私の大和人＝調査者としての数多くの質問や相づちは、おそらく調査現場での相互作用を、大文字の沖縄人について語らせる方向に、誘導しただろう。聞き取りにおいて語られた「ノスタルジックな語り」のあの複雑な構造がつくりだされるプロセスにおいては、私もまた一定の役割を果たしているのである。

しかし、調査者としての私は、単に会話をある一定の方向に（語り手とともに）構造化しただけではない。調査現場に参加することで私は、そこで語られた大文字の沖縄というものに「同意」したのである。つまり私は、聞き取りというコミュニケーションの場において語られた沖縄というカテゴリーに対し、その場ではその真理値を空白にすることなく、それを真実のもの、いいかえれば、世界になんらかの指示物をもっているものとして、その言葉にむかっていたのである。

ところで、このようにして私は聞き取りの現場でそのつど真理値を埋めていく作業に参加していたのだが、調査がいったん終了したあと大阪に戻り、論文を書くにあたって、真理値をふたたび空白のままにしておくということが、いかなる一貫性をもちうるのだろうか。

通常の会話の形式を保ったままでおこなわれる聞き取り調査の現場において、たとえば「沖縄の人びとは大半がUターンする」という発言は、一定の根拠をもち、現実となんらかのつながりがあるものとしてあつかわれる。そのあと調査者が研究室に帰って、その発言をなんら現実と対応しないもの、ただ所与のコミュニケーションのなかで「自己提示」や「モデルストーリーへの抵抗」としてだけ捉えられるものとしてふたたびあつかうことは正当だろうか。語りに対して誠実な態度で臨む、ということは、それが真であれ偽であれ、現実になんらかのかたちで関係し、「ほんとうのこと」あるいはそうでない場合は「間違ったこと、偽りであること」としてあつかう、ということである。いいかえれば、語りを正当にあつかうということは、おそらく通常の統計データや文書資料などと同じようにそれをあつかうということである。なぜなら、言葉というものが話されるときわれわれは、鍵括弧を外して引用文から地の文へと転換することで、その真理値に「コミット」しているからである。

たとえば、新里定明によって語られた、沖縄人の「Uターン志向」についての語りを思い出してみる。彼のその部分の語りは、「沖縄人の〈習性〉」についての語りというモードによって語られていたが、「沖縄人は必ずUターンするのだ」という部分で、私は（スクリプトを見ると）そうですね、と答えている。

つまり私はここで、沖縄人のUターン志向について完全に同意しているのだが、このあと私はこの語りの真理値を空白にすべきなのだろうか？　これは戦後の沖縄が経験してきた、あの巨大な歴史的変動をあらわしたものではなく、ただ単にそれは語りの共同体によって定型化された語りであって、そうしたナラティブを使用することで語り手はなにか（アイデンティティの呈示といった）別のことをしていると解釈すべきなのだろうか？

あの沖縄人のUターン志向に関する語りは、あの聞き取りインタビューの場、沖縄本島のさとうきび畑の真ん中にある赤瓦屋根の自宅で、深夜にいたるまでおこなわれた、あのインタビューの場で、私に対して「投げかけられた」のである。私はたしかにあの場のコミュニケーションに参加したのだが、参与者としての私の仕事は、調査終了後にあの語りの真理値を空白にすることなのだろうか、それとも、統計データや資料を用いてマクロな構造なるものに言及することで、カテゴリー化の危険を犯しながらも、あの調査の夜に語られた「沖縄人に関する〈理論〉」についての会話を、私なりに「続けていく」ことなのだろうか。

要するに、生活史調査における「反-カテゴリー化のアポリア」とでもいうべきものが、ここで発生しているのである。会話を通じてわれわれはカテゴリー化をともなうリアリティの構築をそのつどその場で達成している。この現実構築の場面で起こっていることについての構築主義的な理論は、実は語られたことの真理値を空白にしたままにすることで成り立っているので、実際にその調査コミュニケーションに参加した私にとって、どこかしら首尾一貫しないように思えてしまうのである。

あるいはまた、このように問うことも可能だろう。われわれはつねに「なにか」について語っているのではないだろうか。われわれは「語り」を語ることができるのだろうか。つまり、われわれは、文の最初から最後まで引用符を付けたままで語ることができるだろうか。語る、ということは、引用符の括弧を外すことではないのだろうか。

おそらくここでは、「社会的」という語のふたつの用法がぶつかりあっている。ひとつは、単純に科学的で単線的な法則論的理解を踏み越える過剰な不規則性をもつものとして、語りが「社会的である」ということがいわれる。だが、これとは別に、われわれは、歴史的な変動や集団的な共通経験によって語りがある一定の方向に規定され再編成されるという意味において、語りが「社会的である」と述べることもできる。後者の意味において「社会的である」という語を使用するとき、ある意味においてわれわれは、語りと「現実」を関連づけて論じるために、収集した定型的な語りの鍵括弧を外すことが必要になるのである。

沖縄での聞き取り調査において、本書で紹介したものだけでなく、ここに含めなかった数多くの語りにおいても、同じように定型的な語りが語られた。すなわちそれは、「本土にあこがれていた」「自分から進んで本土就職した」「とくに不愉快な体験はしなかった」「本土での生活を楽しんだ」「本土にいた時代はよい思い出だ」「それでも本土で沖縄が恋しくなった」「三線や民謡などの沖縄的なもののよさを再確認した」「いずれは帰るものだと思っていた」「沖縄の人はみんないずれは故郷に帰るものだ」といったような語りから構成された、「ノスタルジックな語り」である。こうした定型的な語りは、さまざまな場面においてさまざまな意図・技術・文脈・政治・戦略・感情のもとで語られた。あるいは、それだけでなく、これらの語りは、さまざまなねじれ・歪曲・錯誤・脱線・矛盾・忘却のもとでも語られた。だが、それだけこれらの語りが、それぞれの個別的な状況で個別的に語られたからこそ、それらが「定型的である」という事実が際立つのである。

このような定型的な語りは、私という日本人の、沖縄を特殊化・他者化するまなざしが構築した「だけ」のものなのかもしれない。構築主義者からすれば、それが語りの場で語られたことそのものは事実なのだが、それらのあいだに同型性をみてとるということ自体、あるカテゴリーに語りを閉じ込めることになる。われわれが目を向けるべきはより多様で複雑な個人の経験とその語りであり、そこに統一的な物語を単純に当てはめてしまえば、調査者はまさに「聞きたいことしか聞いていない」ことになってしまう、というわけである。

まず第一に、われわれは、こうした定型化された語りがほんとうにイデオロギーや政治的言説によってゆがめられ編成されたものでしかないのかを疑うことができる。前章において、本土就職の体験とは一見無関係のような語りまで含めて記録したのは、定型的な語りというものが、実は多様なものや過剰なもの、あるいは断片的なものや個人的なものの語りのなかにこそあらわれるということを示すためであった。語りのなかにあるさまざまな矛盾やねじれ、ゆがみ、錯誤などは、つねにわれわれの解釈をすりぬける。だが、それは同時にまた、それらが「権力に染められていないかけがえのない経験」を直接的にあらわすものであるという、それはそれで素朴実証主義と同じくらい素朴な個人主義的で自由主義的な構築主義イデオロギーの解釈をもすりぬけて、いとも軽々とあの定型的な語りを再生産しているのである。つまりここでは、定型的な語りが、非常に個人的で想像力豊かな、あるいは断片的で矛盾さえするようなやり方で語られているのである。こうしたとき、たとえどれほどの「政治的正当性」があったとしても、それがイデオロギーによって統制されているにすぎないということは非常に困難である。

このノスタルジックな語りの構造、つまり、強烈なあこがれをもって自発的に移動し、さしたる直接的な被差別の経験もほとんどなく、むしろ楽しくさえあった本土での生活を経て、なぜか大部分がきわめて自然にUターンしてしまった、というこの語りは、結論を先にいえば、次章での歴史的資料の分析から浮かび上がる戦後の沖縄人の「同化主義的な他者化」のプロセスそのものをあらわしている。それは単に、そういう構造的特徴や歴史的変動を直接反映し、それによって統制され編成されただけの受動的な語りなのではない。一九四五年から一九七二年にかけて沖縄の人びとが体験した、ある種の共通のできごとを、それぞれの個人的で個別的な生活史の、想像力豊かな語りのなかで、もう一度「再現」しているのである。そのような語りは、それぞれに多様であるままで、あくまで沖縄人の「歴史と構造」に「つなぎとめられている」。それは沖縄というものが、日本とのある歴史的な位置づけに、ある構造的な関係に「つなぎとめられている」ことを語っている。また、それは、沖縄と日本との「歴史と構造」について語ることで、調査者に対して、沖縄と日本との「歴史と構造」を語るよう求めており、それによって調査者自身の語りを（あるいは「理解」を）そのような「歴史と構造」に「つなぎとめる」。それは「言語の内側」にむかって「言語の外側」を「つなぎとめている」。もちろんそうした言語の外としての「歴史と構造」に、どうしても出たいわけではない。ただ、この場合、言語の内側にとどまろうとすることそのものによって、言語の外側に出てしまうことになる、そういう事態がここで発生しているのではないかということである。

生活史におけるこのような定型的な語り、あるいは定型的な語りをめぐるこのような事態を、語りの「繋留点」とよぼうと思う。われわれの、生活史を収集しそれについて記述するという実践にとって、このような繋留点はどのような意味をもっているのだろうか。おそらくそれは、多様な生の経験や多様な人びとのつながりについての多様な語りを集めることでしか到達できないし、その意味で、繋留点はいつも否定的にしか姿をあらわさないものなのだろう。それは定型化された語りそのものを目的とした聞き取りでは、かえって繋留点としてはあらわれてこないだろう。そのときにはただ単に、説明されるべきもの、解釈や理論化を受動的に待っているものとしてしかあらわれてこないだろう。ただわれわれが、多様なもの、構築されたものとして生と経験を捉え、そのようなものとして語りに接近するときにのみそれは、いわば否定的に姿をあらわすのかもしれない。

この沖縄での小規模な調査を通じて、たとえば「たくましい沖縄」「抑圧された沖縄」「差別された沖縄」「癒しの沖縄」といったカテゴリー化を徹頭徹尾拒否するような語りばかりに出会った。そうした調査を通じて、ふたたび私の前にあるのは、そこから自由になりたかったはずのカテゴリーである。あのさまざまなノスタルジックな語り、たしかに本土移動者たちの個人史のなかで経験された、戦後の沖縄と日本との関係のひとつの再現なのである。

大阪にシマ社会的結合関係をそのまま持ち込み、奇跡的な「小さな沖縄」で暮らしていた伊礼彰が、なぜ、どのようにして、決して安くはないはずのレコードやテープをわざわざ買い集めるようになったのだろうか。たったひとりで大阪の夜の世界をたくましく生き抜いていった金城博典の耳に、梅田での配達仕事の途中にカーラジオから流れた沖縄民謡は、どのように響いたのだろうか。

このようにして、われわれは「戦後の本土移動とはなんだったのか」という問いに、ふたたび引き戻されることになるのである。戦後の沖縄の本土移動、あるいはもっといえば、戦後の沖縄的アイデンティティの形成過程を考えるうえで、こうしたノスタルジックな語りは決定的に重要である。それは、あこがれとともに始まった同化主義的な移動が、大規模なUターンへと、つまり「他者化」へとつながっていったことを、それぞれの語り方で語っているのである。ここでわれわれは大きな問題にぶつかることになる。過去から直接に継承されるわけでもなく、また差別や暴力への抵抗から政治的に動員されるわけでもなく、むしろ文化的にはきわめて同化主義的な労働力移動が、なぜ大規模なUターンという帰結を生んでいったのか、という問題、本書全体を通じてあきらかにしたかった問題である。

第四章　本土就職とはなにか

一　過剰移動——戦後沖縄の労働力移動における政治的要因

本章では、生活史における「ノスタルジックな語り」をさらに深く理解するために、いくつかの歴史的資料や新聞記事などにもとづき、戦後の本土就職は沖縄の人びとにとってなんだったのか、という問題について議論を進めたい。

以下では、本土就職がフォーマルなかたちで始まった五〇年代終わりの、琉球政府労働局を中心とした関係各部署の動きを、さまざまな歴史的資料や報道記事から再構成し、過剰移動の政治的要因について考える。戦後の沖縄の歴史的な事情から本土就職は制度化され、琉球政府労働局、文教局、各学校、職安、在日沖縄県人会、沖縄地元メディアなどを巻き込んだ大規模な「本土送り出しシステム」が構築されていったのである。このような琉球政府の職安・学校、またはマスメディアや輸送会社などを含めた地元民間企業や本土受け入れ先企業によるシステムの構築は、「本土移動の制度化」として捉えられる。本土移動の制度化によって、本土移動という選択肢が現実のものとして県内求職者にとって出現することになったのである。この移動の制度化によって、さらに本土移動が促進されていくことになる。

関係者への聞き取りなどから再構成すると、第一回集団就職の概要は次のようになる。本土就職の再開が最初に計画されたのは、在阪沖縄県人の有志と、大阪のいくつかの企業主たちによってである。大阪には戦前からの大規模な沖縄人コミュニティがあり、すでに戦後早い時期から沖縄との交流が再開されていた。計画の中心となったのは沖縄地元メディアの在阪記者、大阪の沖縄県人会の幹部たち、そして大阪府下の製パン・製麺組合の事業主たちである。一九五七年一二月の第一回目の集団就職は、その人数こそ一二二人と少なかったものの、すぐに琉球政府や日本政府を巻き込んだ大きなプロジェクトに発展していった。

しかし当時の琉球政府は外交権をもたなかったために、直接日本政府と交渉することができなかった。本土への労働力送り出しの手続きのために、半年かけて米民政府と交渉したといわれている。米民政府による許可を得てから、琉球政府労働局のスタッフたちが積極的に本土との調整をおこなった。送り出し直前の一九五七年一一月から一二月にかけて、当時の労働局長が本土に視察旅行に出かけている。主な議題にはこれから始まろうとしている本土就職が含められていた。その帰国報告では、以後の継続的な労働力送り出しのために、「本土の職業斡旋連絡事務所」「就職寮」「在日沖縄県人を中心とする年少労働者受入団体」の必要性が主張されている。「本土では、官民とも沖縄からの雇用受入れについては、非常な熱意をしめしているので人選を厳格にし、早急にテストケースとしての第一陣を送り出すつもりである。／特に本土でも定着性が心配されているので、その点が人選の要点となる」（『沖縄タイムス』一九五七年一二月三日。以下、とくに断りがないかぎり『沖縄タイムス』からの引用については日付だけを記す）。まず受け入れ側の態勢づくりの必要性が、そして送り出す労働者の人選にも慎重にならなければならないことが強調されている。労働局が本土への労働力の送り出しをいかに重要視していたかがわかる。また、この出張報告会見では、労働局の人員と予算の増額も主張されており、本土就職によって本土との直接のパイプを構築し、琉球政府内での存在感と発言力を高めたい労働局の思惑も窺える。

さて、初回の本土就職では当初二〇〇名近くが募集されていた。この求人に七〇〇名ほどが応募したといわれている。七〇〇名という数字が多いか少ないかは意見の分かれるところだろうが、本土就職がスタートしたころの労働局のスタッフのあいだでは、のちにみるように本土からの求人に対して充足率が非常に低いことが問題とされていた。これは本土の都市的世界に対する前近代的な恐怖感のあらわれであると把握されていた。この点に関しては次節の議論で立ち返る。

この集団就職ではまずはじめに一九八名が採用されたが、出発直前になって多くの現地企業の労働条件などが問題とされ、沖縄側が設定した基準に沿って不適格であると判断された事業所への就職は取りやめになっている（一九五七年一二月四日）。送り出しに際して労働局がかなり神経質になっていたことがわかる。このため本土へ向かう労働者は一二二名（パン見習工六八名、製麺見習工五四名）に減ったが、事業所の数が三分の一になっているにもかかわらず人数はそれほど減少していないところからすると、労働条件に関してリスクをともなう小規模の事業所への送り出しが中止になったということが推測される。

他方で、大阪の側でも受け入れ態勢が整えられていった。いくつかの資料によれば、大阪市南区（現在の中央区）にあった「琉球政府大阪物産斡旋所」が現地連絡先となり、主に在阪沖縄県人会の幹部たちが現地身元引受人になっていたようである。送り出された労働者たちの詳細なプロフィールはいまのところ不明であるが、全員男性の若年労働者である。大阪ではこの労働者たちは一名から数名の小さな集団に分けられそれぞれの事業所に配属された。

主な事業所の所在地は、生野区（猪飼野《いかいの》、勝山通、新今里、桃谷など）、阿倍野区（阪南町）、大正区（南恩加島《おかじま》、三軒家西、大正通、北泉尾《いずお》）、大淀区（長柄《ながら》中通、天神橋筋など）、東淀川区（瑞光、上新庄、豊里など）、此花区（四貫島《しかんじま》）、旭区（大宮など）、東成区（大今里）、港区（市岡）、浪速区（西関谷など）、南区（空堀《からほり》など）、住吉区（粉浜《こはま》、苅田《かりた》など）、南河内郡、吹田市、堺市、松原市、貝塚市、守口市、八尾市、豊中市である（以上、地名はすべて当時のもの、「琉文手帖」新城栄徳氏所蔵の資料などによる）。

それぞれ地域ごとに県人会幹部メンバーなどが「世話役」として現地での面倒をみることになっていたが、就職後に頻発していたと思われるトラブルに現実にどのように対応していたかはあきらかではない。そもそもこの後援団体を結成するプロセスで主導権やトラブル時の責任の所在をめぐって当事者間でもめごとがあったとも報道されており（たとえば一九五七年一二月七日）、こうした現地の後援組織がどの程度の実効性をもっていたかは疑わしい。しかし、いかにそれが形式的なものでしかなかったとしても、戦後の混乱・復興期を経てようやく沖縄と本土との交流が再開されようとしている時期において、さまざまな障害をひとつずつ乗り越えながら、沖縄と本土とをつなぐ努力が、こうして多くの人びとを巻き込んで始まっていったのである。

一九五七年一二月二一日、琉球政府労働局労政課長と大阪から出迎えにきた製パン組合幹部とに引率され、那覇港から大阪商船白雲丸に乗って一二二名の労働者たちが大阪へ旅立った。ほとんどが中卒の、一五～一七歳の若年男子労働者であった。那覇港ターミナルでは盛大な壮行会が開催された。琉球政府から行政副主席、労働局長、職安課長などが出席し、地元メディアでも大きく報道されている。

二一日に出港した白雲丸は二四日の朝七時半に大阪港に到着した。大阪では府下の各職安課長など行政の代表者、県人会関係者、受け入れ企業関係者のほか、多数の報道陣がつめかけた。労働者たちは午前一〇時に上陸、製パン組と製麺組に分かれ、それぞれの事業所に引き取られていった。

年が明けてすぐ、コザ職安は本土就職した五八名に対して、「家庭あての便りで本土の気候、生活の違いで淋しい思いをしているとよこしたのもあり、落伍者をだすとあとの就職にもひびくので激励文を送ることにした」と報道されている（一九五七年一月一七日）。同じ時期に那覇公共職業安定所から就職者へむけて出された手紙には次のように書かれている（□は判読不可能）。

……諸君はこの日から社会の一員としての団体行動を秩序よく守り航海中もよく上司の支持に従い、無事目的地に到着し、大阪府労働部始め雇用主側郷土出身先輩ならびに関係団体の絶大な歓待を以って迎えられ各職場に安着したとの新聞、ニュース等を見聞きし我々は諸君を送り出した甲斐ある今日を目頭の熱くなる思いで感激に堪えません。

諸君は「勝って来るぞと勇ましく誓って国を出たからは」この古い軍歌の教えではないが一生懸命働き必ずや一人前の技術者いや、立派な人間になってお目にかけますと□の父母兄弟と三々九度の誓いを交し、友人知人親戚、関係団体の歓声に送られて□□□□□□□□□□立したからには必ずや初期の目的を貫徹し、父母兄弟は勿論、全琉球□□又は日本各関係団体の期待に反しないよう一生懸命に全力を尽くし、守礼の邦で生を受けた沖縄青少年のほこりを以って□□□□□□□□□くようおねがい致します。

諸君の今日ある活動如何は全日本の関係団体が非常な興味と注目を以って常に諸君を見守っている事を忘れないで貰いたい。

又、諸君の活動如何が後に続く沖縄数万の後輩の就職の運命を決定する試金石でもありますので諸君は尚一層の決意を新たにし沖縄青少年の純情と忍耐力を十二分に発揮して後輩の橋渡しに努力して頂くよう特にお願い致します。

如何なる職場でも健康第一主義でありますので異郷の気候には十分に気を付け健康に留意の上

使命を全うし得るよう御奮闘の程を御願いして止みません。（新城栄徳氏所蔵の資料より）

また、時期はずれるが、琉政労働局の広報誌『琉球労働』によれば、一九五九年三月の集団就職第一陣送り出しの際にも那覇港ターミナル前広場で壮行会が開かれたが、そこでも立法院議長、文教局長、労働局長以下多数の労働局職員が出席し、行政主席代理が挨拶したほどである。ターミナルから離れていく白雲丸には「本土就職おめでとう」という垂れ幕が下げられ、多数の見送りとのあいだに紙テープが渡された。以下に引用するのは当日の行政首席代理の激励の言葉である。

……一九五七年十二月、戦後第一回の集団就職者を送り出して以来神奈川県、静岡県、京都府、大阪府などで諸君の先輩達が一生懸命働いておりますが、職務成績がよく各地で好評を得て居ります。

諸君は新聞紙上で既に知っていると思いますが、日本本土では沖縄青少年の評判を聞いて続々雇い入れの申込みが来ております。従って今後諸君の働き振りの如何によって将来沖縄の青少年が日本本土に進出する上に大きな影響を及ぼすことになります。

……即ち諸君は、これから気候風土は勿論、生活様式、言葉使いさえ違う各府県の人達と一緒になって働くのでありますから他府県出身のお友達とも仲良く働いていただきたいのであります。それぞれの職場で働かれる上に楽しいことも苦しいことも、又は嫌なことなど、いろいろな経験をなさることと思いますが、世の中で成功した人や偉い人は、みんなこのような体験に耐えてきた人達であります。

……諸君は各職場において、沖縄青少年の真価を高めて模範工となり後に続く後輩のためにも頑張っていただきたいのであります。

日本本土では各機関が諸君の赴任するのを待っておりますが、各関係機関が諸君の一切の世話に当たることになっており、何一つ心配することはあ《マ》ません《マ》。このような温かい親心に報いるよう立派な働きをさ《マ》せ《マ》ることをお願いします。（『琉球労働』五巻五号、労働局、一九五九年）

第一回集団就職のことは、当然のことながら非常に大きなニュースとして『沖縄タイムス』でも何度も取り上げられている。

大阪の製パン、生麺工場に引取られていった沖縄青少年百二十二名は「はじめて会う主人や新しい同僚など、なにからなにまでうってかわった環境で本土の一夜をあかしたが、故郷のことや将来を思いさびしかった。……」と元気に語っている。

雇用主の家族も同僚達も沖縄からきたというので非常に親切で、夜具も寒いだろうとよけいにかさねられたし仕事のことや、寒さに対するていねいな教えなど、なんだか済まないような気がする。今朝顔を洗うとき水の冷たいのにびっくりしたが、大阪弁の聞き取りにくいのや、沖縄と

写真１　本土就職者 350 人を見送る人びと。1968 年３月、那覇港にて

出典）『写真に見る沖縄戦後史』沖縄タイムス社、1972 年、105 頁。沖縄タイムス社提供。

ちがってすべてスケールが大きく、車や人間も多く皆が忙しそうにしているのに驚いている。

　これに対し雇用主（八名）は「みんなすなおではきはきしているので喜んでいる。少年達のいうことは良くわかるが、こちらの大阪弁になれないでなかなか了解しにくいようだ。なるべくゆっくり話すように心がけている。……」（一九五七年一二月二七日）

　昨年暮、大阪へ集団就職した沖縄の青少年たち百二十二名は仕事についたのもつかの間、あわただしい正月を迎え、お雑煮にしみじみと新春の喜びを味わい、数えきれないほどの夢を胸に、なれない仕事もまた楽しいものになっているようだ。堺市〇〇〇〇一の一〇〇製麺〇〇〇〇〇さん方にきた〇〇〇〇君と住み込んでいる〇〇〇〇〇君はこの気分を沖縄の人たちにも味わせたい。希望を実現するまで頑張ろうと決意、まず今年は定時制高校に通うこと、来年はオート三輪の免許を手にすることだ。そしてみっちり働いて店の信用を得て後輩たちを内地へ引っ張る捨石になることだという。（一九五八年一月七日）

ここで描かれているのは、前近代的な沖縄と近代的大都市である大阪との対比であり、気候風土や言葉の差異、本土移動の困難と希望の両極、慈悲に溢れる温情的な雇い主と従順で熱心な沖縄少年たちの美談的な関係、そして今後も継続していかなければならない本土就職の先方隊であることの覚悟（「後輩たちを内地へ引っ張る捨石」）である。これらのイメージは七〇年ごろまでのメディアや行政の広報などに頻繁にあらわれる。このイメージのもっとも奥底には、われわれはどうしても本土へ行かなければならないという理屈抜きの信念があり、そしてその信念を取り囲むようにして、本土と沖縄との、自然や文化、社会にまたがってあらゆる領域であらわれるさまざまな格差に対する畏れや、その恐怖を個人やあるいはせいぜい対面的な人間関係の範囲のなかでの努力で乗り越えようとする、ほとんど悲壮ともいえる覚悟が存在する。

以上、第一回集団就職の経過をやや詳しく再構成してきた。ここで問題としたいのはやはり、これらの新聞記事や行政の報告書に何度も何度も姿をみせる、この悲壮感である。人数だけみればわずか一二二名の第一回本土就職だが、それは琉球政府あげての一大プロジェクトとして企画され、実現にむけて多額の予算と労力が費やされたのである。こうした行政の姿勢は、たとえば前述の手紙や激励文にもはっきりとあらわれている。当時の沖縄にとって、本土就職は単なる労働力移動ではない。それは、現在からは想像もつかないほどの重い意味が込められていたのである。初期の集団就職の制度化のプロセスにおいてみられる琉球政府スタッフなどの「悲壮感」は、大規模な市民運動としての復帰運動の思想と無関係ではないだろう。ここでは日本は「約束の地」として表象されており、その労働力移動政策は単なる経済政策を超える意味づけをされていたのである。

さて、ここからは、そうした琉球政府の意味づけを探るために、当時の行政広報や報告書のテクスト、および『沖縄タイムス』の記事を分析しよう。もちろん琉球政府といっても一枚岩ではなく、また行政の広報や報告書によって本土移動の政治的な意味づけを完全に探ることも難しいのだが、それでも当時の沖縄において本土移動が政治的・行政的領域においてどのようなものとして定義されていたのかを、部分的にでもあきらかにすることができるだろう。

琉球政府から大きな期待をかけられた本土就職だったが、当初は労働局スタッフが思うほど本土就職希望者が集まらなかったようである。本土からの求人数に対する求職者の充足率は、当時まだ非常に低いものだったが、むしろこの低さは沖縄の移動可能な労働力の数に比べて本土からの求人数が多すぎたためのものだと解釈したほうが合理的だと思われる（たとえば一九七〇年には人口一〇〇万足らずの島に一〇万を超える求人が殺到している）。しかし琉球政府スタッフはそのような解釈はしなかった。労働局にとってはむしろ、「バラ色の未来」が待っている本土就職を避けるのは、無知や偏見や根拠のない不安感・恐怖感からくる、非合理的な、それゆえ矯正が必要な沖縄の人びとの態度のあらわれであった。以下のテクストに労働局スタッフの苛立ちがみえる。この苛立ちは、本土就職が制度化し新規学卒労働者の大半が本土へ流出する六〇年代後半になっても続いていた。

これは生徒さんや、父兄の方々が、本土就職について十分わかっていないためだと思われるので、情報がわかるにしたがって、どんどん希望者が増えてゆくものと思われる。（『広報琉球』一九五九年二月号、三八頁）

本土就職への障がいとして、経済的に余ゆうがなく、わずかの費用も出せずに、応募しない者、事情がよくわからないために、親の承諾が得られない者その他いろいろあります。（『やさしい政府だより――琉球のあゆみ』官報情報課、一九六〇年、四頁）

本土における産業経済の発展はすばらしいものがあり、更に技術革新による雇用の変化などからくる単純労働者の需要激増は、琉球の労働市場に大きく作用して、本土からの求人数はうなぎ上りの増加をみている。しかしながら各機関を通じてその充足に労働局では全力を上げているが、充足率は僅かに二五パーセントに満たない状況にある。それは琉球の失業、潜在失業者の数並びに琉球の労働市場から考えて、あまりにも求職者が少ないようである。それについては求職者自身また父兄に於いて戦後の日本の産業経済の実態がよく把握されていないこと、学校における進路指導が徹底していないこと、更には現代青少年が、みかけの、背伸び経済生活環境に育ち、目に映る中味のない（米人などの生活を見て自分達の生活と錯覚）生活を夢みていることから、勤労精神に欠け、就中職業に対する意欲の問題から来ているとみられる。（『琉球労働経済の分析』労働局調査課、一九六〇年、三五―三六頁）

このように本土就職者の充足率の低さは、まだ島外へ出いく不安という心理的な面が大きく作用していることとまた本土企業の労働条件に対する一つの危惧も手伝っているものと考えられる。（『労働白書』労働局職業安定部労働調査課、一九六五年、一二二頁）

このように求人に対する送り出し状況の低い原因はまず、高校、大学への進学率が高まってきたことと、本土就職への父兄の理解が低いこと等が考えられるが今後の本土送り出しの大きな問題を投げている。（『琉球労働』一二巻三・四号、労働局、一九六六年、六五頁）

こうした苛立ちの背景には、琉球政府当局が抱える、若年人口の増加に対する不安感が存在する。すでに確認したように、五〇年代後半の沖縄経済は基地関係需要などで好調な伸び率を示していたのだが、労働局は県内で産業を振興し余剰労働力を域内で吸収しようとはしなかった。かわりに、あくまでも本土への労働力移動を政策的に推し進めていったのである。奇妙なことに、失業率の低さや成長率の高さは度外視され、ただ戦後の若年人口の大幅な増加だけがアノミーをもたらすものとして危惧されている。

多くの後進国から共通的に過剰人口に悩まされていると同様にわが琉球も人口の大きさと経済力とはアンバランスであり過剰人口の圧迫はひしひしとわれらの身近に蔽いかぶさっている。……われわれが当面する問題は、現在すでにかかえている八十万という膨大な総人口に食ぶちを与えて養う他に働かねばならない労働力人口に職域を与える問題、即ち雇用問題が大きな課題として顕在化しつつあるということである。……膨大な人口の激流の正体は単なる総人口の増加だけではつかみ得ないことに気がつくであろう。激流の主要部隊は薄桃色をした赤ん坊の部隊ではなく緑の衣を装うた幼少の部隊でもなく実はそこに成人してすでに一人前になった藍色の青壮年部隊が圧倒的な比重をもって渦巻いているのが目にとまるだらう。（『琉球労働』三巻三号、労働局、一九五六年、八頁）

このテクストからは、戦後のベビーブームで激増する若年人口そのものを社会問題として捉える行政の当事者たちの恐怖心や不安を読みとることができる。停滞する農村社会だった戦前の沖縄を知る当時の琉球政府の幹部職員たちにとっては、急激に都市化し産業化し、人口を激増させる戦後の沖縄の社会変動は、まさに未知のものだったにちがいない。ここでは若年人口は、沖縄の資源を食い尽くすイナゴの群れのようなものとしてイメージされている。

……琉球の過剰人口はややもすれば住民経済発展の重荷となり、生活水準の向上を圧迫し、累積してきた住民生活のゆがみをますます大きくするおそれがある。

人口問題の脅威は、戦前においては今日ほど強く意識されなかったのであるが、第二次大戦はその事情を一変させた、われわれは一切のものを失い、人口だけがすごい勢でふえ人口の重圧は今後も続くであらうことは殆ど決定的である。何んとなれば戦後、労働力人口が急速に増加しているにもかかわらず増加する就業人口の大部分は生産性、収益性の低い産業部門や企業に吸収されているので住民の生活水準は国際的水準に遥かに及ばず、その上住民の上下階層間のひらきを一層拡大してゆく傾向をもたらしている。（『琉球労働』三巻三号、労働局、一九五六年、一二頁）

とにかくまだまだ高い出生率と低い死亡率はともに膨大な自然増加となり、一九五八年一二月現在の人口は八四万七〇〇〇人に達した。このような人口増加は現在より以上に労働市場を圧迫し、ますます狭苦しいものにすることは自明の理であろう。

人口の激増に対する解決策は究極的には経済規模の拡大、産業構造の近代化による雇用の拡大及び日本本土への就職と移民事業の振興によって経済に適合する適性人口の計画化が要請せられ

る。（『琉球労働経済の分析』労働局調査課、一九五八年、一五頁）

本土への就職は、人口問題の解決策としては、多額の資金を伴う海外移民と比べて〝金のかからない移民〟あるいは〝雇用移民〟といわれる程大きく期待がかけられている……。政府（労働局）にはすでに二千人の採用申し込み……があり、沖縄側が政策的に強くおし進めそれに沿う準備と対策を十分考えれば三千人の本土送り出しも決して不可能ではない。これは数において海外移民にも匹敵し、しかも金がかからないという政府財政負担の面からみても、人口問題の解決と照らし合わせた国策的な大事業として取り上げるべき重要性は充分にあるといえよう。……青少年の本土就職により、労働力人口の絶対数を減し《ママ》てゆけば失業者の数が少なくなり政府が行う失業対策率業《ママ》にも予算をかける必要もなくなり、政府の予算によって救済を受ける人達の数も少なくなり政府の財政負担を少なくすることができる。（白川英男・労働局職業安定課長「本土就職の現況と今後の課題」『琉球労働』六巻二号、労働局、一九五八年、二一―三頁）

こうした人口増加と貧困という問題の過大評価とそれへの恐怖心は、当時の沖縄の好調な経済事情とは矛盾しているのだが、琉球政府の当局者たちのリアリティのなかで反転し、祖国への同一化へむかう欲望へと変換されていった。

一九五四年から一九五五年頃は、軍からの求人も相当あって、中学校や高等学校を卒業しても、職に困ることはなかったが、年が経つにつれて、就職はむづかしくなり、今では少々の技術があるだけでは、仕事にありつけない状態である。政府では、これに対処するため、経済振興五ヶ年計画によって、経済規模の拡大を図り、失業者の吸収を図っているが、毎年約二万人の割で、増えていく人口に対し、雇用量の増加が伴わず、特に、年々学校を卒業して、新しく社会に出てくる数は、需要をはるかに上廻っており、青少年の失業者が増加していく現状であります。

失業対策としては、企業を興して失業者を吸収することや、海外移民等がありますが、これは、多額の資金と日時を要するので、当面の問題解決策として、本土へ労働市場を求めることが最も肝要であり、人口問題の解決策、その他に直接本土とつながることともなることにかんがみ、本土の労働市場開拓について、四、五年前から計画し、本土の状況を調査して、準備を進めてきましたが……。（『やさしい政府だより――琉球のあゆみ』官報情報課、一九六〇年、四頁）

「直接本土とつながること」を欲していた労働局の積極的な介入と本土移動のフォーマルな制度化のプロセスをみれば、この大規模な「雇用移民」がある種の「政治的意図」のもとで促進され、整備され、宣伝され、「制度化」されていったことはあきらかである。

さて以下では、一九五八～五九年ごろの『沖縄タイムス』の記事から、この制度化のプロセスを描いてみたい。

すでに述べたように、琉球政府労働局、在阪沖縄メディア、沖縄県人会など関係各方面の努力によって実現した本土集団就職だが、このプロジェクトを軌道に乗せるためにはまだ越えなければならないハードルが数多く存在した。しかし労働局はきわめて積極的にこの課題に挑戦していく。以下、この間の記事から再構成してみよう。

初回送り出しを無事終えた五七年一二月からわずか二ヵ月後、労働局は本土労働省職業安定局の事務官を沖縄に招き、今後の本土就職の促進のための事務的な協議をおこなっている。まずはここで問題となったのは、本土求人側の労働条件と、送り出しのための旅費を誰が負担するかということである（一九五八年二月一三日）。この問題に対する本土労働省の対応は早かった。五八年二月二一日の全国労働力需給調整会議を経て、賃金や労働時間など、詳細な雇用条件を設定し、各都道府県の職安と琉球政府労働局とが直接折衝してその年の労働者送り出しを円滑に進めることを、全国の職業安定所に通達しているのである。

求人者は社会保険、失業労災各保険に加入している事業所であること、被採用者を良好な環境に住込ませる余裕があること、雇用条件給与、労働時間職場の環境などがその地域の同種事業場より下回らないこと、また選考と採用についてはつぎのようになっている。

求人受理後、各職業安定所は、本土での取り扱い同様、求人費用、副本などを作製、これを各都道府県管轄当局でまとめて琉球政府労働局へ送る。……赴任旅費は出来るだけ全額求人者に負担してもらう。やむをえない場合でも半額以上は負担する。……すべて各都道府県の職業安定機関と琉球政府所轄機関との間で前記のルールを通して軌道にのせていく。(一九五八年二月二五日)

本土経済は高度成長期に突入しており、若い労働力を欲していたことから、本土労働省も迅速に対応したのだろうが、第一回送り出しから三ヵ月に満たないこの時点で、事務的な手続きのかなり細かいところまで次々と決定されていったのは驚きである。これは、沖縄と日本がこの問題に関して非常に高い関心をもっていたことをあらわしている。とくに通達のなかで強調されていることは、本土労働者と比べて沖縄出身者の待遇に差をつけないということである。おそらく沖縄から流入する労働者が、中小企業を中心とした比較的労働条件の低い職場に吸収されていくことが、すでにこのとき予測されていたのだろう。実際に関係者の懸命な努力で始まった第一回集団就職だが、全体としてその本土就職を祝賀するムードの記事があふれるなかで、ごくわずかだがその労働条件の低さに言及している記事がある。以下は詩人の藤島宇内《うだい》が当時の『沖縄タイムス』に寄稿したエッセイの一部である。かれは当時話題になっていた暴力団による沖縄での人身売買に本土就職をたとえている。

大阪の少年集団就職も、実情はやはり沖縄からならひどい待遇でも雇えるということから出た話のようだ。……大阪の中小企業は、他の県によびかけても求職者がないくらい待遇がわるいのできらわれているのです。だから沖縄へよびかけたらしい。……形は全然ちがうけれど底に横わっている問題は、最近さわがれている沖縄から大阪への人身売買とも通じるところがある。
（一九五八年三月四日）

さて、このような若年労働力へのニーズを抱えた本土職安は、次々に沖縄で求職者を求めるようになっていく。たとえば、もともと戦前からの集住地を抱えてつながりが深く、第一回集団就職でも受け皿となった大阪を除けば、各都道府県の職安のなかでももっとも早かったのが、東京、神奈川、そして兵庫である。労働省が全国の職安に出した沖縄への求人についての通達をふまえ、人手不足に悩みつつある各都道府県の職安がそれぞれ琉球政府労働局にアプローチしていった。二月の通達からひと月もしないうちに、兵庫県が労働局に問い合わせをしている（一九五八年三月一五日）。そしてこの東京や神奈川、兵庫に続いて、あっという間に全国から求人が殺到する。これを受け、琉球政府労働局でも各地の職安を拠点として、本土就職希望者の掘り起こしと適性検査をおこなっていくのである。

労働局では、十九日からコザ職安を皮切りに那覇、名護の各職安で新期卒の本土就職希望者を対象に職業相談と職業適性検査を始めているが、十八日神奈川県日立造船からの正式求人を始め、本土各県から続々求人連絡があるので、来る廿四日までには本土の各職安あてに就職相談書を送る予定である。

神奈川県十八日日立造船所神奈川工場から新期中学卒の造船見習工一名の求人があった。……

船賃は自己負担だが本土内の汽車賃は会社持ち、三年間養成期間で五年後には月給一万二千五十円となる。

兵庫県十八日兵庫県労働部から中学卒男子六百三十六人、女子二百六十一人、高校卒男子十九人、女子一人計九百十七人の求人連絡があった。

愛知県現在約二千人の求人があるが、今月ごろ愛知県小野労働部長と村松県会議員が来島、新期卒業者の採用について打合わせることになっている。

またその他東京、大阪から沖縄出身の青少年をぜひ受け入れたい、という連絡があり、労働局では、さきに調査した約二千人の島外就職希望者を再調査し早目に求職状況を各都道府県に送ることになっているが、いままでの求人状況からみて相当数送り出せるとみており、来年度からは軌道にのり希望者は全員送り出せる、とみている。（一九五八年三月一九日）

一二二人を送り出してからわずか半年で、一〇〇〇人規模の求人が殺到しているのである。しかし事務手続きなどさまざまなレベルで存在したハードルをひとつずつ除去する作業がまだ必要であり、琉球政府労働局も必死になって本土労働省や各都道府県の労働部と折衝を続けていく。この事務レベルでの活発なやりとりは、日琉の行政の一体化を促進し、のちの復帰運動を準備するものだったのかもしれない。一九五八年六月五日に労働省で開催された全国の「新規学校卒業者の就職対策会議」には、琉球政府の駐日代表事務所長が出席し、今後の本土就職の受け入れへの協力を要請している。こうした全国会議に琉球政府の代表者が招かれることからしても、日本政府から沖縄出身者の本土就職に大きな期待がかけられていたことがわかる。

ところが、第一回集団就職のメンバーのなかから、わずか半年後に自殺者がひとり出ている。

「集団就職の少年工電車に飛込み自殺」

十八日あさ零時すぎ、京都市下京区吉祥院〇〇〇国鉄東海道線西大路駅西〇〇〇〇付近で西明石発の京都行普通電車に〇〇〇〇くん（一七）＝大阪市生野区〇〇〇〇一ノ十六〇〇製パン会社店員＝が飛び込み自殺した。〇〇君は昨年十二月大阪へ集団就職した百二十人の一人で「沖縄では一人前にあつかってくれたがこちらではみなつめたい。自信がなくなった」との遺書を残している。（一九五八年六月一九日）

労働局ではこの事件から深刻なショックを受けたようで、すぐさま声明を出し、本土に青少年労働問題担当の職員を常駐させることにしている。

大阪への集団就職した一少年の自殺事件は、今後の本土－沖縄間の就職あっせんや就職前後の補導問題に教訓を与えているが、関係当局では、本土就職が軌道にのりつつあるおり、こうした事件がおきたことは、今後の就職にも大きく影響するのではないかと憂慮している。

送り出しにあたった労働局では、十九日あさ緊急課長会議を開き今後の対応について協議した結果、係職員を現地に派遣、調査にあたらせるとともに就職後の補導を強化することをきめた。

（一九五八年六月二〇日）


青年の自殺は各方面にショックを与えたが、若年労働者の本土移動を通じた日本と沖縄との一体化は、この事件では止めようもなかった。同年九月ごろにはすでに、本土送り出しにかかる基本的な要領案が提出されている。それによれば、琉政労働局は中高を管轄する文教局や各学校と協力し、あらかじめ地域の職安や学校で職業相談をおこなうこと、そして年末には県別職種別の求職者一覧表を作成し、求職者を送り出す前に職業訓練をほどこすことなどが決められている（一九五八年九月二日）。

そして同年九月二八日、琉球政府労働局の座間味局長が本土へ出張し、大阪と東京の関係機関と協議を重ねている。局長はまず大阪で当時の赤間知事のもとを訪れ、大阪府の労働関係部署の部課長に沖縄出身少年の受け入れを要請し、地元沖縄県人の案内で第一回めの集団就職で来阪した少年たちの職場を視察している。大阪では『沖縄タイムス』の記者の取材に対し、課長級の職員を東京の駐日代表事務所と大阪の「雇用連絡所」に配置すること、また通勤寮を設置することなどについて語っている（一九五八年一〇月一日）。座間味局長は先の自殺した少年について、出張中の談話のなかで次のように触れている。「不まじめ」「職安に迷惑をかけた」「未熟」というこの語りを読むと、かれの自殺はまるで「ささいなトラブル」だったかのようである。

一般に沖縄の青少年はまじめで、優秀だという定評があるが、なかには不まじめなものがおり、職場を逃げだしたり自殺をしたりして職安にとても迷惑をかけたことがある。この問題を解消するにはまず厳重なる人選であり、その方法として学校の先生も立ち会いで行うようにする。……精神的にまだ未熟な少年が異国の土地を踏んでホームシックになりそれが原因で職場を逃げだすとか自殺をはかるという事件がよくある……。（一九五八年一〇月四日）

この局長の本土出張ではさまざまなことが議題に上ったようだが、もっとも大きな成果としては、まず「集団就職については沖縄も他府県なみに全国労働力需給会議に参加する」ことと「本土就職者からの家族への送金の実現については労働省と基本的に意見の一致をみた」ことであろう（一九五八年一〇月二〇日）。各都道府県の職安による広域職業紹介が可能になってから、日本では地方から都市への新卒労働力の移動が活発になっていくが、その労働力移動を調整する全国レベルの会議に、この年から沖縄の代表が正式に参加できるようになったのである。これはいよいよ高度成長期の日本の離村向都の雪崩のような労働力移動に、沖縄の若者たちがっちりと組み込まれていくことを意味している。また、日本政府との折衝によって、それまで本土就職を拒む最大の理由とされていた沖縄への送金の道が開けたことは、本土就職を拒む心理的ハードルがひとつ除外されたということだけでなく、当時B円からドルへ移行したばかりの沖縄にとって、円という貴重な外貨を得るチャンスでもあった。

このようにして、自殺や失踪という「落伍者」にもかかわらず、着々と本土移動は制度化されていった。ここで何度も強調しておかなければならないことは、初期の本土移動が、琉球政府労働局やこの間のニュースを驚くほど詳細に報じた地元メディアなどによって、非常に積極的に掘り起こされていたことである。この年の一〇月からは、沖縄の各地域の職安の職員たちが中学や高校を自ら訪問し、本土就職希望者の掘り起こしと面接をおこなっている。

コザ職安では来年中学を卒業する人々の中から、本土に集団就職を希望する生徒の巡回面接をおこなっている。就職後の落伍者が出ないように慎重な人選をというわけで、来春からは事前に学校と、職安で調べたデータを中心に本土側でも適材適所の配置を考えるという。宜寿次《ぎすじ》コザ職安所長は「これまでに送り出した人たちの中には、いろいろ事件をおこしたものもあったが、今後は十分な事前選考によって落伍者を出さないようにしたい。各学校を回ってみて感じたことはどの学校も非常に熱心だということだ。立派な少年たちを送り出したい」と語っている。
（一九五八年一〇月二四日、ルビは引用者による）

集団就職が始まって三年目となるこの年になっても、学卒予定者やその親たちのあいだで、本土移動に対する警戒感は非常に強かった。たとえば、五九年春の第三回送り出しにむけて職安が希望者を募っても、六〇〇人を超える求人に対して求職者が二一五人しか集まらなかったという。これに危機感を抱いた座間味庸真労働局長は、琉球放送のラジオを通じて市民たちに本土就職への積極的な応募と協力を呼びかけている。

　このように本土からの求人申込数の半分にも満たないという状況では折角の日本本土の心遣いにそっぽを向けるということにもなりかねない。実際の送出までにはあと三か月の準備期間があり政府としても全琉的に本土就職の促進のための月間運動を進めることになっているので関係者は十分この計画に協力していただきたい。（一九五九年一月五日）

　局長談話のなかにもあるように、五九年の一月は本土就職促進月間に定められ、労働局は「宣伝班」まで組織して、さらに活動を展開していく。一月二〇日には名護の文化会館講堂で、北部方面の中学校や高校の就職担当教員、労働局次長、名護職安の所長と係長、宜野座地区教育長、名護地区教育長などが集まり、「本土就職促進会議」が開催されている（一九五九年一月二一日）。沖縄本島のなかでも「やんばる」と呼ばれる北部地区は農業中心の貧しい僻村が多く、高度成長期に入っていた沖縄においても就職口が少ないとされていた。本土就職の希望者を掘り起こすには格好の土地だと判断されたのである。

　また、本土への送金という問題に関しても、琉球政府駐日代表部の働きかけで、現行法や条例を変更せずに、現場の柔軟な判断によってなしくずしに可能にしていったようだ。たとえば、横須賀では、横須賀職業安定所と横須賀郵便局のあいだで、この送金に関する制限を運用面で徐々に撤廃していくことが合意されている。

……本土からの送金には、南西諸島為替取扱規則によって沖縄の家族が生活に困っているとか病気の場合に限られ、金額は三か月以内で百ドルのワクがきめられている。……こんど駐日代表事務所、横須賀職業案内所、横須賀郵便局の話し合いで横須賀市に就職中の少年工四十三人のためとくに家族の窮状を知らせる通知がなくても駐日代表事務所の送金証明だけで送金手続ができるようになった。

送金のワクは、規則通りだが、こんご継続的に送金できるわけで、駐日代表事務所では、こんご各地の集団就職もこれと同じく取り扱ってもらえるよう折衝するといっている。（一九五九年一月二七日）

五九年春に実施する五八年度の集団就職は、五七年一二月の第一回から数えて三回めになるが、一月末ごろまでに正式な求人が七〇〇〇件以上に達していた。二月一〇日、琉球政府労働局は「全琉職業安定所長会議」を開催し、三回めとなる集団就職の最終的な送り出し数を三二五名と決定している（一九五九年二月一一日）。また、このころ、本土企業と直接個人的なつながりをもつ沖縄人が、いわば「闇ルート」で本土就職を紹介することが広がりつつあったが、これが労働条件その他でトラブルを引き起こしており、労働局が職安の公式なルートをかならず通すように警告を発するということがあった（一九五九年二月二七日）。一方で積極的に本土就職を促進しながら、他方で同時に労働局がコントロールできない職安以外のルートによる職業紹介を禁止していったのである。

第三回めの送り出し数をとりあえず三二五名確保したのだが、当該年度の目標は五〇〇であり、まだ掘り起こす必要があった労働局は、三月には街宣車まで動員して掘り起こしに躍起になっている（一九五九年三月二六日）。この年度の求人数と送り出し数がほぼ確定したのは五九年の五月になってからだが、結局のところ五〇〇に到達するのは不可能だった。このときには求人数は一〇〇〇人近くになっていたのだが、その三分の一しか送り出すことができなかったことの原因を、『沖縄タイムス』の記事では次のようにまとめている。

ところで、当初の予想をはるかに下回っていることについて労働局では、本土就職に対する一般父兄の認識の足りなさ、中学卒業者は一年ぐらい家の手伝いをさせてから社会に出すという風潮がのこっていることなどをあげているが、政府の職業紹介にも問題があるようだ。……求人条件のわりあいよいところでも職安の職員が、各家庭や学校をかけまわってやっと希望者を集めてくるといったのが実情である。……こちらでは労働局が、学校側に協力を呼びかけるといった程度で、本土就職について労働局と各学校、あるいは主管局である文教局と一度も話し合ったことがないといった状態である。このため、各学校ごとに集計した本土就職希望者も、実際の希望者数の六、七倍も多いといったことになっており、これが労働局の送出し計画をくるわしたことにもなるようだ。

このように、本土への就職がふるわないのは、政府の職業紹介業務の取扱い方にも問題があるようだ。（一九五九年五月二五日）

こうした批判はこの記事にかぎったことではなかったらしく、六月五日には琉球政府立法院で労働局が、文教局、教職員会、社会局移民課、那覇市会、沖縄社会福祉協議会などの関係者と、たまたま来沖していた川崎市沖縄青少年後援会長（沖縄出身者）らによる「青少年本土就職促進懇談会」を開催している（一九五九年六月六日）。『沖縄県労働史・第三巻』には、「本土就職協力促進会」についての記述がある。このふたつは時期・名称・内容からみておそらく同じ団体であろう。

一九五八年一二月には、琉球政府労働局、文教局、沖縄教職員会、市町村会、沖縄経営者協会など関係諸団体が集まって本土就職協力促進会が発足していた。

青少年の本土就職を図ることを目的として本土就職促進のための広報、就職者の激励、就職者父兄との連携、就職者との文通、職場訪問による定着指導、本土における労働市場の開拓、就職者の本土送り出し前の補導訓練を具体的な事業とする団体であった。（沖縄県商工労働部二〇〇一、八三〇頁）

以上、本土就職が始まって数年のあいだのさまざまな動きについて概観した。このようにして、一九五七年一二月の第一回送り出しからわずか一年半のあいだで、日本の労働省と琉球政府の労働局、文教局、各学校、メディア、本土県人会などを巻き込んだ、大規模な「本土送り出しシステム」があわただしく構築されていったのである。

非常に小規模でなかばインフォーマルな試みとして始まった本土集団就職だが、本土経済の成長と重なって、すぐに大量の求人が沖縄に殺到することになった。しかし沖縄の住民たちの反応は鈍かった。それは戦前の製糸女工の記憶が当時まだ生々しく残っていたからでもあるだろうし、実際に本土就職の条件がかなり低かったからでもあるだろう。また、このころの沖縄も日本と同じように高度成長期にさしかかっており、労働局スタッフたちの現状認識とは異なり、地元でいくらでも仕事を見つけることができる状態だった、ということもある。しかしなにより、当時の沖縄は日本から切り離され米民政府の支配下にあり、日本は渡航のためにパスポートが必要な「外国」になってしまっていたことが、沖縄の一般市民たちに移動を躊躇させる原因になっていた。あるいはまた、沖縄戦での壮絶な記憶が、いまだ傷口を剥き出しにしたままそこかしこに存在していたからかもしれない。

いずれにせよ、戦後復興から高度成長を遂げつつあった沖縄においては、純粋に経済的な理由でわざわざ本土に移動する理由はそれほどなかった、といってよい。そんななかで、琉球政府、とくに労働局が必死になって「送り出しシステム」をつくりあげていったのは、ひとつには戦後のベビーブー

集団就職　特集

来てよかった内地の職場

春の海を渡って、今年もまた二〇〇〇人の少年少女が、本土へ集団就職する。

内地への最初の旅に興奮する若者たち、それを不安な面持ちで見送る肉親たち、集団就職の船出は、春を告げる島の風物詩である。

本土就職への道がひらけて、今年で七年目。すでに五千人の若者たちが本土各地の職場で働いているが、若者たちの実情はあまり知られていない。それが昨年六月のキャラウェイ高等弁務官の中止命令となり、本土就職への黒い霧となった。

本誌は、こうした集団就職の問題を解明すべく、就職者の最も多い大阪を中心に関西各府県の雇用主に呼びかけ、座談会をひらくとともに、各県の職場を巡り、島の若い人たちの職場生活を特集した。

（編集部）

関西沖縄青少年雇用主協会
会長　木村治三（中井金糸KK）
副会長　村上福治（村上織物KK）
安里綱福（昭和食品KK）
理事　前田耕明（東海レイヨンKK）
村上　茂（泰光織物KK）
村上文治（泰久織物KK）
外間正宗（精光自動車KK）
比嘉根有信（大有工芸KK）
宮城普静（宮城工業KK）
仲宗根福順（大伸自動車KK）
事務局長　西平守晴（精光自動車KK）

COLLECTIVE EMPLOYMENT

Seven years have passed since the first mass employment group crossed over to Japan from Okinawa. The number of Okinawan youths employed in Japan today is close to 10,000. This year an additional 2,000 boys and girls are scheduled to leave their homes for employment in Japan. To better inform the general public and to clear up various problems confronting the group employment program, we bring to you in this issue the results of a series of on-the-spot surveys of respective facilities in the Kansai area where most of the mass employment groups may be found.

3

写真２　集団就職を特集する『オキナワグラフ』（1964年3月号、3頁）

ムによって急増する若年人口に対するいわれのない恐怖心があったのだろう。あるいはまた、日本政府との直接的なパイプを確保することによって、琉球政府内で発言力を高めようとしたのかもしれない。しかし、間違いなくいえることは、当時の島ぐるみ闘争や復帰運動などにみられる沖縄の状況から、この本土就職が琉球政府のスタッフたちにとって、「日本へむかって開いた小さな窓」のようにみえたであろうということである。

一九五三年、米民政府と米軍は「布令一〇九号（土地収用令）」と「布告二六号（軍用地域内における不動産の使用に対する補償）」を公布し、必要があれば強制的に土地を収用できること、また収用した土地またはすでに使用中の土地に関しては、地主の拒否によって賃借権契約が結ばれなくても、一方的に借地権料さえ支払えば「黙契」により継続使用が認められることになると宣言した。これらの布告にもとづき、一九五三年から一九五五年にかけて伊江島など県内各地で新たな土地の接収が始まったのだが、これが沖縄県あげての反対運動に火をつける結果になった。琉球政府立法院はこの米民政府のやり方に対抗して一九五四年にいわゆる「土地四原則」（軍用地料一括払い反対、適正補償、損害賠償、新規接収反対）を全会一致で決議、同時に行政府、立法院、市町村長会、土地連合会が「四者協議会」を結成、のちの「島ぐるみ闘争」体制が確立していった。

米側が一九五六年六月の「米下院軍事委員会軍用地問題調査団」による勧告、いわゆる「プライス勧告」によって土地四原則を完全に否定すると、沖縄では大規模な住民運動が組織されていった。同月二〇日には五六市町村で沖縄県の人口の二割を動員したといわれる「市町村住民大会」、二五日に

写真３、４　『オキナワグラフ』「集団就職特集」より。集団就職者たちの職場の様子を写した貴重な写真。（1964年３月号、６−７頁、８−９頁）

は那覇とコザで合計一五万人を集めた「第二回住民大会」が開催された。これらの大規模な闘争が「島ぐるみ闘争」とよばれる歴史的事件である。この運動のプロセスにおいて、米軍に反対する論拠として「同胞」「民族」「国土」などの民族主義的な用語が多用されていった。新崎盛暉は、沖縄人民党書記長で一九五六年に那覇市長にもなった瀬長亀次郎の発言などを引用しながら、当時の「最左翼」の活動家の発言にさえ「復帰思想の民族主義的純化」の具体例をみることができると述べている（新崎 一九七六、一五三頁）。復帰運動の思想は米軍の支配を「異民族支配」と捉え、復帰の根拠を「同じ日本民族であること」に求めていったのである。当時の沖縄人にとっては、日本本土は母なる祖国であり、米軍支配からの解放を約束する地であり、先進的な近代都市であった。本土は特別な場所だったのだ。

労働局にとって、あるいは琉球政府にとって、この本土就職は、日本との一体化を促進するためにどうしても必要なものであり、これを発展させるためには、街宣車まで持ち出して尻込みする市民を鼓舞しなければならなかったのである。本土就職とは、「もうひとつの復帰運動」であった。沖縄を日本と一体化させるための格好の手段として捉えられた本土就職にとって、もっとも大きな障害となったのは、皮肉にも沖縄の人びとの「沖縄らしさ」そのものであった。先に挙げた政府公報のテクストから垣間みえる苛立ちは、卒業後の無業の状態を認めたり、理由なく本土行きを忌避したり、気に入らないからといって気軽にすぐ離転職する沖縄の人びとの、いかにも沖縄らしいとされた前近代性だった。

したがって、当時の労働局は、根本的に矛盾するふたつの課題を同時に達成しようとしていたのである。それは、求職者を開拓しながら、同時に職場の厳しさを伝え、求職者の素質を見極めて選別しなければならないという複雑で困難な課題である。そしてまた、この困難な課題を達成し、本土移動の過程全体をコントロールすることの必要性からも、労働局は本土就職に積極的に介入せざるをえなかったのである。労働局は、市民たちを煽って本土へと移動させると同時に、できるだけトラブルや落伍者を出さないことも求められていたのだ。

もうひとつの復帰運動としての本土就職を促進する立場からは、労働条件の低さを忌避する態度は、個人の心の弱さとして憎まれていた。労働局にとっての理想の沖縄人とは、故郷への愛着を捨て、職のあるところに迅速に移動し、従順かつ熱心に労働に従事し、規律正しい生活を送る近代的な労働者である。だが、近代的な労働者とは、労働条件の低いところから高いところに自然に移動するものである。こうした合理的な労働者は、労働局の理想のイメージには矛盾する。近代人らしくどの地域のどの職場にも適応して勤勉に働くこと。そして同時に、労働条件の低さや職場の過酷さに文句を言わずに従順に働くこと。これこそが、当時沖縄の新卒者たちに求められたことだったのである。

本土就職を促進することと、送り出すものを選別することという、矛盾する課題を同時に達成するためには、沖縄の青少年たちの能力や人格、適性、認識、価値判断を根本からつくりかえる必要があった。そのために構築されたのが、学校、労働行政、メディア、同郷集団などが結集した「本土送り出しシステム」である。これは単に労働力を移動させるためだけの装置ではなかった。沖縄という前近代的な小さな島から日本という先進的な地域に移動するほどの合理性を備えながら、配属された職場では労働条件に疑問をもたず従順に従うほどには非合理的な労働者を育成する必要があったのである。一方での促進と選別、そしてもう一方での合理性と非合理性という、ふたつの矛盾と対立のはざまで、沖縄の新規学卒者たちは翻弄されていった。

以上のように、本土就職の初期においては、沖縄の人びとのあいだにはまだ本土に対する忌避感が残存していたうえに、経済的にも高度成長期にさしかかりむしろ県内でも人手不足だったために、労働局の思惑ほどには本土就職は伸びなかった。しかし、すでに第一章でみたように、この直後から急激に本土へむかう若者たちが増加していくことになった。一九七〇年には高校を卒業するもののうち四分の一、就職者に限定すればその半分が本土で就職していったのである。卒業後数年してから本土に移動する者も含めれば、おそらくこの時期の若者の大半が一度は本土での暮らしを体験したといってよいだろう。

まだ沖縄の人びとが尻込みをしていたこの時代、琉球政府は総力をあげて「本土就職という制度」を構築していった。それは、戦後の沖縄社会が島ぐるみ闘争や復帰運動を経験するなかで、行政によって政治的に演出され制度化された「もうひとつの復帰運動」だった。しかし六〇年代を通じて、この移動はいわば「島ぐるみ本土就職」とでもよぶべき大規模な民族移動となっていった。

本節で再構成した最初期の本土移動の制度化プロセスは、この移動が、初期の段階からまさに「日本への同化の旅」としてつくられてきたことを示している。そして、次節でみるように、この日本への同化の旅で、むしろ「沖縄人」そのものに焦点があてられ、その身体が問題視され、矯正の対象になっていく。こうして、日本への旅は、沖縄への視線へと反転していったのである。

二　自己言及と他者化——本土就職者のための「合宿訓練」

ここでとくにひとつの資料を取り上げる。その資料とは、一九六六年に那覇連合教育区でおこなわれた「本土就職者合宿訓練」の記録である（沖縄県公文書館所蔵）。

生活史のなかでは、本土での生活は楽しい青春の体験として語られたが、「祖国」にあこがれ、学校や高校を卒業して本土の製造業やサービス・卸・小売業へ就職していった新規学卒者たちの状況は、実際にはそれほど楽だったわけではなかったようだ。本土就職は多大な期待をかけられていたが、本土へ渡ったあとの沖縄人労働者たちの生活については、五八年から数年間は定着率も九〇％前後と高い数値を示しており、当初は楽観的な意見が多数をしめていた。しかし本土移動が制度化され大規模化するにしたがって徐々に離転職や非行、あるいは犯罪が問題視されていく。

一九七四年に沖縄協会は、一九七三年に職安を通じて本土企業に就職した学卒者のなかから一〇〇〇人を抽出して意識調査をおこなった。それによれば、有効数六八七人のうち、就職する前に教えられた労働条件が実際には食い違っていたと答えたものが五一・四％、職場に不満をもつものが五〇・二％いた（沖縄協会 一九七四）。

一九五七年の第一回集団就職も実は例外ではない。「集団就職団長」だったO氏は、ある新聞社が主催した座談会のなかで、仲間の体験として次のように述べている。実際に大阪に着いてみると、「契約とまるっきり違う。一日一二、三時間も働かされ、寮はというと、雨もりはするし、ガタガタだし、まるで馬小屋なみだ」（青い海出版社編 一九七二、二一四頁）。こうした契約内容と実際の労働条件との落差は、六〇年代になって本土の求人難が進行し沖縄での募集が急激に増加するにつれ社会問題となっていった。

たとえば、大阪で創刊された沖縄専門雑誌『青い海』には、「手配師」に関する記事が掲載されている。同郷のものが仕事を斡旋する名目で「手数料」を徴収しそのまま行方をくらましたり、劣悪な労働条件の「タコ部屋」に監禁されたりと、本土就職をめぐるトラブルが続発していた（伊是名一九七二）。

労働条件をめぐって米民政府が介入したケースもある。一九六三年にキャラウェー高等弁務官は、賃金や労働条件の低さなどを理由に、本土への集団就職を当分のあいだ中止することを指令した（『朝日新聞』一九六三年六月二八日）。指令のなかでは、沖縄には「過剰労働力は存在しない」とされ、本土就職よりも外国資本の積極的な導入によって雇用機会を増やすべきだと主張された。この指令はすぐに撤回されたが、この時期に進行した沖縄と本土との「一体化」の過程において、米民政府が一定の存在感をアピールしたものと考えられる。このあと、一九六五年の琉球政府『労働白書』によれば、琉球政府も米民政府と協議した末に、「青少年少女の本土就職に労働福祉の向上の面から求人条件を厳しく」するために「海外への職業紹介業務取扱要領」「海外への職業訓練業務取扱の訓令」などを公布している。その内容は、①労災、健康、退職金などの各種保険制度が完備された職場であること、②技能訓練、勉学の機会が与えられること、③労働基準法の完全な保護を与えられていること、④失敗した場合、本土から沖縄までの帰郷旅費を与えられることとされ、こうした条件にもとづいて就職先企業はきびしく選考されることになった（『朝日新聞』一九六四年三月五日）。

六〇年代の後半になって本土での求人難が深刻化すると、本土で労働者を確保できない企業は沖縄へ殺到することになる。どれほど沖縄へ本土から求人申込が集まったかは、第一章で述べたように、沖縄の職安における県外就職分の「充足率」によって知ることができる（表1 - 19、八七頁）。一九五八年からすでに大幅な求人超過の状態が続いていたのだが、とくに六三年ごろからは充足率はほぼ一割程度しかなく、一九七〇年以降は一万人程度の就職者に対し一〇万人を超えるほどの求人がよせられていた。こうした沖縄への求人数の増加とその強引さは、六〇年代の終りごろから社会問題となっていく。たとえば一九六七年一二月六日の『朝日新聞』ではこの動きを「沖縄へ求人ラッシュ」と表現しているが、一九七〇年一〇月五日の記事では「〝求人狂風〟沖縄を根こそぎ」と、よりセンセーショナルな見出しで報道している。同日の記事によれば、違法な「現地連絡員」、リベート、接待などが横行し、なかには「人買い」まがいの求人周旋業者もいると報道されている。求人難になれば企業側は当然人材を確保し定着率を上げるために労働条件の改善に努めるのだが、沖縄出身の新規学卒者たちが吸収されていった本土の比較的零細な規模の製造業やサービス・卸・小売業にとっては、そうした設備投資や条件の改善は困難だった。

……今春就職者の声——東京の下町の零細家具製造業、四畳半に二人住み込み——「午前と午後に短い休憩がほしい。支度金をもらわなかったので、二十ドルほどほしいと交渉しているんだけど」（中卒男子、二十歳）

隅田川の見える合板工場で。「外国に支配されない本土で、働きながら大学に通いたかった。しかし夜勤があって時間の都合がつきません」（高卒男子、十八歳）

東京南部の個人医院で。「午後は准看学校に行く。でもその分だけお礼奉公せねばならない感じ。台所仕事もやる。寝室は一畳」（高卒女子、十九歳）

川崎の大手電気工場トランジスタ作業員。「同年配の地元の女性は事務。わたしたちも、いつか事務員になれるのかしら」（高卒女子、十八歳）

……平均の手取り月額はほとんど二万円以下。那覇あたりの標準と大差ない。「通学可能」の求人条件が、実は通信教育のことだったり、約束になかった長時間労働を強制する職場も多い。かれらの離職率は本土青少年の約三倍。一年間で五割にも達する。失望からである。（「求人ブームでこの待遇——嘆く沖縄からの就職者」『朝日新聞』一九六九年五月三〇日）

また、一九七一年二月五日の衆院決算委員会では、初の国政参加選挙によって衆院議員となったばかりの瀬長亀次郎が「職安を通さないもぐり業者が横行、人買いや、タコ部屋まがいのひどい事件が各地で続発している」と日本政府の労働省当局を追及するということもあった（『朝日新聞』一九七一年二月六日）。

こうした労働条件の低さは離転職や非行化の問題につながっていった。中西信男らによれば、一九六九年中に本土に就職した新規学卒者の離職率はかなり高い。就職後一年半後では、中卒男子のうち四二・七％が、高卒男子のうち三七・八％が離職している。全国平均では、昭和二〇〜四〇年代までの新規学卒者の離職率は、一年後でおよそ二〇％前後とみられている（中西ほか 一九七二）。

一九六七年に「沖縄居住者等失業保険特別措置法」が施行され、本土で離職した沖縄出身者に対し失業保険が給付されることになった。琉球政府労働局の一九六七年度『職業紹介関係年報』にこの申込者のデータがまとめられているが、その申込者の内訳をみると、ほとんどが就職してから三年未満の一〇代から二〇代の若者であり、製造業に従事する技能工だった。もっとも労働条件の厳しい層に離職が集中しているのである。また、時代は下るが一九八〇年の沖縄県の本土就職者の離職状況に関する調査でも、離職理由として八六・九％をしめていた「自己都合」の内訳をみると「「仕事の内容に不満」が二三・九％でもっとも多く、次いで「労働条件がちがっていた」一四・八％、「労働条件がよくない」一二・一％となっており、Uターン者の半数以上のものが就職前の期待と大きく異なる現実に直面して離職している」と指摘されている（沖縄県労働渉外部 一九八〇、八頁）。

稲田文夫と椎野元夫は、琉球政府東京事務所が推定した在京沖縄出身少年の人数（およそ五〇〇〇人）を母集団として、非行率を算出している。東京家庭裁判所が受理した沖縄出身少年による非行件数は、一九六八年に八七件（七九名）だったのに対し、一九六九年には一六四件（一四七名）と増加している。先の推定母集団にもとづく人口一〇〇〇人あたりの非行率は、沖縄からの「流入少年」は二九・四人であって、非流入少年一一・三人、流入少年全体（沖縄県以外から東京へ流入したもの）二三・五人を大きく上回っている。母集団人口の推定に問題がある可能性は否定できないとはいえ、当時の行政の実務スタッフのあいだで、沖縄からの流入少年の非行が問題視されていたことは確かである。また、別の数字もある。一九六九年、全流入非行少年の不就労者は一一・八％であったのに対し、沖縄からの流入少年の不就労者は三三％だった。おそらく、労働市場のなかで沖縄出身者がかなり厳しいあつかいを受けていたためだろう（現代非行問題研究会編 一九七二、七一―七四頁）。

本土就職者の生活状況の厳しさは、政府側にとっては労働条件の低さではなく、基本的には本土社会との社会的‐文化的「距離」に起因するものとして解釈された。そしてこの「距離」は、労働者個人の身体に対する監視へと変化していく。第一回集団就職者一二二人のなかで、ホームシックから発作的に電車に飛び込み自殺したものがひとり出たが、この例に代表されるような本土就職者の生活の実情は、人格的な「適応力」の問題として個人化されていった。

先ほどの『やさしい政府だより――琉球のあゆみ』一九六〇年一〇月号の記事には、次のような記述があり、五七年の第一回集団就職直後に、離転職や非行化、Uターンなどがすでに問題とされていたことがわかる。

就職した青少年も、就職当初は学校生活から社会の厳しい生活に入ったために、戸惑いし、仕事がきついとか、寂しいとかで、おちつかないようであるが、半年もすれば環境の変化に順応し、土地の言葉にも馴れてくると友達もでき、仕事にも自信がついて、一人前の職業人となって、故郷のことを忘れることができず、母の顔を夢に見てフトンの中で泣いていた就職者も、今では明るく元気に仕事に励んでおり、やっぱりきてよかった、もう二度と沖縄へは帰りません。むしろお母さんを本土へ呼んで、一緒に暮します。という子もいる位で、就職者の九一パーセントが、定着していることは、他にも理由はあるにしても、これら青少年が働く喜びをみいだし、日々を元気に過していることは事実であります。……このように、明るい面のある反面、職場から落伍していった青少年もある。物見遊山で本土へ行った者、あるいはホームシックに耐えられず帰る者、職業安定所の不手際から、又雇用主の無理解から、職場を離れる者、警察の世話になり、送り返される者等、一部ではあるが、暗い面もあります。（四―五頁）

「雇用主の無理解」という表現もあるにはあるが、全体としては本土就職における諸問題は、全体のごく一部の例外的現象として、その原因は就職者の意識や「順応」力へと帰属させられている。実際にこのころには、非行化や犯罪、孤独死などがいくつか発生し、マスコミによっても大きく報道されていた。

「沖縄出身の青年が自殺——大学入試果たせず」

六日午前八時すぎ、東京都北区……の四畳半で、沖縄出身の住み込みバーテン○○さん(二六)が背広、ネクタイをつけた姿でガス自殺しているのがみつかった。

走り書の遺書には「お母さん、ごめんなさい。悪い人間だ」とあった。

滝野川署の調べでは○○さんは沖縄本島中部の浦添村出身で、沖縄大学法学部に二年ほど在学したが、四十一年四月、本土の大学で勉強するつもりで渡航した。しかし、身寄りもなく暮しに追われ、大学入学が思うにまかせないため自殺を図ったとみている。(『朝日新聞』一九六八年一一月六日、以下すべて『朝日新聞』より。人名は変えてある)

「集団就職少年が強盗——沖縄から来たばかり」

沖縄から集団就職してきたばかりの少年三人が十六日までに、強盗到傷の疑いで東京・四谷署につかまった。

調べでは、少年は十六歳と十七歳。二日午後九時ごろ、国電渋谷駅近くで通りかかった……会社員○○さん(二九)と……○○さん(三一)の二人を暗がりに連れ込み、ナイフをつきつけて三千六百円と腕時計を奪ったうえ、○○さんの腕に軽いけがをさせた疑い。

三人は五月二十二日、横浜市神奈川区の鉄工所に就職したが、同僚となじまず六月一日に飛出

したあと、新宿など都内盛り場をうろついているところを補導された。（一九六九年六月一七日）

「車ドロが海に転落一人死ぬ――沖縄少年ら三人」

十一日午前四時ごろ、横浜市……の産業道路交差点で、若い男三人が乗った乗用車が鶴見署パトカーに出会うといきなり海岸工場内へ逃げだした。不審に思ったパトカーが追跡したところ、まもなく同区……の海に乗用車が落ち、二人が水上に浮かんでいたので救助した。……車の中を捜したところ、助手席で若い男が水死していた。……調べに対し「三人で酒を飲み、ドライブをしたくて車を盗んだ」と自供した。少年二人は二ヵ月前沖縄から職を捜しに来ていた。（一九七一年四月一二日）

「ひったくり四六件――沖縄グループ主犯格を逮捕」

都内で四十五年夏から昨年秋までの間に、自動車を使った四十六件のひったくりをしていた主犯格の男が二十六日朝、警視庁捜査三課の連絡により、名古屋市内のアパートで逮捕された。

調べによると、沖縄那覇市出身、住所不定無職、〇〇（二一）で、昨年十月二十四日、品川区内で盗んだ車を使って同夜、港区赤坂四丁目を歩いていた飲食店経営、〇〇さん（四一）から、もっていた現金四十二万円入りのハンドバッグをひったくるなど、全部で四十六件、現金三百八十万円をはじめ、有価証券など合計四千七百六十万円にのぼるひったくりをしていた疑い。

Ｋは四十四年秋、友だち六人と集団就職で上京したが、途中で仕事をやめ、「沖縄グループ」と呼ばれる〝ひったくり集団〟を作り、駐車中の車を盗んで城南地区を荒し回っていた。（一九七二年一月二七日）

「〝過疎の東京〟孤独な死一ヵ月――沖縄出の女子大生自殺」

東京・品川区の住宅街で九日、新築の住宅に一人で暮していた沖縄出身の女子大生が、ガス自殺しているのが見つかった。死後一ヵ月近くたっており、郵便受けには新聞などがいっぱいたまっていたが、近所で不審に思う人もなく、この日、父親が上京するまで、だれにも気づかなかった。地方から上京した女子大生にとって、余りに孤独な都会生活だった。（一九七二年二月一〇日）

「沖縄少年、過激派のまね――東京に来ても何ともならず」

東京都豊島区……弘前相互銀行東京支店……で、七日午後若い男が火炎ビンを床に投げつけ何も取らずに逃げた事件で、池袋署は十日夜、沖縄出身の住所不定無職少年（一八）を放火未遂の疑いで逮捕した。少年は「東京に出てきたが、金もないので過激派のまねをして銀行強盗をしようと思った。銀行にとび込んだが、行員がいっぱいいるのでこわくなって逃げた」と自供した。調べによると少年は三月三日、沖縄から一人で上京、板橋区内の運送店に勤めたが、仕事がきついのでいやになり、三月末やめた。そのあと、池袋、新宿の喫茶店やパチンコ店を遊び歩いているうち、金がなくなり、銀行強盗を思いついた。

……少年の家は沖縄で農業をしているが、貧しく「東京へ行けばなんとかなる」と家族にいわれ、上京したと自供している。（一九七二年四月一一日）

「大東京の孤独な死一ヵ月半——沖縄出身の女性自殺」

十八日午後三時ごろ、東京都品川区……○○さん方から「間借人の部屋から悪臭がするので調べてほしい」と大崎署に届けがあった。

同署で調べたところ、沖縄出身のバーホステス○○さん（一九）が、ベッドで死んでいた。そばの小机の上に「東京とは人間をダメにするところです。つい先まで幸せだった私ももうおしまいです」と遺書らしいものがあり、死体は腐乱状態だったが、同署は自殺とみている。……死後一ヵ月半ぐらいたっているらしい。（一九七三年六月一九日）

次に挙げる、一九七二年に放火殺人で逮捕された青年は、のちに大阪拘置所で自殺している。

「再就職を断られて——元従業員が放火、作業所で主婦焼死」

十七日午前零時ごろ、大阪市東住吉区……、○○カマボコ製造会社（○○社長）付近から出火、同社の鉄骨スレートぶき三階建作業所兼住宅のうち、住宅部分の三階だけ約七十平方メートルを焼いて同二十分ごろ消えた。この火事で三階にいた○○さんの妻○○さん（三五）が逃げ遅れ、全身火傷で病院に運ばれたが、すでに死んでいた。

田辺署の調べでは①死んだ○○さんが病院に運ばれる途中「元従業員の○○（二三）が盗みにきて火をつけた」といっていること②○○が三階の寝室の窓を破り、ガソリンかんと出刃包丁を持って「殺してやる」とわめいているのを見た人がいること③○○は自分のまいたガソリンをあびたまま姿を消したこと——などから、同署では○○の犯行と断定、十七日午前八時すぎ八尾市内で○○を放火、殺人の疑いで逮捕した。

出火当時、○○さんは岡山に出張していて不在で、妻の○○さんが長男の○○君ら家族四人と三階居間で寝ていた。○○君ら四人は逃げたが、○○さんは二階の階段のおどり場でうつ伏せになって死んでいた。

○○は二年前まで同社で働いており、「○○社長に再就職を断られたので腹が立った」と自供した。

いっしょに寝ていた母の○○さん（七二）は「寝ていると突然、南側の窓ガラスを破ってはいって来て、だまったまま十八リットル入りのガソリンかんをぶちまけた。○○と長男が止めにはいって、男と押し問答していたが、男はマッチをすって紙に火をつけ、部屋の中に捨てた」といっている。（一九七二年三月一七日）

「拘置所で自殺――放火殺人容疑の沖縄青年」
二十四日朝、大阪市都島区友渕町一丁目の大阪拘置所の独房で、未決拘置中の沖縄県出身、○○被告（二四）が首をつって死んでいた。房内にはチリ紙に書かれた遺書があり、同日早朝、ふとんのシーツを細かく裂いたものを天井の空気抜きの穴に掛け、首吊り自殺したらしい。
（一九七四年五月二五日）

この事件は大阪の沖縄出身者に大きな衝撃を与え、のちに沖縄出身者の親睦団体である「がじゅまるの会」などの結成につながっていった（「がじゅまるの会」については、金城一九九七、佐藤一九九七、成定一九九八、関西沖縄青少年の集いがじゅまるの会一九八一を参照）。

これらの報道にみられるような沖縄出身者の非行や犯罪をどのように評価するかは難しい問題である。まず本土の就職先の労働条件については、それが低賃金の厳しいものであったことは間違いがないだろう。それが沖縄出身者にとって特別のものだったのか、それとも当時の日本社会における平均的な労働条件だったのかは、今後のより広範囲で詳しい研究を待つしかない。だが、本土就職の体験者たちが「青春の楽しい思い出」として本土を語る一方で、離転職や労働条件、非行や犯罪などが、沖縄の政治家や行政、メディアなどによって、深刻な「社会問題」として認識されていた。このことは事実である。そしてかれらにとってのその社会問題とは、日本の資本主義経済全体が抱える問題なのではなく、沖縄の若年労働者たちが抱える「個人的」で「心理的」な問題として捉えられていた、ということが重要なのである。このような文脈において、「本土就職者合宿訓練」がおこなわれることになったのである。

たとえば、先に引用した「雇用移民」の記事を書いた、琉球政府労働局職業安定課長の白川英男は、同じ一九五八年の記事のなかで、本土就職者むけの「合宿訓練」を提案している。彼は、本土は沖縄の若者にとって「全くといってよいほど不安にみちた未知の世界」であると述べている。年々増加する本土就職者をスムーズに送り出すため、あらかじめ学卒者の身体を「本土化」し、「不安にみちた未知の世界」に対する適応力を高める必要があったのである。

この、本土就職者に対する合宿訓練に関する記録が、沖縄県公文書館などにいくつか残されている。ここではとくに、詳細な資料が残されている、那覇連合教育区の中学校を卒業する本土就職予定者に対して一九六六年三月におこなわれた合宿訓練について取り上げよう。その資料とは、前もって参加者に配布されたと思われる予定表（『那覇本土就職者合宿訓練要項』、以下『要項』）と、「那覇連合教育委員会」名義の便箋に手書きで残された当日の詳細なメモ（『本土就職者合宿訓練の記録』、以下『記録』）である。合宿訓練の全日程にわたって参加した教育委員会のスタッフによって記されたと考えられるこのメモには、招かれたすべての講師の講演内容やレクリエーションなどの内容について、事細かに記録されている。

まず、『要項』資料から、この合宿訓練の概要と目的についてまとめたい。資料によれば、その目的は次のようなものだった。「一九六六年三月の中学校卒業者のうち、本土就職者に対して、本土職場の状況、就職に対する心構えなどについての理解、団体生活への適応、職業人、社会人としての一般的教養を身につけさせ、就職後の進歩向上に役立てさせる」。また、「目標」として、以下の各項が設けられた。「(1)規律正しい生活を身につける。(2)団体生活における融和、協力の精神を養う。(3)正しい言葉づかいと、明るい態度を身につける。(4)明朗性、積極性、責任感を身につける。(5)本土就職に必要な知識を理解する」。

合宿訓練は那覇市内安里《あさと》の光明会館において、一九六六年三月八日から一一日まで、四日間にわたっておこなわれた。参加者は那覇連合教育区下の、真和志《まわし》・首里《しゅり》・垣花《かきのはな》・小禄《おろく》・上山《うえのやま》・安岡《やすおか》・寄宮《よりみや》・那覇などの各中学校を三月に卒業する本土就職予定者である。男子五四名、女子一一七名、合計一七一名が参加した。また、訓練期間中は方言を使用してはならないことが明記されている。参加者はいくつかの男女別の班に分けられ、それぞれの班について運営係・庶務係・生活指導係・健康安全係が決められた。当日携帯すべきものとして、筆記用具や日記帳、体操服のほかに、三セント切手、封筒、便箋などが挙げられている。また、一ドル以内の小づかい銭も挙げられていた。

そのほかに合宿訓練の日程表が掲載されているが、『記録』とはいくつかの事項が異なっている。おそらく当日あるいは当日間際になって変更されたのだろう。したがって以下では、適宜『要項』を参照しながら、主に『記録』を参照することで合宿訓練の内容についてまとめたい。なお、旧字・略字は筆者が改めたが、誤字・脱字などはすべて原文のままである。「□」は判読不能箇所である。

第一日め（一九六六年三月八日）、午前九時から会場で受付が始まった。九時半には班が編成され、訓練期間中の注意事項が確認された。一一時から一一時半まで、那覇公共職業安定所長ら三名が開会の挨拶と激励の言葉を述べ、生徒代表の女子一名が誓いのことばを述べた。『記録』には、以下最終日までの各講師の講義内容が要約されている。職安所長による激励のことばには、「健康であれ、ホームシックは自分で治せ」とある。別の講師は「家族と離れても他府県の者にくじけるなかれ」と述べている。また、生徒代表は次のように誓いのことばを述べている。「合宿訓練を通して沖縄代表としてはずかしくない行動を身につけて本土へ就職して十分活躍したいことを誓う」。以下、「ホームシック」「他府県」「沖縄代表」というキーワードは、全日程を通じて頻出することになる。

「食事作法についての注意」、「昼食」をはさんで、午後一時からは連合教育区指導課長による講義、二時半からは手紙の書き方についての講習。午後三時から連合教育区教育長の講話。「働くということは神聖なことである。……よく努力しなくてはならない。どんな細い《ママ》仕事をしても一時間一時間が苦痛であってはいけない。このような状態を脱してこそ真の努力である。沖縄の人は信用が厚い。誇に思ってはげむ。対人関係をよろしくやるようにつとめる」。

午後三時から文書の書き方の講習。手紙の宛名書きと敬称の種類などを説明したあと実習。そのほか、葉書と電報について講習と実習。『記録』ではここで第一日めが終わっているが、『要項』によれば、このあと運動・入浴・夕食をはさんで午後八時から一時間ほど、「レクリエーション」と題して「郷土民謡のけいこ」をおこなうとある。この合宿訓練の期間中、沖縄伝統文化に触れる機会が何度も設けられ、また各講師の講話のなかでもたびたび沖縄文化の話題に触れらることになる。続いて班別反省会、日記記入の後、午後一〇時消灯・就寝。

二日めは午前六時起床、点呼・体操・駆け足・清掃・洗面・朝食ののち、午前八時より「先輩の声」。本土で録音した本土就職者の声をテープで聞かせている（内容についての記述はない）。午前九時より琉球政府労働局婦人少年課長による、労働法規についての講義。労働時間や危険労働、休日労働、時間外労働など労働条件に関する事項を説明し、労働者に認められている権利を列挙している。

午前一〇時一〇分より沖縄観光協会の職員が「沖縄紹介」という講話をおこなっている。ここでは自身が北海道旅行をしたときの経験が述べられた。北海道で本土の人に「言葉は分かるか」と聞かれたこと、いまだに「沖縄」というものが理解されていないことを話している。続いて沖縄の名所旧跡を説明し、代表的な沖縄のお土産（「パインセンベイ、羊カン、砂糖、宮古上布等々」）を挙げている。

琉球電々公社の社員が電話のかけ方を説明したあと、ようやく昼食である。「レクリエーション」をはさんで午後二時より職安所員によって「希望先会社の求人条件などの確認」。職種・作業内容・労働条件・福利厚生・教育訓練など、契約内容の確認をさせている。そして午後三時五五分より五時まで、琉球舞踊の稽古がおこなわれた。舞踊の師匠を招き、「浜千鳥節」を指導させている。その後、入浴・夕食をはさみ、映画（『正しい男女の交際』）、班別話し合い（就職の動機など）、反省会、就寝。

三日め、同じように午前六時起床、点呼・体操・洗面・清掃・朝食のあと、午前八時からさっそく講話（「本土就職のようす」）。そして、午前九時からは教職員会事務局長による講演が午前一〇時まで続く。この講演はとくに『記録』のなかで詳細に記述されている。箇条書きされたその講話の要約を以下に引用しよう。

(1) 挨拶は人間社会で大へん大切であること。特に本土にゆく皆様には大切である。
(2) 酒をのんではいけない。沖縄から来た就職者の中に酒をのみけんかする者がいるとのこと。
(3) 刃物をもってはいけない。
(4) 皆さんが良いことをすると後輩も喜んで皆様のあとについていきます《ママ》。
(5) 沖縄から来た者は定着性に乏しい。無断脱出、夜にげする者が多い。
(6) ホームシックにかかってもその病気にうちかちなさい。一人前になるまではという決意が必要である。故に先生や父兄との文通が必要となる。
(7) 自分に与えられた仕事に無我夢中になること。
(8) ひけめを感じてはいけない。
(9) 旅の恥はかきすてよ。我がままの心をもってはいけない。

次のことを注文致します。

(1) 沖縄は日本の一部なので他県人も沖縄のことをききたがっている。外□視されないよう言葉づかい等に注意しましょう。方言は悪いことではないが誤解されるからです。（沖縄の方言はとても上品で美しい。）
(2)沖縄の方言の真の意味を説明して下さい。そして沖縄を紹介してください。
(3)沖縄の産業を復興して日本の県並みにしたいが現在アメリカ（七、八万）に支配され土地をとられて困っていることを訴えてください。沖縄の経済は生花経済（基地経済）で不安定で大へん困る。沖縄は日本のギセイになっている。日本復帰をこいねがっているが私達はその先鋒となって本土就職を希望したことを訴えて下さい。
(4)沖縄をうんと紹介して下さい。他県人からの質問（例）沖縄は北海道のどこにありますか？（例）沖縄は琉球のどのへんにありますか？（例）あなたは沖縄にいつ頃から住んでいますか？
(5)沖縄にはどんな産物があるか紹介して下さい。（沖縄に対して頗る関心をもつであろう）
(6)貯蓄して休暇をもらい先生や親兄弟と面会してください。
(7)民謡や琉球舞踊を出発までにいくらか身につけて下さい。冷汗をかく思いをしてはいけない。（沖縄紹介の一端である）
(8)沖縄の南部には数多く（二百余）の碑が立っている。なるべく絵ハガキを手に入れて紹介するのもよい。沖縄の若い人々は日本のためにこのようにギセイになったんだと語って下さい。（白虎隊は十数名なのに沖縄の少年少女のギセイ者の数は世界中の歴史をさがしても見当たらないことを話して下さい）

(9) 本土の会社に対してあまえてはいけない。それは他県のお友達に反感をいだかすからです。
(10) エチケット（人間としての）をよく守ってください。（例）便所内での草履、おかわりの仕方等。
(11) 我々は日の丸をもてない悲げきの多い沖縄人であることを訴えてください。

この講話は、メモがとくに詳細に残されている点からみても、合宿期間全体を通じてもっとも重要視されたものと考えられる。特徴的なことは、挨拶・飲酒・定着率・ホームシックなど、前半部分で生活態度に関わる話をしたあと、後半では沖縄を紹介すること、沖縄文化を身につけることなどを要求していることである。真面目に働くこと、労働条件の厳しさに根をあげないこと、規律を守ることと同時に、沖縄文化を体得し、本土人にそれをアピールすること、沖縄に関する知識を貯え、他府県人に対して沖縄がどういう場所なのか説明できるようになることが求められている。

午前一〇時からは職安係員による講演が続く。ひととおり職業安定所についての説明をしたあと、「職業とは個性の発揮場所」であると話し、言葉使い、挨拶、態度、エチケットについて注意し、いつも清潔にすること、酒とたばこを控えること、そして「沖縄代表の一人」であるという自覚をもつように求めている。

午前一一時から昼食時間までは「レクリエーション」として、「えんどうの花」「てんさぐの花」「安里屋ユンタ」「だんじゅかりゆし」などの沖縄民謡を合唱している。昼食後、「入国手続書記載方法」などの事務的な手続き法の講習があり、コザ職安所長の訓辞へ。ここではとくに、当時問題化していた詐欺まがいの手配師に対する注意が呼びかけられている。そうした手配師は「背広を着た狼」であると表現され、「上野公園付近は背広をつけた狼が多いので頗る危険である」「仕事になれると外出したくなる。なるべくしない方が安全である」とされている。ほかにもさまざまな注意が述べられ、「模範を示してください、後輩のために」と求めている。そしてここでもまた、「沖縄の歌や舞踊を少々身につけて下さい」と参加者の中学生たちに求めている。

午後は電報の打ち方についての実習があり、四時一五分からはフォークダンスの時間になっている。曲のなかには「谷茶前」という沖縄民謡が取り入れられている。夕方には入浴・夕食の後、映画（『日本の都市』『美しい沖縄』）、のどじまん大会、反省会、消灯・就寝。

最終日は起床・洗面などのあと、父兄や校長、教師、ＮＨＫ、職安所員などが参列し、一七人の生徒代表が「意見交換」。そして小禄中学の校長が感想を述べている。「青年を訓練してよい日本人を養成する。規則正しい生活をしてよかったとの意見が多い。その点合宿訓練をした皆さんは大へん得る所が多かったと思います。日本の産業界は反省期に来ている。それは学歴偏重の結果であった。沖縄意識をすてて任地の人となり腕をみがいて頑張ってください。真面目で素直な子になってください」。閉会式では来賓が激励のことばを述べ、参加した中学の校長のひとりが「沖縄のことときかれておこってはならない。教えてあげる（ようにしてください）」という内容の「一般注意」を述べて、三泊四日の合宿訓練は終了した。

この合宿訓練の記録から、本土就職者の「身体」に対する管理における、興味深い「ねじれ」を読みとることができる。それは一方で本土就職者を「日本人化」していったが、他方で同時に「沖縄人化」していこうとしたのである。本土就職者の身体に対する視線は、この矛盾する力の交わるところで、ねじれ、折れ曲がっているようにみえる。

さて、この資料を分析するにあたり、まずこの合宿訓練を実施した「沖縄教職員会」について簡単に述べておかなければならない。それは現場の教職員だけでなく、教頭や校長という管理職までも含めた全体的な組織であった。琉球政府設立の年と同じ一九五二年に早くも結成され、屋良朝苗《やらちょうびょう》が初代会長に選ばれている。沖縄教育連合会がその前身となったが、同じような連合会が沖縄に一二地区設定され、その一二地区の連合体として組織された。一九五二年の第一回「全島教職員大会」での大会決議のひとつに「日本復帰促進」が含まれており、はじめから「祖国」への復帰を推し進めることがその会のもっとも大きな目的とされていた。五三年ごろから米軍に弾圧されていたが（奥平二〇一〇、五三頁などを参照）、復帰を願う沖縄の人びとから支持され（櫻澤二〇一二、二一九頁など）、復帰運動を中心とする沖縄社会のさまざまな社会運動の中心的な存在となっていた。

この沖縄教職員会は復帰運動のなかで指導的な役割を果たしていくが、基本的な要綱のなかに「日本への即時復帰」が掲げられており、その主張や言説がきわめて同化主義的なものであったことは、多くの研究者から指摘されている。沖縄教職員会は復帰運動をリードしながら、子どもたちに対しては日の丸の掲揚や君が代の斉唱、あるいは「標準語励行」を指導していたのである。沖縄の教員たちのこのような同化主義的な教育は、仲里効の言い方を借りれば、「子供たちの言葉の風景を単一に敷き均していく」「司祭型権力」の具体的な事例であった。教員たちは「琉球弧〔琉球列島〕のミクロ言語を〈不正語〉と〈正しい言語〉に振り分け『問題』として徹底的に可視化し、矯正していく」（仲里二〇〇七、五三頁、〔 〕内は引用者補足）。また同じように藤澤健一も、沖縄教職員会を「沖縄を支配する教育権力」として捉え、その本質を、「歴史の忘却と同化」として議論している。

……沖縄教職員会にとっての「日の丸」とは、たとえ同じ「日の丸」であったとしても、日本による沖縄支配、沖縄戦下の軍国主義のシンボルとしての「日の丸」であってはならないものであった。沖縄教育史の事実に刻印されつづけてきた、抑圧性や権力性のシンボルとしての「日の丸」は、忘却されなければならなかった。それは直接的には米国民政府への抵抗のシンボルとして、そして、新たに創造されるべき「日本国民」アイデンティティのシンボルとしての「日の丸」でなければならなかった。

沖縄教職員会が発足して間もなくに直面した組織的運動が、「日の丸」掲揚運動であったことは、たとえ偶然とはいえ、沖縄近代の教育史がもつ特質の一側面を顕著に反映するものであるように筆者には思われる。その特質とは、「日本」からの差別（行政分離）を教員などのインテリゲンチャを牽引車とした沖縄からの自発的な「同化」運動によって解消するというものであった。

（藤澤二〇〇五、一〇六―一〇七頁）

沖縄教職員会には教員だけでなく行政や学校の職員も加入していた。それは単なる教育方法の研究組織ではなく、戦後の沖縄における抵抗運動の結集軸であり、また世論を積極的に構成していく指導者集団でもあった。結成当初からそれは、当時の沖縄での最大の問題である「祖国復帰」に組織としての目標を明確においていた。

だが他方でやはり沖縄教職員会の中心は当時の琉球大学などを卒業した教員グループであり、その活動の表向きの中心は教育の改善である。その活動の出発点が沖縄戦で失われてしまった教室や設備の再建にあったように、つねに沖縄の教育をどうするかがその活動の中心的な問題として存在した。

したがって、沖縄教職員会が、対外的には即時無条件復帰を訴えて活発に活動しながら、その「本来は同じものであったはずの違うものと、再び同じになる」という目標を教育現場において追求する際に、きわめて同化主義的な教育を沖縄の子どもたちに押しつけていったことは、当然の結果だった。「標準語励行」に代表される子どもたちへの同化教育は、対外的な政治的目標が、沖縄の子どもたちの身体や内面へとむけられたことのあらわれである。

たとえば、沖縄教職員会の教研集会での議論の記録を分析した高橋順子は、とくに「国民教育分科会」での発言の記録を引用しながら、次のように述べている。

……国民教育の方法は、第三回から教研活動の四つのねらいの一つとしてあげられてきた「正しい日本国民の育成」とされたが、沖縄の場合はまず、「沖縄県民としても日本国民としての自信と誇りを持」たせること（沖縄教職員会：一九六三年、国民分科の提案と討議集、九頁）、裏返していうと「貧困」や「文化の低さ」や「言葉」からきた「劣等感をなくす」（同前、十八―十九頁）こと、つまり「日本人意識のこうよう」が第一とされた（同前、五七頁）。……「日本人意識」の育成は、……沖縄の文化を否定し、「日本」への同化が想定されがちだった。

この仕組みによって、沖縄において、国民教育の名のもとで、同化主義的教育実践に拍車がかかり、習俗習慣の改革、「共通語励行」、日の丸掲揚・君が代斉唱、「日本の美しい伝統や文化を守り育てる態度」の育成、「沖縄県民は日本人であることの真の理解」の促進、「あなたはどこの国の人ですか」という有名なアンケート調査が徹底されていくことになる。（高橋二〇一一、八五―八六頁）

ほかにも、戸邉秀明は、教職員会の「なりふりかまわぬ「日本」表象の動員によって国民意識を植えつけようとする試みの背後には、予想される復帰後の差別への恐怖が透けて見える」と指摘している（戸邉二〇〇八、一七三頁）。具体的にいえば、それはまさに本土集団就職での不適応問題をふまえた、本土社会への適応の問題としての国民教育である。それは民族性などを持ち出し、より感情に訴えるかたちでおこなわれた旧世代の同化主義的教育ではなく、現実としての本土社会で生き延びていくための切実な教育であった。

だが、六〇年代終わりごろから、基地を残したままでの復帰があきらかになるにつれ、「反復帰論」が隆盛したこともあり、教職員会でもこのような同化主義的な教育に対して批判が相次ぐようになる。この時期に教職員会での議論の焦点は、それまでの「国民教育問題」から「沖縄問題」へと変化していった。つまりそれは、主要な問題設定が「全国民の課題としての沖縄復帰」から、「基地問題をはじめとする沖縄独自の問題の解決」へと変化していったということである。ここにおいて、沖縄教職員会での「沖縄」についての語り方が、「同じにならなければならない違うもの」から「同じもののなかにあるが違うもの」へと大きくシフトしたのである。

高橋順子は、教研集会におけるこのような変化を、むしろ日本への復帰が既定路線となったことの反動であると考えている。

このように教研集会における「復帰」を焦点とした「沖縄問題」は本土の責任追及が加味され、国民教育の方法は、「日本人意識の注入」から「沖縄人であることに誇りをもち真の日本独立をになう主権者意識をもった民族や国家を主体的に形成していく主体の育成」へと変化した。これらの変化は、「沖縄問題」が本土において「日本」の問題系としてすでに立ち上げられたという沖縄における実感の裏返しであると言える。

換言すれば、近い将来沖縄の施政権は日本に返還されるという政治的確信と、本土において沖縄が「日本」の心象地理に組み入れられたという安心感に支えられ、沖縄において国土意識が実定化され、「日本」というネーションへの包摂が「完了」したこと、つまり沖縄における「日本」のマイノリティとしてのアイデンティフィケーションの営みとしてとらえられる。（高橋二〇一一、一三〇―一三一頁）

返還が確実になったことの「安心感」は日本への批判となってあらわれてくることになった。「同じもの」と「違うもの」が何度も逆転しながら戦後の沖縄を語る語り方が歴史的に構成されていったのである。

話を戻せば、以上のように復帰運動を主導していた沖縄教職員会は、教育現場では日の丸や君が代、標準語など、同化主義的な教育を強力に推進していたのだが、ここで非常に興味深いことが、先ほどの合宿訓練の記録のなかに記されている。

実は、合宿のなかで「沖縄は日本の一部なので他県人も沖縄のことをききたがっている。外□視されないよう言葉づかい等に注意しましょう」「沖縄は日本のギセイになっている。日本復帰をこいねがっているが私達はその先鋒となって本土就職を希望したことを訴えて下さい」「民謡や琉球舞踊を出発までにいくらか身につけて下さい。冷汗をかく思いをしてはいけない。（沖縄紹介の一端である）」「我々は日の丸をもてない悲げきの多い沖縄人であることを訴えてください」という、当日の議事録にも詳細に書き残されている感動的なスピーチをしたのが、沖縄教職員会事務局長の喜屋武真栄《きゃんしんえい》である。

喜屋武真栄は一九一二年に北中城《きたなかぐすく》で生まれ、沖縄師範学校を卒業している。一九四六年には沖縄民政府の視学官となった。一九五三年には屋良朝苗とともに「戦災校舎復興募金」のために本土各地を訪問している。このときに沖縄と本土とのあまりの格差にショックを受け、以来復帰運動のリーダーとなっていったといわれている。一九六二年には沖縄祖国復帰協議会（以下、復帰協）の会長になっている。この合宿のときにはすでに復帰協の会長になっているが、資料では沖縄教職員会の事務局長の肩書きになっている。

「小指の痛みは全身の痛み」などの名言を残し「ミスター沖縄」とよばれていた沖縄の復帰運動のリーダーの、合宿での演説は非常に印象的である。そこには奇妙なメッセージが込められているようにみえる。われわれは日本人である。われわれは日本人にならなければならない。われわれは日本人になるために、沖縄のことを知らなければならない。われわれを日本人に「してもらう」ために、沖縄のことをもっと知ってもらわなければならない。われわれは日本人だからであり、われわれは日本人にならなければならないからであり、われわれは日本で生きていかなければならないからである。そのためにはまずはじめに、われわれは沖縄人にならなければならない……。

このスピーチだけでなく、合宿訓練全体を通じて、本土就職者たちは、本土で「生き残る」ためのノウハウを叩き込まれることになった。『要項』における「目的」の記述において宣言されたように、この合宿は「本土職場の状況、就職に対する心構えなどについての理解、団体生活への適応、職業人、社会人としての一般的教養を身につけさせ」るためにおこなわれたのである。その際、いわば「個人主義的立身出世主義」の価値が強調され、「働くということは神聖なことである。……よく努力しなくてはならない。どんな細い《ママ》仕事をしても一時間一時間が苦痛であってはいけない」と、厳しい労働・生活条件を個人の努力によって乗り越えることが求められている。それゆえ、いかに労働条件が厳しくても、「本土の会社に対してあまえてはいけない」し、また「自分に与えられた仕事に無我夢中になること」が必要とされる。「沖縄人の甘い幻想」に対して「本土の冷たい現実」が対置される。努力すること、不平を言わないこと、不満をもたないこと、真面目に働くこと、粘り強く我慢することという「美徳」のために、「沖縄的身体」をつくりかえることが要求されるが、方言の禁止などにみられるように、そのつくりかえは端的にいって「日本人化」するということである。ここでは、「資本主義のハビトゥス」（ブルデュー 一九九三）は、「国民のハビトゥス」である。合宿訓練全体を通じて資本主義的＝国民的美徳に相対するものとして沖縄的生き方が設定され、徹底的に否定されていく。「時間を守ること」に象徴されるような労働者として必要なモラルは、「沖縄的身体を捨てて日本人になりきること」に横滑りしていくのである。

　こうして、沖縄人の生活全域を覆う微細な規則の体系が押しつけられることになる。手紙の書き方、電報の打ち方、電話のかけ方、そして各種の労働法規に関する基礎的知識が教え込まれるだけではない。たとえば「酒をのんではいけない」、「刃物をもってはいけない」、「貯蓄」をしなければならない、「便所の草履」や「おかわりの仕方」といった「エチケット」を守らなければならない、いつも清潔にしなければならない、また「仕事になれると外出したくなる」が、本土就職者を狙う「背広を着た狼」が徘徊しているのでなるべく外出してはならない等々、生活態度自体が変更を迫られているのである。

この合宿訓練は、本土就職予定者たちに、前もって規則正しい集団生活を体験させるためのものである。早朝から夜遅くまで分刻みに進行するスケジュールは、その内容よりもむしろ、「時間どおりの進行」それ自体の学習にとって必要だった。規則正しく生活すること。本土の製造業やサービス業の現場で働くことが予定されている合宿参加者たちにとって、それがなによりも重要なことであった。合宿全期間を通じて方言の使用が禁止され、中学生たちは制服の着用を義務づけられ、胸には決められたサイズの名札が貼りつけられた。初日の開会式が済んだあと最初にあったのが「食事作法」についての注意である。時間どおりに進行していく団体生活を実際に体験させ、「協調性」を身につけさせるためには、このような集団的合宿訓練はかなり有効な手段である。そしてそこでは、方言の禁止に象徴されるように、否定されているのは単なる非近代的な身体作法なのではなく、非日本的（沖縄的）身体作法なのである。

しかし、この「日本人化」は、突然「沖縄人化」へと反転する。

合宿訓練の資料には、これらの「個人主義的立身出世主義」の強調と生活習慣の微細な監視にまじって、「沖縄の代表」という表現が散見される。生徒代表は「合宿訓練を通して沖縄代表としてはずかしくない行動を身につけて本土へ就職して十分活躍したいことを誓う」と宣言した。ほかにも、「沖縄の人は信用が厚い。誇に思ってはげむ」、「皆さんが良いことをすると後輩も喜んで皆様のあとについていきす《ママ》」、「沖縄代表の一人」といった表現を多くの箇所でみることができる。

インフォーマルなネットワークにもとづく「呼び寄せ型」の戦前の本土移動や海外移民に比べて、戦後、とくに高度成長期の本土移動は、なによりもまず行政や学校が主導権を握り、本土企業との協力関係のもとで、新卒者たちをいっせいに大量に送り込んだという、そのシステマティックな形態によって特徴づけられる。「雇用移民」ともよばれた新卒者の本土就職は、前節でもみたように、沖縄の人口問題を解決する切り札として期待されていたが、本土社会と沖縄社会との格差はつねに離転職や非行化を含むさまざまな社会問題を生み出していた。こうした社会問題については、まず第一に個人主義的立身出世主義の押しつけによってあくまでも個人の力でそれを乗り越えることを要求したが、他方で「沖縄代表」という緊張感を新卒者に植えつけることであらかじめそれを「覚悟」させようとしていたのである。続々とシステマティックに送り込まれる新規学卒者たちの「先鋒」「代表」としての意識を高めることで本土社会の「厳しさ」に「個人的に」立ち向かうことが求められたのだが、ここで重要なのは、本土社会においてはかれらは実際に「沖縄代表」である、ともいえることである。社会問題に個人的に対処することが要求されたにもかかわらず、当時の本土においては、沖縄出身者たちは「個人」としてあつかわれることはまずなかったといってよい。このような状況では、ある個人の失敗が沖縄出身者全体に対する偏見や差別を増大しかねない。ここから、新卒者たちに「沖縄代表」であるという意識を植えつける必要が生まれるのである。「沖縄から来た」と言ったとたん、かれらは個人ではなく「沖縄人」としてあつかわれることになる。一挙手一投足が沖縄人の文化や慣習のあらわれとして、沖縄を代表するものとして捉えられたのである。したがって、かれらは十分に沖縄的であるままで勤勉さを身につけなければならなかったのである。

本土人の沖縄に対する過剰な一般化や差別、偏見、そして無理解の事例が、合宿訓練における訓話のなかで紹介されている。北海道で本土の人に「言葉は分かるか」と聞かれたこと、いまだに「沖縄」というものが理解されていないこと。他県人からの質問の例（「沖縄は北海道のどこにありますか?」「沖縄は琉球のどのへんにありますか?」「あなたは沖縄にいつ頃から住んでいますか?」）。そして、この過剰な一般化と差別感のゆえに、合宿訓練では新卒者に対して、「沖縄文化」を体得するように何度も要求しているのである。

時系列にそって該当する箇所をもう一度抜き出してみよう。まずレクリエーションとしての「郷土民謡のけいこ」、そして沖縄観光協会スタッフによる「沖縄紹介」。ここでは沖縄の名所旧跡や土産物について話がなされた。その後プロの講師による琉球舞踊の稽古。ふたたびレクリエーションとして沖縄民謡の合唱と沖縄民謡のフォークダンス。映画『美しい沖縄』の鑑賞。

それだけではない。各講師の講話においても、沖縄文化を体得し、他府県人に「説明」せよとの指示が繰り返されている。「沖縄の方言の真の意味を説明して下さい。そして沖縄を紹介してください」、「沖縄にはどんな産物があるか紹介して下さい」、「民謡や琉球舞踊を出発までにいくらか身につけて下さい。冷汗をかく思いをしてはいけない」、「沖縄の歌や舞踊を少々身につけて下さい」。

なかには「沖縄意識をすてて任地の人となり腕をみがいて頑張ってください」という内容の訓話も

存在しているが、合宿訓練のカリキュラムのなかに正式に「沖縄文化」が取り入れられているところをみれば、この合宿訓練の目的に、新規学卒者の「日本人化」と同時に「沖縄人化」が明確に含まれていたことはあきらかである。

このような合宿訓練は、那覇連合教育区だけでおこなわれたのではない。同時期の合宿訓練の記録が、沖縄県公文書館に保存されている。

一九六六年二月二三日から二六日にかけて、羽地村《はねじそん》（現在の名護市の一部）真喜屋《まきや》青少年野外活動センターでおこなわれた北部連合教育区の合宿でも同じような内容が織り込まれている。記録文書には、労働基準法の基礎や（おそらくは融和的な）労使関係の講話、パスポートなどの渡航準備の事務的な手続き、食事や電話のマナーなどの日常的な作法の指導などにまじり、やはり沖縄民謡、郷土史、「郷土伝説」、舞踊といった項目がみられる。そこで学ばれたのは、「てぃんさぐの花」「とーとーめーさい」「月ぬかいしゃや」「なんた浜」「だんじゅかりゆし」「えんどうの花」「安里屋《あさとや》ユンタ」といった、沖縄の民謡や舞踊の「スタンダードナンバー」である。もっとも「わかりやすい」沖縄の文化が、このようなかたちで教科書的に学ばれていたのである。こうした「行政主導の沖縄スタンダード」という、現在まで続く沖縄文化の一種の記号化・カタログ化が、戦後の日本との関係において進行していたのは非常に興味深い。

一九六六年にコザ市琉米親善センターでおこなわれた中部連合教育区の合宿では、一九五八年から一六年間にわたりコザ市長をつとめた大山朝常《ちょうじょう》が講演をしているが、その講話のなかに「あてん喜

ぶな　失なてん泣くな　人の善悪や　後ど知ゆる」という琉歌（八・八・八・六で歌われる沖縄の伝統的な短歌）が含まれていた。そしてこの合宿でも本土就職の心構えやマナー、事務手続きについての指導などにまじって、沖縄民謡と郷土史の項目が入っている。この合宿の記録をみると、沖縄民謡を指導したのはコザのある中学校の教員だったようだ。

同じ年におこなわれた読谷での合宿にも、詳細は不明だが「観光沖縄」という項目があり、沖縄の文化や観光地についての知識が教え込まれたようだ。また、同年の前原（現在のうるま市）の合宿でも、「私達の郷土」というタイトルの記録映画が上映されたようである。同時期に糸満でおこなわれた南部連合区の合宿でも「レクリエーション」として安里屋ユンタの舞踊が取り入れられた。記録文書には「男女共我を忘れ一生懸命練習に励む」と書かれている。本土就職の心構えについての講演のなかでは、「本土の人は一般的に沖縄を知らないので、かっとならずに親切に教えてあげてください（はだし、ジャングル、英語の件）」、「皆さんは沖縄から選ばれた者ですからその誇りをもって、頑張ること、皆さんの行動が後輩に影響する」ということが話されたと記録されている。

これらの合宿訓練は、同じ年にいっせいにおこなわれ、内容も統一されており、それぞれの教育区ごとに記録が残されていることから、沖縄教職員組合が正式におこなったものであり、それなりの「政治性」を帯びていることは間違いがない。これは特定の歴史的状況のなかで生み出された政治的なイベントであり、その記録文書も特定の状況において産出された政治的なテクストである。しかしこれらの文書は、「沖縄人が日本人になることをめざすことでかえって沖縄人になっていく」という、戦後の沖縄アイデンティティの歴史的構築過程を非常によくあらわしている。

それまで基地経済のもとで近代的な産業が育成されてこなかった沖縄から、若者たちが労働者として本土に就職していく。新卒者の身体はこのとき「労働者化」＝「日本人化」される。方言の禁止、食事のマナー・手紙や書類の書き方・挨拶の仕方といったノウハウの教え込みから、酒やたばこ、喧嘩や刃傷沙汰についての注意、外出の自粛要求、そして個人主義的立身出世主義の押しつけにいたるさまざまな新卒者の「身体」の管理と訓育は、まずもって「沖縄的身体」の否定と「日本的身体」へのつくりかえを意味する。ここでは、産業構造の格差がそのまま本土と沖縄との「文化的差異」へと横滑り的にあるいは過剰に翻訳されているのである。近代的産業とは本土＝日本のことであり、本土＝日本は近代的産業を意味していた。

しかし、この「日本人化」は、「沖縄代表」というキーワードを通じて「沖縄人化」へと変容していく。喜屋武真栄のスピーチなどの記録から読みとれるのは、この一見矛盾するふたつの身体管理である。ここでの「沖縄代表」にはふたつの意味がある。あとに続く労働者たちにとって模範となり、また本土社会での沖縄人の「評判」を高めることができるような、従順で優秀な労働者としての「沖縄代表」。そしてもうひとつは、本土での差別や過剰な一般化を、個人的なコミュニケーションの回路によって少しでも緩和するための「広告塔」としての「沖縄代表」である。前者の意味での「沖縄代表」にとって必要なのは「日本人化」された従順で優秀な労働者としての身体であり、後者の意味での「沖縄代表」にとって必要なのは、あくまでも文化的領域でのみ「沖縄人化」された身体である。

別の言い方をすれば、文化的「沖縄代表」とは、沖縄文化の広告塔かつ翻訳者としての能力が要求されているのである。

合宿訓練から浮かび上がってきたものは、単なるトータルな「日本人化」の過程ではなく、労働者として従順で優秀なまま、つまり基本的には「日本人化」されながらも、文化的領域で広告塔または翻訳者たりうるような身体の「沖縄人化」の過程である。かれらは、日本人化するために、いったん沖縄人化する必要があったのである。文化的な沖縄化は、日本へ同化するために必要な回路だったのだが、それがかえって沖縄人の「沖縄人であること」を強化してしまう。

すくなくとも当時の本土企業、そして本土社会にとっては、沖縄出身の若者は交換可能な低賃金労働者でしかなかった。しかし送り出し側である沖縄社会では、経済的・社会的にさまざまな深刻な問題を抱えており、本土就職はその解決のための方法として過剰に期待されていた（実際には経済的問題は虚構のものにすぎなかったのだが）。この非対称性が、きわめてねじれたかたちで新卒者の身体に対する監視を生み出していく。「沖縄代表」が一方では使い捨てられる労働力でしかなかったということが、従順で優秀な労働者を育成する必要性とともに、沖縄の「文化的広告塔」を育成する必要性を同時に生み出していった。本土社会に移動する際に予想されるストレスを、本土就職者たちに個人的に対処させるために、沖縄と日本とのあいだにどれほどの差異があるかをあらかじめ教え込む必要があった。

要するに、沖縄人を日本人化しようとすることそのものが、沖縄は日本ではないという端的な事実を明るみに出してしまうのである。少なくともそこでは、沖縄と日本との、文化的、歴史的、経済的、社会的、政治的なあらゆる差異が、むしろ拡大されてしまうのである。

本土と沖縄との関係のなかで沖縄人がトータルかつ完全に「日本人化」されることはない。むしろ、たとえそこで「日本人化」が進行しても、「沖縄人とはだれか」「沖縄人はどう生きるべきか」という果てしない自己言及が、ほかならぬ沖縄人自身によって担われ、そして沖縄人自身に及んでいくとき、結果的に「沖縄人」は強化されていくのである。「日本人にならなければならない」という命令は、果てしなく「沖縄人」のまわりをめぐることになる。

合宿訓練の記録から読みとれる「自己言及」のメカニズムは、次のようなロジックにもとづいている。まず沖縄側の切迫した経済的・社会的必要性がある。そのため労働者として新規学卒者を本土に送り込むことは大前提になっている。だが同時に、労働者の身体をどうにかして本土という「異文化」に「適応」させなければならない。ここにおいて、労働者の身体に対する自己言及的な監視が発生するのだが、この自己言及が沖縄人の身体を「ふたたび沖縄化する」ことにつながっていく。そしてそれらは結果的に、本土へ送り込まれる沖縄人たちの「他者性」の感覚や同郷性、沖縄人アイデンティティを強化していったのではないだろうか。まずはじめに本土と沖縄との非対称的な関係が果てしない「自己言及」を生み出し、それが「他者性」の感覚を生み出すのである。

ここでは、問題とされるのは沖縄人であって本土人ではないのだ。「日本人」にならなければならないのも、「沖縄人」にならなければならないのも、結局は沖縄人自身である。それは本土人の問題であるとされることはない。「お前（あるいはわれわれ）は何者か」「お前（あるいはわれわれ）はどう生きるべきか」という監視の視線が沖縄人の身体それ自体のみをめぐって構成されるとき、重要なのはその「内容」（「日本人化」か「沖縄人化」か）ではなく、その視線がむけられる対象である。むしろ次のような言い方のほうがいいかもしれない。沖縄人は日本人になることもできず、果てしない「お前は誰だ？」という問いかけのなかに投げ込まれたのである。その答えは「沖縄人だ」というもの以外にはない。

六〇年代に琉球政府労働局が発行していた雑誌『琉球労働』は、本土就職した沖縄の若者の作文を職安を通じて日本全国から募集し、入選した作品をいくつか掲載している。とくに六二年の九巻一号に掲載されたいくつかの作文には、共通して書かれているあるイメージがある。

　隣の部屋からラジオが流れている。可愛いベイビーハイハイと。明日から出勤だ。ネクタイは黒色？　赤色？　二つのネクタイを鏡に写して見た。何んだか自分の顔が大分白く思えて何んとなく笑いが出た。（「就職一年生」I重工業　男性）

最初のうちは朝早く起きるのも夜遅くまで起きているのもつらかったが今では慣れている。今では糸をつなぐことも上手になった。今年度中学卒業者が沖縄から四〇名入社した。皆、色が黒く目がぱっちりとしたかわいい娘たちだ。沖縄独特な方言をまじえながらかわいらしい口調で話しかけた。私達も三ヶ月前にはあんなに黒かったが今では白くなっている。私達も少しばかりは先ぱいになって来た。（「一年を顧みて」T工業　女性）

途中窓から見える珍らしい大都会のようす、汽車、電車、ほんとうに嬉しかった。神戸から二時間で私達の就職する工場に着きほっとしましたが、本土の方に比べて、顔の色が黒いので恥かしい思いをしました、そして沖縄の郷里のことが頭に浮かんで仕方ありません。でも私はこんな事に負けてはなるものかと、唇をかんで、その心を押さえました。（「本土に就職して」H織物　女性）

労働局が募集し選考し掲載したという「政治性」を抱え込むこれらの作文の内容は、すべて楽観的で、「前向き」なものばかりである。だが、ここには「他者性」や「距離」の、押さえようもないひびきが感じられる。本土と沖縄との「距離」は、ここでは「顔の黒さ」として、徹底的に身体的なレベルで表現されている。本土就職者たちは、単なる労働者として吸収されることはなかった。そこにはひとつの過剰があった。つまりそれは、自己言及的な身体への監視であり、その結果としての身体的な「他者性」の感覚である。そのことを端的にあらわしているのが「顔の黒さ」の語りである。この語りは当時、本土へ渡った沖縄人の間でしばしば使われていた。沖縄人たちにとって本土体験は、「顔の黒さ」というまでに単純化された身体的違和感に深く結びついていたのである。そして当時の本土と沖縄との関係性こそが、この身体的違和感を生み出し、同時にあのノスタルジックな語りを生み出したのではないだろうか。合宿訓練の一見すると奇妙な資料から浮かび上がるのは、そのような関係性である。

三　過剰移動のその後

本土就職とはなんだったのか。この問いに答えることは非常に困難である。これまでの論考はかぎられた語りや資料から導き出された、ひとつの解釈にすぎない。その全貌があきらかになるのは、より大規模で詳細な調査研究があらわれてからのことになるだろう。

復帰前の沖縄で大きな話題となった本土就職は、おおまかにこれまで議論したような道筋をたどって制度化され常態化したのだが、それは現在ではどうなっているだろうか。

沖縄における本土就職や本土出稼ぎの社会的な意味づけは、復帰後になってあきらかに大きく変化している。それはますますカジュアルに手軽になり、それほど切実で重い意味を込められなくなってきているのである。現在では新卒の若者たちが職安を利用することは非常に少なくなってきている。かわりに増えているのがインターネットや情報誌の利用である。ただ、どのルートをたどるにせよ、基本的には卒業後一～二年は親元で生活し、そのあと本土に出稼ぎや長期アルバイトに出かけるという生活がひとつのパターンになっているようである。沖縄県内のアルバイト情報誌には毎号かならず

表4－1　年代別本土就職の経路

			就職経路										合計
			家族・親戚を通じて	近所の人を通じて	友人・知人・先輩・後輩を通じて	学校の紹介・あっせん	以前の職場で	職業安定所などの公共機関で	情報誌・インターネットなどを通じて	新聞・テレビ・ラジオなどマスメディアを通じて	その他	わからない	
年齢階級	20-29歳	N	2	1	6	5	0	6	9	0	0	0	29
		%	6.90	3.40	20.70	17.20	0.00	20.70	31.00	0.00	0.00	0.00	100.00
	30-39歳	N	3	0	13	13	0	12	11	2	2	0	56
		%	5.40	0.00	23.20	23.20	0.00	21.40	19.60	3.60	3.60	0.00	100.00
	40-49歳	N	3	1	9	24	1	11	7	8	1	1	66
		%	4.50	1.50	13.60	36.40	1.50	16.70	10.60	12.10	1.50	1.50	100.00
	50-59歳	N	8	1	14	23	1	12	3	16	0	0	78
		%	10.30	1.30	17.90	29.50	1.30	15.40	3.80	20.50	0.00	0.00	100.00
全体		N	16	3	42	65	2	41	30	26	3	1	229
		%	7.00	1.30	18.30	28.40	0.90	17.90	13.10	11.40	1.30	0.40	100.00

出典）安藤 二〇一一、四八頁より。

本土での長期住み込みバイトの求人が掲載されていて、地元若者たちが気軽に移動していることを窺わせる。また、住み込みの「水商売」などの求人も少なくない。

たとえば、最近の沖縄からの本土移動とUターンを調べた安藤由美によれば、世代別の就職経路に関して、学校や職安の紹介を利用するものが一定数いる一方で、「情報誌・インターネットなどを通じて」就職したものの割合が世代が下がるにつれて上昇し、五〇代の三・八％から二〇代では三一・〇％になっている（表4－1）。本土への移動経路がよりカジュアルになってきているのである（安藤 二〇一一）。

こうしたカジュアルな移動は、復帰前の本土就職者たちが復帰後になって大量にUターンするなかで、一般化・制度化されていったのではないだろうか。富永斉によれば、沖縄の若年労働人口のうち多くが復帰前に本土へ流出し、それは沖縄県の人口の大幅な社会減をもたらすほどのものだったのだが、復帰を境に本土へ流出した人口が一気に沖縄に還流して、一五歳以上人口の増加をもたらしていた。

県外への転出人口は復帰後も多かったと考えられるが、それを上回って県外からの転入人口が増加したために、復帰後の転入超過をもたらしたといえよう。……七五年度については……Uターン者は一五～三四歳の男女計で一万五千人に達する。……また、国勢調査を用いて一九五〇年に〇～四歳だった人口集団の動きをみると、七〇年に彼らが二〇～二四歳のとき六万七千人しか県内にいなかったが、二五～二九歳となった七五年には八万三千人に増えている（他県籍者も含まれている）。この年齢層だけで一万六千人の増加である。このような県外からの転入人口の増加が一五歳以上人口の増加要因の一つである。復帰前の転出超過から復帰後の転入超過へと逆転が生じたために大幅な人口増加をひき起こしたのである。（富永 一九九〇、一六頁）

復帰前の高度成長期における低い失業率と比較して、復帰後の失業率は急上昇したまま現在にいたるまで高止まりしており、県内労働市場では労働力の供給がだぶついたままになっている。復帰後は「祖国」への思い入れも急激に冷め、若者たちにとっては本土は進学や就職、アルバイトや出稼ぎのために一時的に出ていく「単なる就職先」になっているようである。「沖縄ブーム」後の現在では逆に本土から沖縄へ移り住む人びとの「移住ブーム」が話題となっており、むしろ本土の人びとが沖縄に対して切実な意味づけをしているかのようにみえる。もちろん、従来どおりの職安や学校の紹介を通じた本土就職も少なくないが、全体として本土移動が多様化・個人化しているという傾向は否定できないだろう。

さて、このような状況のなかで、最近の若者の雇用と移動はどのようになっているだろうか。残念なことだが、入手しうる官庁統計や社会調査などのデータでは、沖縄の若者たちの、アルバイト情報誌やケータイサイトを使った「個人的でカジュアルな移動」はトータルには把捉できない。しかしそれでも、いくつか間接的にではあるが沖縄の現状を示す興味深いデータが存在するので、以下ではそれらを参照し、復帰後、とくに八〇年代以降のカジュアルな移動とUターンについて大雑把に描くことにしたい。

二〇〇三年に沖縄県労使就職促進機構が実施した街頭アンケート（一五歳以上三五歳未満、有効回答数一七九六）では、本土で仕事をしたことのあるものが男性三七・六％、女性二五・七％で、合計して三一・一％になっている。意外に少ない数字だが若年層が対象なのでこうなっているのだろう。本土就職経験者をその雇用形態別にみると、季節雇用が全体の二六％、正社員・パート・アルバイトが五〇・九％になっている。職をどこで見つけたかはこの調査からはあきらかではないが、おそらく季節雇用のほとんどと正社員の一部が職安を通じたものになっているはずである。不正確な推測だが、本土就職の三分の一から半分程度は職安ではなく個別の募集を通じた応募になっていると考えていいだろう。とくに女性の場合、正社員・パート・アルバイトの県外応募が四割を超えており、このルートが若年女性にとって一般的な本土移動ルートになっているようだ。

同じ調査で、就職先地域は三大都市圏がそのほとんどをしめている。また、職種別にみれば、男性においては建設業が一九・四％、製造業が一五・八％、サービス業が一八・八％、女性では製造業が一三・〇％、サービス業が二四・四％となっている。無回答がそれぞれ二六・三％、三三・九％と多いが、男性は建築現場と製造現場とサービス業、女性は製造現場と飲食などのサービス業がその主な就業先になっていることは間違いない。

また、「今後、県外で働きたいと思いますか」という問いに対しては、「ぜひ働きたい」「条件があえば働きたい」をあわせても全体の三割しかいない。「県外で働くつもりはない」が三五％いる一方で、無回答も二三・四％となっており、全体として本土就職に対して積極的とはいえない若年層の意識が浮かび上がっている。もう少し細かく年齢別にみると、本土経験の少ない一五～一九歳で三〇・一％が「ぜひ働きたい」と答える一方で、本土経験が豊富な三〇～三四歳では八・二％に激減している。他方で「本土で働くつもりはない」と明確に答えたものが一五～一九歳では三二・二％、二〇～二四歳では三七・七％、二五～二九歳では五六・八％、三〇～三四歳では五二・〇％と、年齢をおうごとに増加傾向にある。沖縄の若者たちにとって本土就職は「若いときに一度経験すれば十分」のものなのかもしれない。

さて、移動がカジュアルになる一方で、復帰後の沖縄の若者の「県内志向」の強さもたびたび指摘されている。いくつか入手できた資料から全体をまとめてみよう。

（一）『労働力需給ミスマッチの実態調査報告書』（一九九三年）

一九九三年に県商工労働部職安課がおこなった調査では、高校卒業予定者の男子の六四・四％、女子の六六・三％が県内での就職を希望するか、すでに県内での就職が決定している。県外での就職を希望するか、あるいはすでに決定しているものは、男子の三一・七％、女子の三一・五％だが、すでに就職が決定しているものをのぞくと県外希望者は男子の二一・六％、女子の一五・八％しかいない。

県内を希望する理由は、男子女子ともに一位が「沖縄で生活したい」でそれぞれ六三・八％と五五・五％、次に「県外は生活が厳しい」が男子一六・三％、女子一五・八％になっている。また、「家族が県内就職を希望している」は、男子が五・一％だが女子になると一四・〇％に増え、女子に対する家族の考え方があらわれている。

（二）『若年者の就業意識に関する調査研究』（一九九四年）

この報告書は沖縄県地域雇用開発協議会がまとめている。一九九〇年に高校を卒業したものに三年後の職業意識を尋ねたものだが、有効回答一一四人のうち、「就職したときの希望」として、「県内で就職を希望していた」と答えたものが四六・九％、「数年間なら県外も可」が一七・七％、「どうしても県内になければ県外でも」が八・〇％だった。積極的に県外で就職を希望していたものは一七・七％にすぎない。実際に県外に就職したものに限定しても、「県外で就職したかった」と答えたものは二五％にすぎず、「県内で就職したかった」が二八・八％、「数年間なら県外でもよかった」が二八・八％、「どうしても県内で見つからなければ県外でも仕方ないと考えていた」が三・八％であった。県内に就職したものについては、県内で就職を希望していたものが六二・三％、条件つきや妥協も含めた県外就職希望・許容組は合計でも三七・七％にとどまっている。また、この調査では両親の意識についても聞かれていて、子どもに対して就職時に県内で就職を希望していた親は四一・二％で、「本人が希望するなら県外も可」が三六・〇％、「数年間なら県外も可」が七・九％、「県内で就職先がなければ県外でも可」が六・一％である一方で、積極的に「県外で就職を希望」とした親は一・八％しか存在しない。親の意識としては、基本的には本人の意思を尊重するということだが、本土就職に積極的にはなっていないことがわかる。

（三）『新規高等学校卒業者の雇用の変化にかかる調査』（一九九六年）

沖縄県地域雇用開発協議会によるふたつめの調査である。九六年当時の高校三年生二六二〇人から回答を得ている。それによると、卒業前の高校三年生たちのうち「県内就職を希望」するものが五八・〇％、「県外就職を希望」するものが一九・八％であった。理由も含めて聞いた項目では、「沖縄（地元）が暮らしやすいので県内就職をしたい」が四六・七％で、二位の「広い視野や経験が積めるので県外就職をしたい」の一七・一％を大幅に引き離している。ここでも「地元志向」が窺えるだろう。また、この調査でも親への質問項目が含まれており、親のあいだで子どもに県内就職を希望するものは五三・四％、「子どもにまかせたい」が二三・七％である一方で、県外就職を希望するものは七・七％しかいない。

（四）『沖縄県における観光産業等若年アルバイトの職業意識調査』（二〇〇一年）
三〇歳未満の非正規雇用者と失業者・無業者一〇六二人を対象に雇用開発推進機構がおこなったこの調査では、「今後、どこで定職に就きたいかあるいは独立したいか」という質問に対して、六六・六％が沖縄県内と答えている。積極的に県外という答えは五・四％しかいない。

（五）『沖縄における人材の集積及び流動に関する基礎調査報告書』（二〇〇三年）
九州経済調査協会のこの報告書では、独自の調査がなされているわけではないが、県内の大学や高校、企業などにヒアリングしてさまざまなデータが集められている。二〇〇二年三月に県内の大学・短大を卒業した一五四七人のうちで、進学や就職（あるいは無業）などで県内にとどまるものは一二一三人、実に七八・四％にのぼっている。同時に理系ではやや県外流出者が増えることも指摘されているが、基本的には県内大卒層のかなりの地元志向があきらかになっている。短大に限定すれば卒業後に県内にとどまる率は九四・四％、専門学校では八九・二％である。

（六）『沖縄県職業安定計画策定に係る基礎調査報告書』（二〇〇五年）

民間のコンサルタント会社である沖縄計画研究所が沖縄県商工労働部から委託されておこなった県内の学生対象のアンケート調査である。県内六大学の学生四八二五人から調査票を回収している。就職先の希望地としては県内が六一・〇%、県外を希望する者が七・三%となっている。県内就職を希望する主な理由は、多い順に「沖縄への愛着」三五・八%、「生活スタイルや自然環境の相違への不安」二六・七%、「家族や友人と離れたくない」一二・四%、「家庭の事情」五・五%となっている。

以上、やや長くなったが、県内各機関がまとめた調査報告書のなかから、沖縄のとくに若年層の県内志向の高さについて指摘されている箇所を抜き出してみた。以上のように沖縄の若年労働者たちの「地元志向意識」が労働行政にとって長年の課題となってきたが、その背景には沖縄県における高い失業率がある。観光や公共事業にいくら力をいれても、県内の産業だけで余剰労働力を充分に吸収することは非常に困難で、余っている労働力は本土経済に引き受けてもらう以外に解決策がないことから、行政側としては「できるだけ本土に出ていってもらう」ことが必要になるのだが、その際に沖縄の人びとの地元志向が大きな障害となるのである。

その地元志向意識も、いくつかのアンケート調査では本土行きを忌避する理由として挙げられているのが「地元沖縄への愛着」と「家族や友人への愛着」が主なものであり、沖縄と本土との文化的・心理的障壁の高さが暗示されている。

さて、復帰前後に「本土就職ブーム」といえるほどの移動を経験した沖縄だが、それでも地元志向は解消されることがなかった。この意識は、高い失業率にもかかわらず本土移動者が大量にUターンすることの要因になっているといえる。

たとえば、先に挙げた一九九四年の『若年者の就業意識に関する調査研究』でもUターンの問題が指摘されている。回収数が一一四人（二二・八％）と非常に少ないのだが、高校を新規に卒業して三年後の居住地を聞いた項目で、卒業時に本土に就職したもののうち三八・五％が調査時に県内に居住していると（つまり就職後三年以内にUターンしたと）答えている。また、本土就職時にUターンすることを前提していたものは県外就職者のうちで半数をしめている。卒業時に県内に就職したもののうちで将来の本土就職を希望しないというものが五六・五％おり、他方で逆に本土就職者のなかでも将来の県内での就職を希望するというものが「希望する」「条件がよければ希望する」をあわせて六三・五％にも達している。また、Uターンした主な理由は（ふたつを選択）、「本土での生活になじめない」三〇％、「両親に呼び戻された」二〇％、以下「県内で最就職のめどがついた」「県内で生活したかった」などとなっている。

復帰前には高い経済成長と低い失業率のなかで本土流出が始まったのだが、復帰後になって低成長・高失業の時代に入ると、県や国の労働行政にとっても「なぜ失業率が高く労働条件が低い沖縄にUターンしてくるのか」が問題とされていく。

一九九〇年に労働省が「沖縄振興開発総合調査」としておこなった調査では、以下のようにUターンの問題が指摘されている。

しかし県外就職の特徴として、①最近の県外就職者のうち約九割が出稼ぎ労働者として本土で就職しており、しかもその半数が若年者であること。出稼ぎをする背景には、常用雇用を嫌い短期間の就業を好む性向だけではなく、失業給付をあてにするということもあり、新たな失業問題を生み出していること、②県外就職者のうちUターン者の占める比率は、一九七九年が四〇・〇%、一九八〇年が四二・六%、そして一九八一年が四三・四%とほぼ四割を占めるということ。しかもUターン者の八割以上は三〇歳未満の若年者で占められ、六割以上は三年未満という短い期間でUターンしている。よって雇用対策にかかわる当面の課題は、Uターン者を受け入れ地元での就職を促進するための条件整備をすることにある。(労働省 一九九〇、三六一頁)

この調査で本土就職の理由として挙げられているのは「本土で就職したかった」五〇・八%、「自分の可能性を試してみたかった」四二・九%、「一度本土で生活したかった」三八・一%であった(三つ選択)。これに対して、Uターンした理由は多い順に(複数選択)、「親が帰郷を望むため」四二・九%、「沖縄に住みたいため」三二・三%、「本土就職時からUターンするつもりだった」三一・七%、「親の面倒をみるため」二一・二%となっている。

さて、こうしたUターンの問題が指摘されるなかで、九〇年代に沖縄県商工労働部職業安定課もいくつかのUターン者を対象とした実態調査をおこなっている。現在筆者が入手できたものはそのうちで九一年、九五年、九七年、九八年の分だが、内容に大差はないのでここでは九八年に出た報告書のみ参照することにしよう。

県商工労働部による一九九八年の『Uターン等実態調査』では、本土就職における就職経路について尋ねている。それによれば、「職安の紹介」「学校の紹介」という「古典的」なルートは合計して四一・五％だが、「新聞・雑誌の広告」「縁故・知人の紹介」「その他」は四六・二％になっている（そのほか無回答も一二％存在する）。おそらく現在ではインターネットのサイトなどがより活用されているだろう。本土就職の理由は「視野を広くするため」二五・九％、「賃金や労働条件がよいから」二三・六％、「県内に適当な就職先がなかった」一五・九％となっている。本土就職時にUターンを前提としていたものは七一・四％にものぼる。Uターンの理由は「県内で就職したい」二八・三％、「家族の世話をするため」二四・九％、「結婚のため」一一・〇％などであった。

以上の調査報告書を通覧すると、地元志向性とUターンの習慣化については、全体として沖縄と本土との文化的・心理的障壁の高さを物語ると同時に、沖縄的な生き方への愛着のあらわれであると考えられる。こうした「沖縄的アイデンティティ」は、復帰後に沖縄社会がますます日本＝本土社会と一体化していくなかで、希薄化し多様化していると語られがちなのだが、実際の就職行動や帰郷行動において、実はそれが非常に根強く残っていることをみてとることができる。多くの調査報告においても共通してみられるのは、本土移動のカジュアルな意味づけと、家族や地域に対する愛情と望郷の念である。Uターンの理由からもあきらかで、本土における差別体験や労働条件の問題よりもはるかに多く語られているのは、「沖縄」という抽象化された言葉で表現される家族や生まれた土地への思いである。労働行政によって県内失業率を押し上げる要因として懸念されている地元志向やUターンだが、生活資源において相対的に制限されている沖縄社会のなかで暮らしていくときに、こうした沖縄的アイデンティティや沖縄的生活様式は非常に有用な資源となるだろうし、その意味ではむしろこうした「過剰な還流」は、「経済学的には非合理的だが社会学的には合理的」なのだろう。いずれにせよ、沖縄の若者たちのあいだにみられるこうした県内志向やUターン志向は、あの雪崩のような本土就職が静まり日常化したあとも、ひきつづき沖縄独自のアイデンティティが強く保持されていることを示しているのである。

結　論　同化と他者化

一　沖縄的同郷性

さて、最後の議論に入る前に、「沖縄的同郷性」に関する社会学的研究をいくつか参照しておく。いずれにおいても共通しているのは、沖縄におけるアイデンティティや同郷性の自明性や所与性である。それはつねにいうまでもなくそこにあるものであり、いつの時代でもどこの場所でもかかわりなく持ち込まれ、維持され、再生産されるものとされている。

石原昌家は、沖縄県内における郷友会の成立・構造・活動内容などについて、膨大な資料を駆使し詳細に分析している。石原によれば、郷友会とは、沖縄県内の都市部である那覇やコザなどに持ち込まれた「疑似ムラ」である。「沖縄社会の都市地域では同郷人の結合組織である郷友会が、政治・経済・文化の諸側面で大きな役割を果たしている。その活動内容を詳細にみていくと、郷友会は現在の沖縄社会を把握するキーワードのひとつだということが認識できる」（石原 一九八六、九頁）とされている。「都市化」に象徴される戦後の社会構造の変動によって沖縄の農山村部から都市部に移住した者たちが同郷者同士で結合し、相互扶助あるいは親睦を目的として結成したのが郷友会である。同書の末尾には四〇〇を超える郷友会のリストが掲載されているが、実際はこれをはるかに超えると予測されている。

人口が集中した都市部における相互扶助と母村アイデンティティの維持のために戦後続々と郷友会が結成されていくのだが、その背景には沖縄県内での「過剰都市化」が存在した。ここで沖縄人による戦後の郷友会は、あくまでも都市での生活に対応するために結成されたことに注意する必要がある。たとえば、石原は一九四九年に結成された「在那覇奥《おく》郷友会」の会誌から次のような文章を引用している。その結成の目的は「異郷の地に生活の本拠を構え、生々発展するためには、人の和と協力が必要なことは人情の常であり、那覇において故里の伝統たる協同一致、共計在和の精神を遺憾なく発揮して会員相互の親睦扶助を図り、子弟の教育活動を盛んにし、会員一人ひとりの発展を期していく」ことだった（同、一七頁）。那覇は「異郷の地」だったのである。

鈴木広は「過剰都市化」という視点から沖縄県内における那覇都市圏への「過剰」な人口集中の社会的メカニズムを分析している（鈴木 一九八六）。鈴木は模合《もあい》（沖縄の伝統的な相互扶助の寄合。本土の頼母子講《たのもしこう》にあたる）、同族的企業、郷友会などの事例を取り上げ、那覇都市圏に一次集団的な共同性が持ち込まれ、沖縄の周辺部出身者たちがその互恵的関係やネットワークの力で過剰な都市的世界に

「適応」していると述べている。鈴木によれば、沖縄社会の結合原則の本質はこうした一次的共同性である。これは那覇都市圏にだけかぎられるのではない。むしろ、そうした都市化のなかでよりはっきりとしたかたちであらわれるのが、この沖縄的同郷性なのである。

沖縄社会はたんに多くの親族組織の集積としてのみならず、多くの相対的に自己完結的な小地域コミュニティの環的集積として理解さるべきである。こうした小地域社会（シマ・間切など）のモザイク的集積としての沖縄の形成には、もちろん一定の歴史的事情が背景として存在した。しかしここでその歴史的背景について詳論する必要はあるまい。私はただここで、那覇大都市の都市化（人口の集中）、したがって過剰都市化も、かなりの程度まで、同じ出身地域の流入者たちが組織する、この準地縁団体の、単純再生産または拡大再生産の過程として理解しうるのだということを、仮説的に提起したいのである。（同、四〇六―四〇七頁）

鈴木によって提出された論点を、さらに本土移動とUターンという現象の調査を通じて発展させたのが谷富夫である（谷 一九八九）。かれが説明しようとするのは、「那覇都市圏に大量にみられる人口還流現象（いわゆるUターン）の社会・文化的特性」（同、一頁）である。このために「生活史法」（ライフ・ヒストリー法）が採用された。

谷の議論は、鈴木の議論が沖縄県内での過剰都市化を主に問題としていたことに比較すると、むしろ論点の中心が本土移動後の沖縄への還流へと移行しているところに特徴がある。分析の焦点として過剰都市化よりも人口還流が選択されているが、それは、沖縄の還流現象は「那覇都市圏における最近の「過剰都市化（over-urbanization）」の傾向に密接に関連しており、その社会的メカニズムを究明するための一つの糸口ともなりうるからである」（同、一頁）。鈴木の着想を谷は人口還流というテーマからアプローチすることによって具体化したのである。

本土へ移動した沖縄人、あるいは沖縄へとUターンした沖縄人の適応戦略として、谷はライフ・ヒストリー分析の結果、「相互主義」「家族主義」「自力主義」の三つのパターンを引き出している。「相互主義」は地縁などの共同体を、「家族主義」は家族的つながりを優先する考え方である。「自力主義」は「手に職をつける」など、いわば「お上に頼らない生き方」であるといえる。谷は、本土よりも失業率が高い沖縄にUターンしていく人びとの沖縄的な価値観をこのように取り出し、そこにフォーマルなルートでの経済的達成よりもインフォーマルなつながりを重視する「沖縄的生活様式」のあらわれをみる。

谷は、かれが収集したライフ・ヒストリーの分析の過程で、「本土人の沖縄に対する無知偏見にぶつかって姿をあらわす「沖縄的自意識」の強烈さ」（同、九六頁）に気づいている。この自意識は、まったく異なる世界としての本土社会で生活するなかで、沖縄人たちによって、はじめて自覚されていく。かれらにとっての「本土体験とは、ある意味で沖縄的自己の自覚過程でもあった」（同、二九七頁）。「民族的一体感を自覚させる潜在的な機能」をもつ本土移動を通じ、沖縄人たちは「自己と沖縄との一体性を認識」（同、二五九頁）していく。「おおらかな金銭感覚と時間感覚、「人情」溢れる対人関係、精神的豊穣と経済的貧困等々から成る沖縄的なるもの、一言で表現すれば、ゲマインシャフト的第一次関係的世界は、本来かれらと一体のものではあるけれども、かれらがそこから一旦抜け出し、その対極にある近代合理主義的世界に入り、かれらと合理的世界との懸隔を身を持って体験することを通してはじめて、それが自己そのものであることを自覚するのである」（二九頁）。

成定洋子は、「がじゅまるの会」成立期に焦点をあて、「エイサー祭りが会の同郷性の団結に果たした役割についてエスニシティ論の立場から一考察を試み」ている（成定 一九九八、七八頁）。まず、「同郷性」概念がふたつに区別される。具体的な対面的結合原理にもとづいた郷友会に対し、より大規模な県人会では、「沖縄人」という「抽象的」なカテゴリーにもとづく結合が基盤となる。成定は沖縄人の同郷性を、土着的で直接的な故郷における具体的対面関係（の都市への持ち込み）としての郷友会的同郷性と、内部に多様性をはらみながらも、大和社会において「沖縄人」であるということを結集の資源とする県人会的同郷性とに分類している。そして成定は、がじゅまるの会の内部に以上のような二種類の同郷性原理の共存をみてとっている。初期がじゅまるの会の資料から、宮古出身者のテクストを引用しながら、「二重の同郷性」が見出される。宮古・八重山出身者にとって、「オキナワ」という言葉は沖縄本島のことであり、みずからも所属する「沖縄県」を指示することはない。宮古・八重山出身者にとって「オキナワ」とは「他者」なのである。成定は、がじゅまるの会が中心となって企画した大阪市大正区での第一回エイサー祭りの正式名称が「沖縄青年の祭り　エイサー、クイチャー、マミドーマー、カチャーシ広場」（それぞれ沖縄、宮古、八重山の舞踊の名称）であったことを指摘し、「ここに二重の同郷性を我々は見出すのである」（同、八三頁）としている。「ひとつには、宮古、八重山、沖縄（本島）といった限定的出生地域に対する同郷性である。もうひとつは先に述べた県人会組織を結束させるところの抽象的な「沖縄人」でつながる同郷性である」（同、八三頁）。

桃原一彦は「時間的経過のなかで独自のアイデンティティやライフスタイル（同郷者結合など）をもつ住民が定着・適応していく過程を、その蓄積された経験のなかから社会学的に解読」することを目標とし、さらに「今日における「他所からの来住者」（ニューカマーズ）に対する態度、意識、地域生活の変化などから共生のあり方を模索」していく。ここでかれは「法制度的には日本人として扱われながらも〝琉球〟を背景とした歴史的特異性と文化的独自性をもちながら戦前から高度成長期にかけて、さらに今日にかけて本土の各地域社会へ移住し生活する沖縄出身者」（桃原 一九九七、二二三頁）たちの、「大都市生活における独自のソシアビリテ（sociabilité：結びあうかたち）に焦点を」（同、二一四頁）あてる。具体的にいえば、それは川崎市中島地区の沖縄出身者たちの集住地区形成過程や同郷者結合のあり方である。桃原は、沖縄出身という事実を「根茎」にしたゲマインシャフト的同郷者結合を、川崎市中島の集住地区を事例として分析しながら、まず沖縄人ネットワークが単なる故郷における対面的関係の「持ち込み」ではなく、都市において「沖縄を根茎として」新たに形成されていくこと、そして、単なるシボリックなレベルだけでも、経済的な相互扶助のレベルだけでもなく、復帰運動という「アソシアシオン」としての組織化のレベルがそこに存在したことを主張している。

冨山一郎は、「沖縄的なもの」が単に再生産され維持されているということを述べるのではなく、それが日本の近代化の過程において抑圧されていくプロセスを描いているという点で他の研究とは一線を画している。かれは一九二〇年代に沖縄人が本土で出会ったさまざまな差別を、自分たち自身の問題として沖縄人たちが内面化し、「生活改善運動」などのかたちでみずからを「日本人化」しようとしたことを描いている（冨山 一九九〇）。ここでは「本来の沖縄人」と「抑圧され日本人化される沖縄人」とが対立している。しかし、まずその「沖縄的なもの」がどうやって維持されつくりだされているかについてはほとんど述べられていない。それは本来的な自然としてすでにそこにあるものでしかないようだ。また、すでに本書でもみたとおり、沖縄人であることと日本人になることとのふたつのアイデンティティの関係は、より複雑である。戦後の本土就職で起きたことは、むしろ日本人になろうとして逆に沖縄に「アイデンティティのUターン」を招いてしまったという、矛盾するプロセスなのである。

山口覚の研究はここで重要である。山口は兵庫県下のいくつかの沖縄出身者集住地区で地道なフィールドワークをおこない、戦後に形成された沖縄人コミュニティにおける共同性の多様なあり方を分析している。かれは、そこではむしろ同郷性よりも近隣性や地域性にもとづく本土人とのネットワークが形成されてきたこと、政治的行動も立場によって多様だったことなどをあきらかにしながら、次のように述べる。

……〔沖縄人の〕集団の在り方は状況に応じて変化し、各人が置かれた地理的・社会的コンテクストにおいてそれぞれの活動や政治意識にも差異が生じていった。
特に集住地区では「地域の和」という言葉の強調も見受けられたが、その一方で集住地区・分散居住地域を問わず、沖縄出身者以外の近隣居住者との結びつきも形成されていった。沖縄出身者の「結びあいのかたち」は、多様な抵抗の実践の中で、個々人の必要や状況に応じて複雑なものになっていった……。（山口二〇〇八、一九五頁、〔　〕内は引用者補足）

また、山口は兵庫県宝塚市の沖縄人集住地区でのフィールドワークから、移住先の集住地で獲得できた農地の面積によって生活基盤が異なり、アイデンティティや共同性のあり方も多様に変化したことや、沖縄出身の地元地方議員の活動をめぐって、沖縄出身住民のあいだにさまざまな多様性や分断がみられたことなどを描いている。そして山口は、ある種の「困難な側面」に出会うことになる。

他者の目には一つのマイノリティ集団として認識される人々であっても、まさに社会的弱者であればこそ複数の抵抗の手段が講じられるであろうし、それによって結集軸に与えられるべき意味の一元化が困難になることもあったであろう。抑圧的なマジョリティに接近しようとする者から、マジョリティとは距離を取ろうとする者に至る様々な立場も現れよう。（同、二二九頁）

だが山口は、こうした複雑性との出会いを経てなお、「「沖縄」は確かに見えている」と語る。「ひとりひとりの中に沈殿した巨大な澱のような思いの、おそらくはそのほんの一端が。こうした集合的なアイデンティティの問題が残留したままの状況について、個々人の「日常的創造性」を単純に肯定するだけではないかたちでいかに論じられるのであろうか」(同、二三〇頁)。

沖縄に関する社会学的先行研究において主な分析対象となってきたのは、マクロな歴史的状況におかれた諸個人の生活史やアイデンティティであるよりもむしろ、中間集団レベルでのネットワークや共同性、あるいは「結びあいのかたち」である。それは初期の、維持され伝達される始源的共同性規範としての沖縄的生活様式の「発見」から、最近ではその複雑性や複数性を強調する方向へと進んできたが、それでもなお残る問題は、そうした沖縄の「沖縄的であること」が、むしろ状況に対して相対的であり、歴史的に複雑なものを抱え込んできたということの再発見を経てもなお、複雑性や個人的生き方に還元できないような「集団的なもの」が残るということなのである。沖縄は(あるいは部落は、あるいは在日は)「ポストモダン」という流動的なないにかに飲み込まれ、あとにはただ個々人が残っているにすぎない、という状況にはいまだ遠く到達していない。山口覚が述べるように、「集合的なアイデンティティの問題」は相変わらず残り続けているのである(なお、沖縄的同郷性に関する社会学的な研究として、本章で取り上げたもののほかに、魁生 一九九七、金城 一九九七、佐藤 一九九七、中村 二〇〇三、山本 二〇〇四、山城 二〇〇七などを参照してほしい)。

したがって、共同性のそのつどの繋がり方や変容のあり方ではなく、その背後にある「アイデンティティ」がここで問題となるのである。だからといって、どの時代のどの地域にも通用する沖縄人アイデンティティがあるといいたいのではない。むしろ逆に、特定の歴史的・社会的状況におかれた諸個人が、どのようにして「沖縄人」になっていくのか、ということを考えたいのである。沖縄的なものは単なる所与のものでも始源的なものでもないが、かといって政治的目的のために動員されるものでも、マジョリティの欲望がつくりだした幻想としてのラベルでもない。それは政治的状況に無縁のものではないが、同時に政治的状況によって構築され押しつけられるだけのカテゴリーでもない。それは「特定の社会的状況のなかでつくられる始源的なもの」である。人為的に分けられた社会集団が異なる歴史を歩むことで「実際に異なる集団」になることがあるように、政治的に分け隔てられた「沖縄人」という特定の集団の生き方が、自然で始源的なものとして経験される、その歴史的プロセスを描きたいのである。

本書における生活史の語りにおいても、たとえば本土に移動した沖縄の人びとがすべて沖縄的共同性のなかで暮らしたわけでもないし、Uターンの理由として沖縄的な生活様式を挙げたわけでもない。本書全体を通じて何度も繰り返し述べているように、この調査で浮かび上がったもっとも大きな問題は、本土にあこがれて渡り、そこで楽しく暮らしたあと、さしたる理由もなくUターンしていく移動のあり方であり、またそれを語る「ノスタルジックな語り」である。

沖縄の社会学的研究ではつねに中間集団レベルでの共同性、前近代性、非合理性が強調される。しかし本土就職の語りのなかで語られたのは、そうした「沖縄ムラ」「沖縄会」のなかにどっぷりとつかって送った暮らしの物語とともに、急激に成長する東京や大阪という大都市のなかで、たったひとりでたくましく生きていった人びとの物語であった。谷富夫は、沖縄的生活様式のなかに、共同性だけでなく「自力主義」を入れている。かれのいう自力主義は「お上に頼らない生き方」であると解釈できるが、同時にそれは、「沖縄的な同郷性に頼らない生き方」でもあるだろうか。いずれにせよ、沖縄的な生き方は多様であり、それを単なる同郷性に還元することはできない。だからこそ、逆になぜかれらは「日本人」にならなかったのか、なぜふたたび沖縄に帰っていったのか、ということが問題になるのである。

基本的に沖縄の人びとが都市においてマイノリティ集団に共通する生活様式を維持することに関しては理解できる。しかし、戦後の本土就職という特定の現象における「過剰な還流」という特定の問題を分析する際に、沖縄的同郷性を前提にしていては理解できない部分が残るのである。なぜ本土移動はノスタルジックに語られるのだろうか？　なぜかれらはあれほどあこがれた日本に「同化」しなかったのだろうか？

二　アイデンティティとはなにか

アイデンティティとはなにか。現在ではわれわれはアイデンティティというものを否定形でしか語ることができない。もはやエリクソン流の牧歌的なアイデンティティ、人生の各段階における地位、充足されるべき役割としてのアイデンティティというものは存在しない。それは果てしない問いかけであり、答えの見つからない疑問、応答されない懐疑である。純粋に批判的な概念としてのアイデンティティは、階級や市民権が問題だったマルクスやウェーバーたちの古典の時代には存在しなかった。政治的闘争の焦点が分配から承認へと徐々にシフトするなかで、経済や政治的権力に還元されない問題としてそれは発生したのである。バウマンがいうように社会学は社会の再帰的なまなざしそのものであるなら、主体が不可能であるような社会状況のなかで主体や自己に対して批判的な社会学理論が生まれたのは不思議なことではない。

バウマンによれば、還元主義的で経済決定論的なマルクス主義の単純な図式が、一九六〇年代まで「多様な苦痛、当惑、不安をすべて飲み込んだ、単一の包括的な説明」を人びとに与えていた（バウマン二〇〇七、六五頁）。しかし、古きよき「（前）近代」は終わりを告げ、「リキッド・モダン（流動的近代）」において、私たちを取り巻く世界は、ほとんど秩序を欠いた断片と化している一方、私たちの個々の生活は、まとまりを欠いたエピソードの連なりに切り分けられてしまって」いるのである（同、三八頁、〔 〕内は引用者補足）。かれは現在に生きる自己を次のように描いている。

完全にあるいは部分的に、あらゆる場所が「本来の場所とは違う」こと、……完全にどこかに収まってはいられないことは、落ち着かない、いらいらするような経験かもしれません。常に、それについて説明したり、謝罪したり、隠れたり、あるいは逆に大胆に露出したり、交渉したり、競り合ったり、取引したりしなければならず、お世辞を言ったり、うわべを飾ったり、あるいは逆に、もっと明確で判読可能なものにすべき違いが存在するのです。……人はいたるところで「くつろいだ」感覚を覚え始めることも可能です。しかし、払わねばならない代償は、どこにいても完全にはくつろげないこと、また本当の意味ではくつろげないということを受け入れることです。（同、三八―三九頁）

（ポスト）モダンの社会においてはわれわれはみな本質的には故郷喪失者であり、錨を下ろすべき港を見失った船である。この「錨なき船」についてより詳細に論じているのがギデンズである。かれによれば、アイデンティティとはもともと、

……個人が所持している弁別的特性ではないし、特性の集合ですらない。自己アイデンティティとは、生活史という観点から自分自身によって再帰的に理解された自己である。（ギデンズ二〇〇五、五七頁）

与えられた地位や役割の束ではなく、そのつど再帰的に解釈され理解される営みとしてアイデンティティはあるのだが、その際、意識的で言語的な活動を可能にする、あるいはそれらを「裏で支える」実践的で慣習的な「自然的態度」は、つねに「存在論的安心」とギデンズがよぶものと結びつい

ている。ガーフィンケルがおこなった実験を引用しながら、かれは、そもそも日常的な社会生活が営めるのは、コミュニケーションや社会的行為において「世界」の複雑性を縮減するような機構が存在するからである、と述べている。ギデンズにとって自己とはもともと、どのような文化や歴史においても、再帰的で解釈学的な営みなのだが、問題なのは次のようなことである。ポストモダン（あるいはギデンズの言い方でいえば「ハイモダン」）という歴史的段階を迎えた社会においては、グローバルなレベルからミクロで個人的なレベルにいたるまでのあらゆる社会関係が不安定化する。これをギデンズは「リスク社会化」として捉えているが、そのような社会では、上記の再帰的で物語的な自己は、ますます不安定化していくだろう、ということだ。これは単純に（前）近代よりも生活世界における不安が増大するということではなく、むしろすべての自己が果てしなく続くリスクの測定と計算のゲームに巻き込まれる、ということである。

世俗的なリスク文化を生きることは本質的に不安定なことであり、特に運命決定的なエピソードの最中には不安の感覚がはっきりとすることがある。〔しかし〕先に述べたように、リスク文化に生きることの困難さは——制度化されたリスク環境においてさえ——日常生活において前の時代よりも不安が増大したということを意味しているわけではない。その困難さは、リスク計算自体によって生み出される不安、および「ありそうもない」偶然を排除すること、つまり生活設計を取り扱い可能な大きさに縮めることの難しさにある。（同、二〇六頁、〔 〕内は原文）

再帰的プロジェクトとしての自己は、つねに不確定な未来に対して開かれており、われわれはさまざまなお互いに矛盾する信念や規範やストーリーを組み合わせながら、自己そのものを構築・再構築していくのである。

したがって、自己とは再帰的な語りそのものである。プラマーにとっては、もっとも個人的で内密なセクシュアリティに関する語りでさえも、自己を物語化する営みによって生み出されるものである。すべてのセクシュアリティは、あるいは自己についてさえ、

〔その〕語られ方はきわめて多様である。もはや人びとはただ単純に、自分たちのセクシュアルな生活を「語る」ことで、そうした生活の「真実」を暴露するのではない。そうではなく人びとは、自分自身を社会的に組織された伝記的な対象に変えるのである。彼らは、真実に関係しているか否かにかかわりなく、親密な自己の物語を構成し、すこし言い方が荒っぽいかもしれないが、でっちあげもする。（プラマー 一九九八、七〇頁、〔　〕内は引用者補足）

このように、自己、あるいはアイデンティティとは、「私によって語られた私」である。浅野智彦はここに「私」が二度出てくることに注目し、この私の二重性によって、自己とは語られるものであると同時に、つねに語り尽くせないものを含むことを強調している（浅野 二〇〇一、二四七頁）。ここ

までくれば、アイデンティティとは、不確定な未来にむかって開かれているだけでなく、本質的に不可能なもの、語られないもの、断片的で引き裂かれたもの、あるいは否定形によってしか指し示すことができないものということになる。

言語論的に転回したあとの社会学理論において、言語的に表現されたものとして自己を捉えるということは、大袈裟にいえば語られた自己と現実とのあいだにいかなる対応関係も設定しない、ということである。この場合の現実にはほかならぬ自己それ自体も含まれており、したがって語られた自己と自己そのものとのあいだには無限の距離が存在することになる。アイデンティティとはこの距離をあらわすための概念である。どのような自己の語りも自己そのものへの違和感としてのみ解釈される。自己同一性ではなく「自己差異性」としてのアイデンティティ概念によって社会学が表現しようとしているのは、無限に多様化し流動化する（ポスト）モダニティの状況にほかならない。すべてのカテゴリーが相対化され、権威が世俗化され、真理が政治問題化されるこの状況において、自己のみが静かで安定した営みを続けることができると考えることは間違っている、というわけだ。

さて、アイデンティティ（という概念）はこのような歴史的・理論的状況のなかで生まれてきたのだが、他方でさらに議論を進める論者も存在する。それによれば、アイデンティティの分裂や多様化や断片化は単なる歴史的必然性の結果なのではなく、それは「政治的にも正しい」ある種の「前進」なのである。もし多様な自己語りが、統一的なカテゴリーに安住する自己の時代が終焉したあとにあらわれるものであるというだけなら、それは単にそのような歴史的段階が到来したということであり、そこには規範的な主張は含まれない。しかし、単に時間的順序において「こちらのほうが新しい」ということだけでなく、政治的・倫理的にも「こちらのほうが正しい」ということが主張されることがある。

上野千鶴子は、統合された安定したアイデンティティ、あるいは社会的カテゴリーへの所属欲求といいかえてもいいかもしれないが、これを「存在証明への強迫（obsession）」として捉えている（上野編 二〇〇五、二三頁）。そして、そうした強迫への抵抗が、抑圧された社会的少数派による権力闘争において追求されてきたことを指摘している。

実際のところ、多くの人々は、アイデンティティの統合を欠いても逸脱的な存在になることなく社会生活を送っている。それどころか社会集団が包括的帰属から部分帰属へと変化するにつれ、断片化されたアイデンティティのあいだを、一貫性を欠いたまま横断して暮らすことも可能になった。この複数のアイデンティティのあいだに、強い「隔離」や「非関連」が成立した状態を、わたしたちは「多重人格」とか「解離性人格障害」と呼ぶが、それは病理である以前にポストモダン的な個人の通常のあり方ではないだろうか。……

一貫性のある自己とは、誰にとって必要だったのか？　わたしたちはもはやこの問いを過去形にしてもよいかもしれない。……アイデンティティの理論の革新は、……「宿命」としてこの強いられた同一性から逃れたい、または逃れる必要があると考える、（少数派の）人々によってこ

そ担われた、と。理論もまた、社会的な闘争の場なのである。（同、三五―三六頁）

この考え方によれば、統合されたアイデンティティとは、単に産業構造や社会構造が生み出した（前）近代の遺物であるだけではなく、民族差別や女性差別を生み出すような、抑圧的で権力的な社会関係や規範と結びついている。したがってアイデンティティを脱構築することは、ただ時宜を得たことであるよりもむしろ、政治的・倫理的にも望ましいことなのである。統合されたアイデンティティが抑圧的な社会関係や規範と同義であるなら、われわれが闘うべきは権力作用や差別的な構造だけではなく、「統合された自己」という（おそらく）フィクションの物語も含まれることになるだろう。

このような分裂した自己の政治的正しさは、当然のことながら、エスニック・アイデンティティに関する議論においても主張されている。いくつかあるがここではその代表として戴エイカを取り上げよう。

戴は人種・民族的な本質主義アイデンティティ、あるいはこのアイデンティティを前提とした多文化主義を批判して、次のように強く主張している。

……エスニック・アイデンティティは、政治的また経済的な目的にそくして、特定の文化的要素を強調したり、神話をつくりあげたりすることにより、形成されるのだが、人はそれを生得的で原初的なものとして解釈しがちである。この解釈には、文化が先験的に決定されているという前提、また、その「真性」の文化によってアイデンティティが決定されるという前提がある。こうした考え方は文化本質主義と呼ばれる。……

支配的文化に対抗するために、自らの文化を限定し、その周りに確固とした境界線を築きあげることは、支配的文化の境界線を強めることにもなる。同一性に対抗する同一性、という二項対立のモデルでは、それぞれの集団の境界がますます閉鎖されていくばかりである。（戴一九九九、七四頁）

統合された自己がフィクションなら、統合された民族集団という物語もフィクションであることになる。したがって本質的な語りにもとづく民族アイデンティティは、リアルな多様性を抑圧し境界線を閉鎖するような生き方しかもたらさないものとして激しく批判されている。一方で「戦略的本質主義」（政治目的のために「あえて」選ばれた統合的アイデンティティ）にも目を配りながらも、戴は一貫して「ディアスポラ・アイデンティティ」（「故郷喪失者」としての多様なアイデンティティ）の政治的正しさについて述べ続けている。明示的なカテゴリーにもとづいた自己の語りは、人びとの多様な生を抑圧するのだ、とまで主張されるのである。

これらのアイデンティティに対する「否定的」な議論を読むと、まるでなにかの土地や文化に結びついたかたちでのアイデンティティ、とくに民族的・地域的アイデンティティとは、政治運動や権力がつくりだしたフィクションであり、多様な現実にそぐわないばかりか、マイノリティの権利擁護のためには有害ですらあるようにみえる。

単なる事実確認ではないような「政治的」な理論が主張するような断片的で多様なアイデンティティは、ここではマイノリティの自己としてイメージされている。一方で抑圧的で統合された自己としてのマジョリティと、他方で流動する多面的な自己としてのマイノリティが対比されているのである。これは、沖縄的共同性の議論として、はじめに自動的に継承される「自然」としての共同性概念が、のちに複雑で多様な共同性としてイメージされるようになったことと似ている。どちらにせよ、集合的なものから個別のものへ、統合されたものから分裂した多様なものへと、イメージが進化している。しかし、ここでもやはり、「それではなぜ「カテゴリー」なるものが残るのか」ということが問題になるのだ。

だが、本土就職者たちのノスタルジックな語りのなかで語られたあの定型的な沖縄の語りは、たしかに沖縄というものに同一化した自己の語りのようにみえる。そもそも、上記の論者たちも、土地や歴史に根ざした個人と集団の同一性というものが存在すること自体を否定しているわけではない。そしてそのアイデンティティが、つねにマジョリティへの抵抗のなかでのみ政治的に動員されるだけのものとして捉えられているわけでもない。しかしながら、定型的な語りのなかで何度も繰り返し表明される沖縄的なものへの郷愁と愛着は、たしかにある特定の歴史的経験を共有した人びとがもちうるような、「自己に対するある種の態度」をあらわしているようにもみえるのである。こうした定型的な語りを沖縄的アイデンティティそのものとして理解することは、それほど的外れなこととも思えないし、また多様性を抑圧することとも思えない。

さて、それでは、このようなマイノリティのアイデンティティをもつ、ということは、どのようなことだろうか。それは歴史的にどのようにつくられるのだろうか。

三　マジョリティとマイノリティ

数年前のことだが、ある小さなシンポジウムで次のような光景があった。ひとりの教育社会学者が、在日コリアンの若者たちのアイデンティティについて報告をしたあと、質疑応答の時間になり、会場にいた別の社会学者が質問をした。「マイノリティのアイデンティティについてはおっしゃるとおりだと思いますが、それではわれわれマジョリティは、どのようにして自分たちのアイデンティティをつくっていけばよいのでしょうか」と。報告者はしばらく無言で考えたあと、ぽつりと「マジョリティにはアイデンティティは必要ないと思います」と答えたのだった。

この発言によって報告者がなにを意味していたのかはわからないが、たしかに「マジョリティのアイデンティティをどのようにつくればよいか」という質問は、単に場違いで認識不足というよりももっと深いレベルで「文法違反」とでもいうべき論理的な間違いがあるように思える。

また、私は以前、ふとしたきっかけから「風俗嬢」とよばれるセックスワーカーの女性と知り合うことができた。そして、彼女から職場の同僚を数人紹介してもらい、またそこからさらに紹介して、という具合に、十数人の風俗嬢からインタビューをすることができた。どのようなきっかけでこの業界に入ったのか、どういう暮らしむきなのか、いくらぐらい収入を得ているのか、自分の仕事をどのように位置づけているのか、まわりの家族や友人には自分の仕事のことを伝えているのか……。あるときは大阪の梅田のカラオケボックスで、あるいはミナミのホテルで、あるときは顔も本名も知らない北海道の風俗嬢と長距離電話でインタビューは進み、さまざまな語りを聞いた。

調査も一段落したと感じた私は、次の段階として「買う側」にいる男性にもインタビューしなければ性の売買という社会現象について理解することはできないと感じ、風俗店の利用経験がある男性数人に話を聞こうとしたのだが、そのとき感じたのは、買う側には語るべき語りがほとんどない、ということであった。

売る側である女性からは長時間にわたる、生き生きとしたディテールに満ちた、複雑に屈折する語りを聞くことができたのだが、それに反して買う側の男性の語りがあまりにも貧弱だった、という対比が非常に印象的であった。だがそれは当然すぎるほど当然のことだったのだ。売る側の女性にとっては、そうしたワークに従事するということは、それこそみずからのアイデンティティの変容だけでなく、身体的な嫌悪感の独創的な処理方法の考察、あるいは家族や友人とのコミュニケーションにおける自己呈示の巧妙で臨機応変の高等技術を体得することをも含んだ、生の全体的な変容をともなうことだったのに対し、買う側の男性にとっては、性の売買の現場に行くことは、仕事帰りに気軽に立ち寄っていくらかの金を払い（とくに他のサービスや商品と変わりないような）性というサービスや商品を手にし、事を終えたあとはなにごともなく帰っていくことができるような、その程度の些細な経験だったのである。男性にとって一時間ほどのその時間以外は、まったくふつうの日常生活が流れているのである。

こうした圧倒的な非対称性は、なにも性の売買の現場にだけでなく、たとえば在日コリアンと日本国民、沖縄人と本土人、被差別部落民と一般市民、障碍者と健常者という、「ある軸」によって人間を分割する際にかならず出現する。マイノリティであるということとは、果てしない自己への問いかけという「アイデンティティの状態」にあるということである。マジョリティであるということは、世俗的で日常的な課題が次々と生起する複雑なゲームの規則そのものとなり、自己について問われることを免除された状態にあるということである。マイノリティのアイデンティティに対応するものは、マジョリティにはない。そこにあるのは規則と化した「自動機械としてのハビトゥス」の作動である。

金泰泳は、現代の若い世代の在日コリアンのアイデンティティがますます流動的になっていると述べている。たとえば、本名を使うかどうか、という在日にとって重要な選択さえ、状況に対して相対的な「戦術」になってきているのである（金 一九九九）。金はそれが「在日の新しいアイデンティティのあり方」であると評価している。かれがあきらかにしたように、たしかに多くの若い世代の在日コリアンたちが、状況によって本名や通名を使い分けている。ほかにもたとえば、在日コリアンと同じように、若い世代の被差別部落出身者も、ある場面では出自をあきらかにし、ある場面ではあえてあきらかにしないような柔軟な戦術を採用している。アイデンティティという観点からすれば、これは過去の実体的で不変のアイデンティティから、状況に対して相対的あるいは流動的な、ゆれ動く多様なアイデンティティへと変化したようにみえる。あるいは「進化」した、ともいえるかもしれない。

アイデンティティが世代によってどのように変わっているかという問題は、それがほんとうに変化しているのかどうかという疑いも含めて、さしあたってここでは深く議論しない。それよりもここで重要なことは、古典的なマイノリティのアイデンティティというものが、たとえば本名を使用し社会運動にも参加し母語を学び民族文化を尊重する、といったような、何世代にもわたって継承される固定的な、いわば「カテゴリー再生産的」なものとして考えられている、ということである。さらに、過去のコリアンたちはそのようなアイデンティティを「もっていた」のだが、最近の若い世代ではそのようなアイデンティティは「薄れてきて」いて、より多様で流動的で異種交配的なものになっている、というイメージのもとで自己が語られている。先ほどみたバウマンもマルクス主義や近代化論、あるいは人種や民族のような人びとをカテゴリー化する概念の崩壊を受け、アイデンティティなるものがますます変動的になってきていることを述べている（バウマン二〇〇七）。アイデンティティに関する理論のなかで、この「もっている／もっていない」「固定している／流動している」というメタファーで語られているものとはなんだろうか、ということを問いたいのである。この問題は、マジョリティとマイノリティを区別することでより明確になるだろう。われわれマジョリティは、少数派の人びとがそうしているのと同じような意味で、アイデンティティを「もつ」ことができるだろうか。

差別という社会現象について調査して気づくことは、マジョリティというものは、アイデンティティを「もたなくてもすむ」ような状態にある、ということだ。われわれは自己の問題について考えなくてもよいのである。もちろん日常的な違和感や「しんどさ」を感じないといっているのではない。それは各々の人生において、個別の問題としてある。社会的にカテゴリー化され差別されている集団の成員とは異なり、われわれは生における問題というものを、個人として経験し、個人としてそれに関わることが可能になっている。問題を差別問題に限定すれば、たとえば在日コリアンに対応する多数派の存在者としては「日本人」が、被差別部落民に対しては（定まった用語はないが）「一般市民」が、障碍者に対しては「健常者」があるのだが、たとえば国民性という軸で分割される在日コリアンと日本人が、ほかならぬその国民性という問題を、同じ強度で同じように経験するということはありえないのである。個人的な問題はここではすべて排除して考えると、在日コリアンが関わらざるをえないような諸問題とは、われわれ日本人は一生関わらずに生きていくことが可能なのである。在日コリアンにとって特権であるこの「日本国民であること」は、日本人にとっては特権でもなんでもなく、ただそれは自然にそれとして与えられているだけのものなのである（それが特権ということなのだが）。まさにこの非対称性が、「マジョリティのアイデンティティをわれわれはどうやってつくっていけばよいか」という先ほどの質問にあらわれているのである。それは「同じものを私たちも「もつ」ことができるはずだ」という思いつきに発している。だが、マイノリティのアイデンティティとはある実体をもった自己意識ではなく、むしろ果てしない自己への問いかけなのである。その意味で、先に挙げた金泰泳が描く多様なアイデンティティ管理のあり方とは、新しい生き方なのではなく、むしろ昔からマイノリティの生き方そのものであったのかもしれない。

マイノリティのアイデンティティに関する研究が膨大に存在する一方で、マジョリティのアイデンティティに関する研究が驚くほど少ないのは、アイデンティティにかぎらず「マジョリティ」なるものに関する研究そのものがそもそも非常に少ないからでもあるのだが、それはこのような、マイノリティのアイデンティティの構造の本質的な部分にも関わっている。

マイノリティの当事者たちは、アイデンティティを「もっている」だろうか。あるいはそれを「もつ」ことを決断できるだろうか。アイデンティティをもっているということは、正確にはどのような状態なのだろうか。この問題は、マジョリティに置き換えて考えてみたとき、よりくっきりした輪郭をもってあらわれてくる。われわれマジョリティは、アイデンティティというものをもつことができるだろうか。あるいは、アイデンティティをもとう、と、あるとき「決める」ことができるだろうか。そして、そのように「もつ」ことを「決められた」アイデンティティは、実際にはどのようなものだろうか。そのようにして「もたれた」アイデンティティは、マイノリティのそれと正確に同じものだろうか。われわれは、手にコーヒーカップをもつのと同じようにアイデンティティをもつことができるだろうか。ある人のある言動をみて、あの人はアイデンティティをもっている、と述べることはできる。だが、このことは、アイデンティティをすべての人がもつことができると述べることと同じではない。アイデンティティとはもったり捨てたりするなにかではない。

アイデンティティをもっている、というのは、正確にいえば、アイデンティティをもっているとみなされるような、ある種の社会的な「状態」にある、ということである。それは自然に受け継がれる文化遺産でもなく、合理的な判断の結果として所有される財のようなものでもない。ある人びとに対してアイデンティティをもっているというような言い方をするとき、おそらくその人びとはなんらかの社会的なできごとに巻き込まれているのであり、その意味では、そうした社会的なできごとに同じような立場で巻き込まれていない人びとに対しては、同じような言い方ではアイデンティティをもっているとはいえないだろう。このような社会関係への埋め込みを前提としてはじめて、特定のカテゴリー再生産的なアイデンティティをもったり捨てたりすることができるのである。したがって、先ほどから繰り返してきた問いかけへの答えは、こうなる。もちろんだれもが特定のかたちのアイデンティティをもつことができる。しかしそれは、アイデンティティが問題となるような社会関係への埋め込みを通じて、である。アイデンティティは空白の状態でもったり捨てたりすることは「原理的に」できない。われわれは、このような条件つきで、「どの」アイデンティティをもったり捨てたりするか、ということを選択することができる。しかし、そもそもその前提であるところの「アイデンティティという状態」に埋め込まれるかどうか、ということを選択することはできない。それを決めるのは社会である。マジョリティは、少なくともマイノリティと同じような意味では、アイデンティティをもちえないのである。マイノリティの当事者が「もっている」アイデンティティは、マジョリティにとって交換可能なのだろうか。マイノリティのアイデンティティに正確に対応するのは、マジョリティのアイデンティティではない。それは前者と同じ意味でのアイデンティティではない。それでは、それは、マジョリティのいったいなんだろうか。マジョリティにとってアイデンティティに対応するものはなにか。より正確にいえば、マイノリティが「アイデンティティという状態」にあるとすれば、マジョリティはどのような状態にあるのだろうか。

アイデンティティが、もったりつくったりするものであるよりもむしろ、ある特定の問題をめぐる非対称的な社会関係へ「埋め込まれている」ことのあらわれであるとするなら、それはマイノリティとマジョリティでは根本から異なるものとなるだろう。それは、アイデンティティの種類がまったく異なる、というレベルではなく、もっと根底的に、そもそもアイデンティティですらないようななにかである、ということである。

サイードはある短いエッセイのなかで、亡命という経験と、その反動として生み出される防衛的なナショナリズムについて語っている。亡命とは、生まれた土地、慣れ親しんだ習慣と風土、「家」とよばれるあらゆるものからの断絶であるが、そのことが反動として強迫的なナショナリズムを生み出すことがある。むしろサイードにとっては、あらゆるナショナリズムは喪失の経験にもとづいているのである。

ところでサイードは、このナショナリズムを描写するエッセイのなかでブルデューのハビトゥスに触れている。

かくして、あらゆるナショナリズムは、自らの建国の父たち、基本的な疑似宗教的テクスト、帰属のレトリック、歴史的・地理的な里程標、公認の敵と英雄たちを有する。こうした集合的なエトスは、フランスの社会学者ピエール・ブルデューがハビトゥスと呼ぶもの、すなわち、習慣と居住とを結びつける諸実践の首尾一貫した混合体を形成する。やがて、成功を収めたナショナリズムは、真理は自分たちだけが独占しているのだと詐称し、虚偽と劣等性はアウトサイダーたちに帰属していると主張するに到る。（サイード 一九九六、六三頁）

ブルデューのハビトゥスという概念をここで詳しく検討する余裕はないが、それはおおまかにいって、社会構造と個人の実践とを結びつける心的な構造であり、それぞれの階級などの社会的位置に適合するように慣習的な行動を組織するもの、あるいはそうしたかたちで日常的な判断や理解の自然化された枠組みを提供するものとして捉えることができる（ブルデュー 二〇〇一）。サイードは亡命の悲惨な運命について深く認識しながらも、異なる土地での異なる経験がもたらす対位法的な自己の旋律について、その新たな創造性に希望を託している一方、防衛的なナショナリズムを根源から否定している。かれは自然な慣習的な行為がもつ、構造を再生産する保守性と、他者的存在に対して場の規範を強要する排除性をよく理解している。

いうまでもなくハビトゥスという概念は構造と行為との関係をあらわすための一般的なもので、それが政治的に保守的であったり革新的であったりする、ということにはまったく意味がない。ただ、ある規則や習慣にとけ込んでなかばそれを自動的に再生産するような自己が、どこかしら規範や規則を共有しないものに対して結果として排他的にふるまうことがある。もちろん、この排除は意識的で攻撃的な差別を必要としているわけではない。場の規則を理解しないものは、場の規則によっていわば自動的に排除されていくのである。

サイードが描く亡命者――あるいはシュッツの「他所者」（シュッツ 一九八〇）――の姿は、慣れ親しんだホーム（あるいは「レリヴァンス」）を奪われたものとしてのマイノリティ集団の姿と正確に一致している。規則との幸福な一致が奪われ、あらゆる経験の蓄積が否定される場においては、ゲームのルールそのものになって消滅していた規則の執行者である自己が、もう一度姿をあらわすことになるだろう。「アイデンティティという状態」とはこのような状態のことである。

ある特定の規範と一致する行為が自然に産出されている場合には、アイデンティティという自己への問いかけは発生しない。マジョリティが「もとうと意識的に決意するアイデンティティ」が、つねにどこか虚偽であるのは必然なのである。おそらく「決意されたアイデンティティ」、とくにマジョリティのそれが、少数者や他者に対する排除という過剰防衛的な反応をともなうことも偶然ではないだろう。人工的な境界線は、だれかほかのものを排除することによってしか維持できない、本来的にネガティブなものだからである。マジョリティは規則が作動し自己が消滅している状態であり、マイノリティは規則が破壊され自己が引きずり出された状態である。

自然な行為や場への埋め込みの破綻、つまり「ハビトゥスの破綻」としてマイノリティのアイデンティティを考えることは可能だろうか。アイデンティティは現在、ある語り方のもとで語られている。アイデンティティの歴史とは、固定的なものが流動化する歴史であり、「もたれていたもの」が「もたれなくなる」プロセスであり、果てしなく分解し細分化していくものとして語られる。アイデンティティとは、いわばみずからを消去するものとしてつねに語られているのである。だが、「どの」アイデンティティも「一律に」脱構築され多様化しているのではない。マジョリティとマイノリティのアイデンティティには、根本的な構造的差異がある。

たとえば、ある時期まではマイノリティのアイデンティティは、所属感情やカテゴリー再生産的な行動といった、実質的な意識や行為によって測定されてきた。在日コリアンであれば、「北」や「南」の国籍を保持しているか。日常的に本名を名乗って生活しているか。朝鮮総連や民団などの社会運動体に参加しているか。あるいは、沖縄人であれば、三線を弾くことができるか。親戚ネットワークに埋め込まれた生活を営んでいるか。ウチナーグチを流暢に操ることができるか。沖縄風の名字をもっているか……等々。アイデンティティの歴史とは、これらのさまざまな目に見える指標が失われていく過程であり、それはますます薄く、頼りなく、バラバラに分解されていくものとして語られている。

だが、これらの「大きな物語が失われていく」という語り方自体が、素朴進化論的な「大きな物語」である。あるいはまた、より悪いことに、複雑化し多様化したアイデンティティに、カテゴリーを解体する無意識の「抵抗」を観察者が先取りして見出すという、ロマン主義的なアプローチに陥ってしまう場合もある。

一方で強固で安定したアイデンティティと、他方で指からこぼれ落ちる砂のように消えていくアイデンティティ。サイードの言葉でいえば、ホームと亡命者。この二項対立は、後者が前者を前提にしているという意味で共犯関係にある。まずなによりも、マイノリティの――あるいは亡命者の――アイデンティティを、なにか実質的な内容をともなうものとして考えることはできない、ということを繰り返し述べておきたい。おそらく、確固たるアイデンティティを維持しているものも、状況に対して流動的であるようなアイデンティティの戦術を採用して生き延びるものも、「アイデンティティという状態」に埋め込まれているという意味では、それほど大きな違いはないのである。アイデンティティという状態を「なにかをもっている状態」と同じ文法で語ったとたんに、われわれはそれを失うことについて語らされることになる。私の疑問は素朴なものだ。本名を名乗らない在日コリアンは、在日としてのアイデンティティを「もっていない」といえるだろうか。もっているかもっていないか、という基準でそれをみたときに、なにか重要なものを見落としてしまうのではないだろうか。

ホールは、「カテゴリーが呼びかける声」に耳を澄ませている。アイデンティティとはまず主体の外部から呼びかけられる声であり、主体そのものを構成する権力である。また同時にホールは、それがそもそも不可能なものであること、つねに差異から生まれ、差異を再生産するものであることを述べている。だが、ホールは、アイデンティティというものを際限のない差異性に還元しようとはしない。主体の脱中心化は主体という概念を捨て去ってしまうことではない、とかれは述べる。

私は「アイデンティティ」という言葉を、出会う点、縫合の点という意味で使っている。つまり、「呼びかけ」ようとする試み、語りかける試み、特定の言説の社会的主体としてのわれわれを場所に招き入れようとする試みをする言説・実践と、主体性を生産し、「語りかけられる」ことのできる主体としてわれわれを構築するプロセスとの出会いの点、〈縫合〉の点という意味である。このようにして、アイデンティティは、言説的実践がわれわれのために構築する主体の位置への暫定的な接着点である。アイデンティティは、言説の流れのなかに主体をうまく節合もしくは「連鎖化」させた結果である。（ホール 二〇〇一、一五頁）

ホールもまたアイデンティティを「つねに「獲得」されたり「失われ」たり維持されたり、捨てられたりするという意味で規定されるものではない」（同、一〇頁）と語る。かれが語るのはアイデンティティよりもむしろアイデンティフィケーション、同一化そのものではなく同一化しようとする言説・実践である。このようにかれは、つねに分裂し多様化していくアイデンティティという素朴なマスター・ナラティブからある程度は身を引き離す。だが、実体としてのアイデンティティではなくてもかれのいうアイデンティフィケーションとは実体を「得ようとする」企てであり、主体化する欲望、大文字の他者と同一化しみずからに欠けているものを想像的に回復しようとする欲望と無縁ではない。要するに、かれもまた、「なにかをしようとしている」「だれかになろうとしている」状態としてアイデンティティを考えている。アイデンティティから距離をとろうとする実践もまた「アイデンティティという状態」のなかでとりうる選択肢であることを考えれば、やはりホールもどこかでアイデンティティの「実質」というものを考えているようにもみえる。

果てしなく脱中心化していく自己の理論に対して、ホールは身体や精神の居場所を「縫合点」に求めている。サイードが亡命者のメタファーで語っているのは、次のような事態である。すべての懐かしい家郷から引き離され、そしてそれを回復しようとすれば、排他的で防衛的な、虚偽のナショナリズムしか存在しないような、そのような事態である。ホールが述べるような縫い目に存在する主体というものはある意味で偶然の産物ではある。しかし、かれは主体という位置への暫定的な接着点としてのアイデンティティの前提に、アイデンティティファイする欲望や実践を位置づけているのである。

ハビトゥスの規則性の破れとしてアイデンティティを捉えた場合、カテゴリーによって呼び出されるかどうか、なにか実質的な言葉や属性でそれを埋めようとするかどうかは、行為者個人の偶然の選択にかかっている。それはアイデンティティの条件にとっては二次的なものだ。マイノリティを果てしない「お前はだれだ?」という自己への問いかけとしての「アイデンティティという状態」にある人びととして捉えると、この状態のなかから一挙にカテゴリー的なものや定型的な語りが生まれてくる可能性について考えることができる。

四　同化と他者化

戦後沖縄の集団就職者たちを対象とした行政主導の合宿訓練の資料から、あるいは、生活史のなかのあの「ノスタルジックな語り」から浮かび上がったことは、復帰前の日本と出会った沖縄の人びとの語りの多様性であると同時に、日本に対する「違和感」あるいは「他者性」だった。沖縄人としての実質的なアイデンティティを「もっている」人びとも、典型的な沖縄人としてのイメージからはかけはなれた生を営む人びとも、それどころか沖縄人としての位置から語ることそのものを拒否した人びとも、それぞれ日本への違和感を語っていたのだが、多様性のなかに突如としてあらわれるこれらの定型的な語りは、なにをあらわしていたのだろうか。

マイノリティとマジョリティとの非対称性を理論化する際に難しいのは、この非対称性を実体化して捉える本質主義に陥るか、反対に、まったくの人為的カテゴリーとして勝手な社会学的無効宣言をおこなってしまうか、どちらかの落とし穴にはまりやすい、ということである。あらゆる差別が、その内実において空虚であることはいうまでもないし、差別に対する社会的な抵抗運動を動員し組織化していくときに、この空虚さに目をむけさせることは有効な手だてとなりうるのだが、この「理論」があまりにも拡張されてしまうと、マジョリティとマイノリティとの非対称性の存在自体がフィクションであるとして否定されてしまうことがある。逆に、当事者性などにもとづく自助的な運動体が、社会的カテゴリーとしての人種や民族や身分、あるいはジェンダーなどを、明示的で生得的な社会学的三八度線としてあつかってしまうこともある。この両者のあいだに存在する狭い通路をたどるためには、社会的・歴史的「必然」によってつくられたものとして非対称性を捉えるしかない。

もしある国の人びとを国民と民族、とくに少数民族とに分けることができるなら、国民というものはたしかに意識されざるもの、無色透明のもの、一般的で普遍的な、単なる「人びと」としてしか捉えられないものであり、他方で民族的少数者は、意識的なもの、色づけされたもの、特定の特別な「この人びと」である。

序章でみた、戦後すぐに日本の新聞社によって夏の東京に招待された沖縄の少年のあの出会いの場においてまずはじめに気づくのは、われわれ日本人のその「数の多さ」である。これはいうまでもないことでも当たり前のことでもない。あの場におけるわれわれは、都市や近代や経済の力を誇らしげに少年に対して披露しているが、まるで国家あるいは都市そのものであるかのように、日本人たちは群れをなしてあらわれている。他方で沖縄の少年は最初から最後までたったひとりであり、ここでは個人として、あるいは生々しい身体として存在しているかのようである。社会学では差別とはカテゴリー化であるとしばしば定義されるのだが、むしろカテゴリー化されている現場においては、その対象となっているものは、ひとりの個人として、ひとつの肉体として出現させられているようにみえる。類的存在としてあらわれる日本人と、個別化されてあらわれる沖縄人。

ここで沖縄の少年は皇居やデパートのような壮麗な都市的景観に目を奪われているのだが、われわれ日本人の目を奪っているのは、われわれに目を奪われている沖縄の少年のまなざしそのものである。つまりわれわれはわれわれを見ている沖縄の少年を見ているのだ。結局のところ、われわれが見ているのは、沖縄の少年の目を通じたわれわれそのものであるが、ここでわれわれが自分自身を直接見ているのではないことに注意しよう。歴史上の大きな力に引き裂かれた悲劇の同胞に対する心の底からの善意は、いわば「自分自身を直接見ずにすむ」という事実にもとづいている。まずわれわれは都市的景観、あるいは国民国家そのものと一体化する（「「いつもの半分だ。もっとすごいんだぜ」と残念そうだった」）。ここでわれわれは類的存在となっている。あの場においてわれわれは日本というものを、あるいは近代や都市というものを代表して語っているのであり、自分自身について語ることを免除されているのである。われわれはいわば、少年の肩に隠れてわれわれ自身を覗き見る。われわれは自己の内側に閉じ込められることなく、都市と国家に同一化し、安全な場所からひたすら悲劇の同胞の祖国復帰を願っている。

ひとことでいって、あの出会いの場とはどのような場だったのだろうか。それは善意と悲しみ、そしていくらかの贖罪によって構成された場であり、引き離されたものを戻そうとする場、失われた統一を回復する場、まさに「復帰」のための場である。限りなく優しい日本人たちは、沖縄の少年が自分たちの一員であること、仲間であること、同じ国民であることを訴えかける。その訴えの輪は新聞報道によって急速に広まり、少年は分刻みのスケジュールで歓待されることになった。だれもが語ったことだろう、われわれとあなたとは同じ民族であり、同じ国民であり、同じ存在だと。ただ、われわれ個人にはどうしようもない歴史的悲劇によって一時的に引き裂かれているのだと。

だが、一般的にいって、同じ仲間である、同じ国民である、同じ存在であるというメッセージは、実はいまのあなたは同じ仲間ではない、同じ国民ではない、同じ存在ではないという前提条件がない

うものであるというメッセージは、同じではないというメッセージを伝えるのではなく、それどころか同じではないものを同じであるとしてしまうのである。

と意味をなさないものであり、したがって、同じであるというメッセージは、同じではないというもうひとつのメッセージをかならず伝達してしまう。未来のいつかにおいて同じであるもの、あるいは現在でも「ある意味においては」同じであるものは、現在のいまここにおいて、あるいはふつうの意味においては同じものではないのである。自己を語ることから免除されたマジョリティと、同じ仲間であるというメッセージによってかえって他者化されるマイノリティ。「あなたは仲間だ」という言葉は「お前はだれだ」という問いかけでもあるのだ。あるいは、「あなたたちは私たちと同じだ」というマイノリティ側からの呼びかけは、かならず「私たちはあなたたちとは違う」という意味をともなってしまう。要するに、それがどちらの側からのものであるにせよ、同化に至ろうとするすべての試みや呼びかけは、ここでは失敗に終わる運命にある。

ここで生み出されているのはふたつの自己である、と考えることは可能だろうか。一方では、それ自身についてはなにも考える必要がなく、非言語的で身体的、あるいは習慣的で実践的な生を生きる、いわば「マジョリティとしての自己」と、他方ではそれ自身について深く問い直され続け、引き裂かれた生を果てしなく語り続ける「アイデンティティという状態」である。同じではないという意味をともなった同じであるという定義は、おそらく自己のあり方に深刻な裂け目をもたらし、再帰的な語りによる自己の再構築というプロセスをより促進することだろう。

シュッツは、日常世界はひとつの「自然」だ、と書いている（シュッツ一九八〇）。ここで問題としたいのは、われわれの世界がなぜ自然なのか、ということである。いったん「異邦人」にでもなれば簡単に崩壊する、この自然にみえる世界に住まい、この世界に守られて生を営むわれわれは、ある意味で「守られた」存在なのだろう。われわれは諸々の障壁でもって、外界からの異物混入によってみずからの自然的世界が攪乱されることを防いでいるのだが、それでも時折なにかの拍子で、この自然は揺らぎ、疑われ、相対化されることがある。そして、さらにここで強調したいのは、こうした障壁は、だれもが同じだけの高さと強度を備えたものをもっているわけではないということだ。

民族的アイデンティティというものを、文化や共同性の継承として考えることはあきらかに不十分である。ある国民国家のなかでは、多数派の人びとは、文化や共同性の継承のなかで生きているにもかかわらず、無色透明の国民にはなりえても、「民族」として立ちあらわれることはない。しかした、差別や排除への抵抗からアイデンティティが構築されるという「差別モデル」も、それが単線的な因果関係を内包するという点では上記の「文化モデル」とそれほど違いはない。ここでは、同化と復帰のための場、同じものであることの再確認のための出会いの場が、逆に他者化と「自己のアイデンティティ化」の場となっている。このできごとをひとつのモデルとして民族的経験というものを考えてみようというのが本書の企図であった。

どのような意味でモデルであるかといえば、それはそれが「善意」で構成されているという点である。つまり、あからさまに攻撃的な差別的状況に対する抵抗として組織される政治的アイデンティティよりもむしろもっと深いところで「アイデンティティとしての自己」が形成されるのではないか、ということなのである。重要なことは、この場合の民族的アイデンティティは、あくまでも自己への問いかけとしてのそれであって、その内容に関してはまったくのところ開かれているということだ。したがって、民族的アイデンティティの「中身」が、非常に融和的で同化主義的である場合もありうる。しかしその場合でも、その根底には、ここまで述べてきたような「他者性の感覚」としてのアイデンティティが存在するだろう。

問題なのは、こうしたアイデンティティという状態、マイノリティとしての自己が、どのような場所で発生するかである。それはたしかに、直接的な差別や暴力、抑圧や排除の現場でもっともあからさまにあらわれるだろう。だが、ノスタルジックな語りや合宿訓練の記録が示しているのは、それが非常に同化主義的なふたつの集団の出会いにおいても、あるいはそうした同化圧力のなかにおいてこそ、大規模に生起するということなのである。

マイノリティのアイデンティティが、なにかの実質を「もつ」ということであるよりもむしろ、果てしない自己への問いかけとしての「アイデンティティという状態」に陥ることであるとすれば、こうした歴史的な同化への移動の経験はまさしく、そうした「お前はだれだ?」という問いかけを多くの人びとが同時に経験するきっかけにちがいない。

これが同化が他者化を生み出すプロセスである。同化圧力はマイノリティの自己への問いかけという アイデンティティ状態をつくりだすことで、結果的に他者を生み出してしまうのである。非常に強い同化圧力は、かえって「われわれは違うものである」というメッセージとして機能してしまう。意識的で意図的な同化は、同化という現象そのものの本質と矛盾しているのである。同じになることは自己の源泉を忘却することである。だが同化せよという命令は、まずわれわれとかれらがどれくらい違うものか、そしてどれくらい同じになったのかを判定することを人にせまる。この問いかけが他者化を生み出すのである。

アイデンティティがつねに問われる状態に縛りつけられたマイノリティにとっては、断片化した流動的で多様な自己を生きることも、あるカテゴリーにふたたび還っていくことも、まったく同じことである。一方が政治的解放に、他方が抑圧につながるという単純なことではなく、そもそも自己について問われないマジョリティと、自己について果てしなく問われるマイノリティがいる、ということだ。断片化した自己もカテゴリーに還流する自己も、自己について問われる状態としての「アイデンティティという状態」のもとで生きるマイノリティの自己なのである。

断片化し他者化した「アイデンティティという状態」にある自己が、ふたたびカテゴリーに還流するか、それとも断片となった部分的な生をそのまま生きるかは、おそらくそれぞれの人びとが、あるいはそれぞれの集団がどのような歴史的状況におかれるかで違ってくるだろう。沖縄の場合は、本土からのUターンとアイデンティティの「再‐沖縄化」は、完全にパラレルな過程であるようにみえる。日本への強すぎる同化圧力は、その反発としての「再‐沖縄化」を生み出さずにはいられなかったようである。しかし、個人や集団がおかれている条件によっては、こうした再カテゴリー化よりも、より断片的で多様な生が選択されることもあるだろう。

破片のひとつのかけらとして生きるにせよ、あるいはふたたび故郷としての共同性のなかで生きるにせよ、どちらにも共通していえるのは、それらの本質は同化圧力が生み出したその他者性にあり、永遠にマジョリティに回収されることはないだろう、ということだ。

すでに述べたように、当時の低い労働条件や非行・犯罪にみられるように、本土就職は厳しい状況にあったことは否定できない。直接的な差別的体験も少なくなかっただろう。だが、ここでそうした差別や貧困、過酷な労働よりもむしろ、あこがれて渡った本土で楽しい生活を送った「にもかかわらず」Uターンしてしまうという、ノスタルジックな語りが問題となるのである。差別や抑圧によってアイデンティティが動員されることも考慮に含めたうえで、むしろ「差別されたことがなかった」と語る人びとすら沖縄にUターンしてしまうのはなぜか、ということを考えるとき、そこに「差別」という言葉では捉えきれないほどの大きな亀裂があることが示されるのである。

あからさまな差別がないどころか、もし同化へむけた欲求と、温かい善意と心からの歓迎とによって構成される出会いの場でさえも他者性が発生するとすれば、そもそも同化というものは原理的に不可能ということになる。同化圧力が結果として他者性を生み出す機能をもっているのである。

したがって、本書の結論をひとことでいえばこうなる。民族的同化は、同化圧力のもとでは、不可能であるだろう。

＊　＊　＊

序章で紹介したあの夏の旅から四六年後、二〇〇〇年六月二三日、慰霊の日。『沖縄タイムス』に次のような記事が掲載された。

「県平和祈念資料館／遺族らの無念今も重く／寄贈・寄託品展」

【糸満】県平和祈念資料館（外間盛治館長）へ県内外から寄せられた資料を展示する「寄贈・寄託品展」が二十三日、糸満市摩文仁の同資料館企画展示室で開幕する。戦前・戦中・戦後の生活用具や軍関係の諸品、衣装、文書など、沖縄戦の体験者や遺族らから寄せられた資料の一部、計二百四十五点を展示する。十二月二十日まで。

四月にオープンした同資料館の第一回企画展。会場には、沖縄戦を描いた故西野弘二氏の絵画十四点や、戦火をくぐり抜けた戦前の芭蕉布などの衣装、戦時中に着用されていた軍服やモンペ、臨時召集令状や戦時国債、千人針などが展示されている。米国民政府で教育部長を務めた歴史家のゴードン・ワーナーさんのコレクションも紹介している。

一般公開を前に、二十二日、開会式があり、石川秀雄副知事が「長年にわたり大切に保存され、資料館に寄贈・寄託された貴重な資料を広く公開したい」とあいさつ。寄贈者へ感謝状を贈った。

県立女子工芸学校の校章などを寄贈した瑞泉同窓会の新元貞子会長（七五）＝那覇市＝は「激しかった地上戦を風化させることなく、当時を物語る資料を通して伝えてほしい」。復帰前、本土へ行く際に必要だった日本渡航証明書や日本旅行証明書を寄贈した大城勲さん（六一）＝豊見城村＝は「思い出や怒りが詰まっている貴重な資料です」と話した。

この「大城勲」こそ、あの夏の少年である。

夢を抱いて東京へ渡った幸運な沖縄の少年は、その後どのような人生を歩んだのだろうか。「思い出や怒り」という言葉には、どのような意味が込められているのだろうか。一九五四年の新聞記事では、少年の幸運な夏の旅は、たくさんの善意と感謝と美談とともにすぐに終わったけれども、大城勲氏の、あるいは戦後の沖縄の人びとの旅は、いまもまだ終わってはいない。そもそもそれは、どこへむかっているのだろう。その目的地は「祖国」だろうか。あるいはもっと別のどこかだろうか。

大城勲氏は一九三九年、豊見城で生まれている（以下の記述はすべて大城 一九九九による）。五歳のときに沖縄戦を経験し、家族でやんばるに疎開し、裸足で山中を逃げ回った。出征した父親は台湾で戦病死、学徒通信兵として豊見城に残った兄も遺骨すらないまま戦死扱いになった。かれの母親は自分の両親、夫、長男をすべて戦争で亡くしている。親戚中で四〇名もが犠牲になったという。

那覇高校に入学したあと、琉球大学へ進学。文理学部（当時）の国語国文科へと進むが、当時の社会学科助教授の大田昌秀の指導で「マスコミ研究会」を結成、学生新聞である『琉大タイムス』を創刊した。在学中に遺骨収集に参加し、次のような体験を書いている。

私が琉球大学の三年次だった一九六一年十二月二十八日のことは生涯忘れることはないだろう。その日、南方連絡事務所（日本政府出先機関）、琉球政府援護課、沖縄遺族連合会、高野山大学等が協力して、沖縄の南部、「健児の塔」一帯で戦死者の収骨作業が行われた。私も参加し、遺骨を探しまわったが見つからなかった。戦後十六年もたっているから、戦死者の遺骨が見つかるはずがないと思って帰りかけた。突然、うしろ髪を引かれ、全身がふるえ、鳥肌だつのを覚えた。不思議なことがあるものだと思い、相棒の比嘉辰博君に話し、引き返した。洞穴が見つかり、中をのぞこうとしたら、足元で枯木の折れるにぶい音がした。よく見ると、それは遺骨だった。十六年余も風雨にさらされ、枯木となり、土に化す寸前まで、私たちが拾いに来るのを待っていたのかと思うと胸がしめつけられた。そのすぐあとに、洞穴の入口で二体見つかった。狭い洞穴を這いながら進むと、奥は広くなっている。時間がたって洞穴の暗さに目が慣れた時、私は白いものを発見した。それは五体の遺骨で、大小あり、一見して、「家族だ」と分かった。よく見ると、白骨の前には小さな杯が転がっている。追いつめられた家族が、どうせ死ぬのならみんな一緒にと決意して、毒薬を飲んだに違いない。（大城一九九九、三一—三二頁）

一九六三年に八重山高校に教師として赴任したあと、ＮＨＫ青年の主張コンクールなどの弁論大会に参加するようになる。六四年には文部大臣杯全国青年弁論大会で優勝している。その後、豊見城高校、小禄高校、南部商業高校、那覇高校、糸満高校で教鞭をとり、一九九九年に糸満高校を定年退職している。

かれは一九八七年の箕面忠魂碑訴訟で原告側証人として証言台に立っている。箕面忠魂碑訴訟は、靖国神社の国家護持化を推進する遺族会への補助金支給が、政教分離を定めた憲法に違反するとして、大阪の住民らが行政を相手どり損害賠償を求めた裁判である。かれは復帰前まで沖縄遺族連合会の青年会長をつとめていたが、復帰の動きのなかで急激に保守化していった遺族会をのちに退会している。この裁判のときにかれは、保守化する遺族会を批判し、四時間にわたり証言している。

沖縄本島南部の森のなかで幼い子どもとともに自決し、死後一六年経過した一家五人の遺骨を発見した経験から、かれは復帰運動と反戦・反基地運動、そして高校における平和教育に身を捧げたのである。その後長年にわたり反戦平和活動にたずさわり、数多くの短歌を書き、歌集を出版している。

何ゆゑに日本の基地の半分を背負はされゆく小さき沖縄
島ちゃびを支配する者いつの世も宿世かなしき沖縄の民
父兄の顔知らなくに四十年戦恨みて思ひ果てなし
戦世の恨み忘れし人のためたまには出でよ地下の骨たち
よたよたと老天皇が島人をからめとるらしねぎらひ掛けて

天皇の来県前に戦死者の骨掘おこせハブよ寝てをれ
戦死者が何も言はないものだから天皇が来るらしい生贄の島へ
沖縄の平和と暮らしヤマト世に搦め取られしか早も十六年
（大城　一九八八）

すでにここには祖国に対する素朴な憧憬や愛着はない。あの夏の旅によって残された資料と同じように、これらの作品にも「怒りが詰まっている」。奇跡の旅によって祖国の人びとから情熱的に歓迎され、数々の思い出やお土産品とともに沖縄へ帰還したあの少年は、結局は反戦平和運動に参加し、日本に対する強烈な批判を含む短歌を大量に書いている。かれにとっての日本という祖国への旅は、やがて沖縄へと帰っていく旅だったのである。

一九五七年に、きわめて小さな規模から始まった本土就職は、その後七〇年代にむけて急激に増加していく。「もうひとつの復帰運動」としての戦後の本土移動は、「祖国」日本に大きな夢と希望をもった人びとによって担われたのだが、そうした人びとのほとんどはのちに沖縄にUターンしていった。沖縄から来た若者たちは、結局はやがて沖縄に帰っていったのである。この雪崩のような民族大移動は、いったいどのような意味のものだったのか。それは沖縄の人びとの人生やアイデンティティにどのような影響をもたらしたのか。あるいは、沖縄と日本との複雑な関係をどのように変えたのか。

このことを単純に評価することはきわめて困難だ。しかし、本土への旅は、壮大な沖縄への帰還の旅だった、ということだけは確かなことである。

沖縄戦から復帰にかけての濁流のような社会変動と経済成長のなかで、日本へと渡っていった膨大な数の沖縄の人びとが経験した、移動と別離、望郷と帰還、出会いと葛藤の物語は、一人ひとり多様に異なりながらも、その後の沖縄の社会と文化を、日本との関係を、かたちづくっていったのである。

参考文献

青い海出版社編　一九七二『はだか沖縄――ジャンプ・イン〈沖縄〉青春広場』六月社書房。
浅野智彦　二〇〇一『自己への物語論的接近――家族療法から社会学へ』勁草書房。
朝日新聞社　一九九六『沖縄報告　復帰前1969年』朝日文庫、朝日新聞社。
――　二〇〇〇『沖縄報告　サミット前後』朝日文庫、朝日新聞社。
鯵坂学　二〇〇九『都市移住者の社会学的研究』法律文化社。
明田川融　二〇〇八『沖縄基地問題の歴史――非武の志摩、戦の島』みすず書房。
安仁屋政昭　一九七七「移民と出稼ぎ――その背景」沖縄歴史研究会『近代沖縄の歴史と民衆』ぺりかん社／至言社。
新垣勝弘　一九九一「沖縄の貿易構造分析」『商経論集』一九巻一号、沖縄国際大学商経学部。
――　一九九三「沖縄経済の現状と自由貿易地域」『商経論集』二一巻一号、沖縄国際大学商経学部。
新崎盛暉　一九七六『戦後沖縄史』日本評論社。
アンダーソン、ベネディクト　一九九七『増補版　想像の共同体――ナショナリズムの起源と流行』白石さや・白石隆訳、NTT出版。
安藤由美　二〇一一「本土居住と沖縄へのUターンの統計的分析」谷富夫『那覇都市圏の過剰都市化に関する社会学的研究』平成一九〜二一年度科学研究費補助金（基盤研究B）研究成果報告書。
石川准　一九九二『アイデンティティ・ゲーム――存在証明の社会学』新評論。
石田雄　二〇〇〇『記憶と忘却の政治学――同化政策・戦争責任・集合的記憶』明石書店。
石原昌家　一九八六『郷友会社会』ひるぎ社。

伊是名剛　一九七一「本土就職青少年をねらう〝手配師〟の実態をあばく」『青い海』五月号。
伊藤善市・坂本二郎編　一九七〇『沖縄の経済開発』潮出版社。
稲泉薫　一九五九「琉球の生活水準――国民所得統計による分析」『琉球大学経済研究』一号、琉球大学文理学部経済学科。
上野千鶴子編　二〇〇五『脱アイデンティティ』勁草書房。
内田真人　二〇〇二『現代沖縄経済論――復帰30年を迎えた沖縄への提言』沖縄タイムス社。
大阪沖縄県人会連合会五十周年記念誌編集委員会　一九九七『雄飛――大阪の沖縄』。
大城郁寛　二〇〇二「復帰以前の沖縄における公共投資と建設業」『琉球大学経済研究』六三号、琉球大学法文学部。
大城勲　一九八八『小さき沖縄』短歌新聞社。
――　一九九九『戦争遺児』黄金花表現の会。
太田順一　一九九六『大阪ウチナーンチュ』ブレーンセンター。
大田昌秀　二〇〇〇『新版　醜い日本人――日本の沖縄意識』岩波書店。
小川利夫・高沢武司編　一九六七『集団就職――その追跡的研究』明治図書。
沖縄開発庁沖縄総合事務局　一九九〇『沖縄社会経済変動調査報告書 上巻』。
沖縄協会　一九七三『南方同胞援護会17年のあゆみ』。
――　一九七四『沖縄出身本土就職青少年に関する意識調査報告書』。
沖縄計画研究所　二〇〇五『沖縄県職業安定計画策定に係る基礎調査報告書』。
沖縄県商工労働部　二〇〇一『沖縄県労働史　3巻』。
――　二〇〇三『沖縄県労働史　2巻』。
沖縄県商工労働部職業安定課　一九九三『労働力需給ミスマッチ（新規学卒者の就業意識と企業の人手不足等）の実態調査結果』。
――　一九九八『Uターン等実態調査結果』。
沖縄県祖国復帰協議会　一九六四『沖縄県祖国復帰運動史』沖縄時事出版社。

沖縄県地域雇用開発協議会　一九九四『若年層の就業意識に関する調査研究』。
――――　一九九五『高等学校卒業者における無業者の実態及び意識に関する調査』。
――――　一九九六『新規高等学校卒業者の雇用の変化にかかる調査』。
沖縄県使就職促進支援機構　二〇〇四『若年層の就労意識・就労意向実態調査報告書』。
沖縄県労働渉外部　一九八〇『県外における本県出身学卒者の離職状況および離職後の状況調査報告書』。
沖縄社会経済調査委員会　一九八〇『本土復帰による沖縄社会経済変動調査報告書 上巻』。
沖縄総合事務局調査企画課　一九七六『沖縄県を中心とする人口と労働力人口の移動状況調査報告書』。
――――　一九七七『沖縄県を中心とする人口と労働力人口の移動状況調査報告書』。
沖縄タイムス社　一九九八a『改訂増補版　写真記録　沖縄戦後史　1945－1998』沖縄タイムス社。
――――　一九九八b『庶民がつづる沖縄戦後生活史』沖縄タイムス社。
奥田道大　一九九五『コミュニティとエスニシティ』勁草書房。
――――編　一九九七『都市エスニシティの社会学――民族／文化／共生の意味を問う』ミネルヴァ書房。
奥平一　二〇一〇『戦後沖縄教育運動史――復帰運動における沖縄教職員会の光と影』ボーダーインク。
小熊英二　一九九八『〈日本人〉の境界――沖縄・アイヌ・台湾・朝鮮　植民地支配から復帰運動まで』新曜社。
ガーゲン、ケネス・J／ジョン・ケイ　一九九七「ナラティブ・モデルを越えて」シーラ・マクナミー／ケネス・J・ガーゲン編『ナラティヴ・セラピー――社会構成主義の実践』野口裕二・野村直樹訳、金剛出版。
魁生由美子　一九九七「沖縄をめぐる関係性のネットワークと文化の現在」『立命館大学人文科学研究所紀要』六八号、立命館大学人文科学研究所。
加瀬和俊　一九九七『集団就職の時代』青木書店。
嘉納英明　一九九九『戦後沖縄教育の軌跡』那覇出版社。
川平成雄　一九九〇「戦後（1945－1971）沖縄県の貿易構造の変化――松田賀孝著『戦後沖縄社会経済史研究』に鑑みて」『琉球大学経済研究』三九号、琉球大学法文学部。

川満信一　二〇一〇『沖縄発――復帰運動から40年』情況新書、世界書院。
関西沖縄青少年の集いがじゅまるの会　一九八一「沖縄青年の誇りを求めて」『解放教育』一三五号、明治図書。
岸政彦　二〇〇四「戦後沖縄の労働力流出と経済的要因――『過剰移動』論へのアプローチ」『都市文化研究』三号、大阪市立大学大学院文学研究科・都市文化研究センター。
――　二〇〇八「沖縄から来た少年――「民族的経験」についての試論」『龍谷大学社会学部紀要』三二号、龍谷大学社会学学会。
――　二〇一〇「過剰移動――戦後沖縄の労働力移動における政治的要因」『龍谷大学社会学部紀要』三六号、龍谷大学社会学会。
北村毅　二〇〇九『死者たちの戦後誌――沖縄戦跡をめぐる人びとの記憶』御茶の水書房。
ギデンズ、アンソニー　二〇〇五『モダニティと自己アイデンティティ――後期近代における自己と社会』秋吉美都ほか訳、ハーベスト社。
金泰泳　一九九八「アイデンティティ・ポリティクス超克の〈戦術〉――在日朝鮮人の子ども会活動の事例から」『ソシオロジ』四二巻三号。
――　一九九九『アイデンティティ・ポリティクスを超えて――在日朝鮮人のエスニシティ』世界思想社。
喜屋武臣市　一九九〇「出稼ぎ――東北型と沖縄型」たいらこうじ編『リーディングズ　労働市場論――沖縄を中心に』沖縄労働経済研究所。
九州経済調査協会　二〇〇三『沖縄における人材の集積及び流動に関する基礎調査報告書』。
金城宗和　一九九七「本土沖縄人社会の生活世界――大阪市大正区を事例に」『立命館大学人文科学研究所紀要』六八号、立命館大学人文科学研究所。
金城実　一九八三「方言問題と集団就職青年たち」『季刊沖縄問題』一一号。
久場政彦　一九九五『戦後沖縄経済の軌跡――脱基地・自立経済を求めて』ひるぎ社。
倉石一郎　二〇〇七『差別と日常の経験社会学――解読する〈私〉の研究誌』生活書院。

来間泰男　一九九〇『沖縄経済論批判』日本経済評論社。

——　一九九八『沖縄経済の幻想と現実』日本経済評論社。

ゲルナー、アーネスト　二〇〇〇『民族とナショナリズム』加藤節監訳、岩波書店。

現代非行問題研究会編　一九七二『繁栄の落し子たち——70年代の少年非行』大成出版社。

雇用開発推進機構　一九九八『沖縄県7大学学生就業意識調査報告書』。

——　二〇〇一『沖縄県における観光産業等若年アルバイトの職業意識調査』。

近藤健一郎編　二〇〇八『方言札——ことばと身体』社会評論社。

サイード、エドワード　一九九二『始まりの現象——意図と方法』山形和美・小林昌夫訳、法政大学出版局。

——　一九九六「冬の精神——亡命生活についての考察」今福龍太ほか編『世界文学のフロンティア1　旅のはざま』島弘之訳、岩波書店。

桜井厚　一九八三「付論 生活史研究の課題」W・I・トーマス／F・ズナニエツキ『生活史の社会学——ヨーロッパとアメリカにおけるポーランド農民』桜井厚訳、お茶の水書房。

——　一九八七「『水の苦労』——苦難の共同体とやさしさの共同体」福岡安則ほか編『被差別の文化・反差別の生きざま』明石書店。

——　一九九四「ある家族のモノ語り」間宏編『高度成長下の生活世界』文眞堂。

——　一九九五「生が語られるとき」中野卓・桜井厚編『ライフヒストリーの社会学』弘文堂。

——　一九九六a「戦略としての生活——被差別部落のライフストーリーから」栗原琳編『日本社会の差別構造講座・差別の社会学2』弘文堂。

——　一九九六b「ライフヒストリー・インタビューにおけるジェンダー」谷富夫編『ライフ・ヒストリーを学ぶ人のために』世界思想社。

——　一九九八『生活戦略としての語り——部落からの文化発信』反差別国際連帯解放研究所しが。

——　二〇〇〇「語りたいことと聞きたいことの間で」好井裕明・桜井厚編『フィールドワークの経験』せりか書房。

――――二〇〇一「語りを聞く方法――ライフストーリー・インタビューの方法論」『研究紀要　解放研究　しが』一一号、反差別国際連帯解放研究所しが。

――――二〇〇二『インタビューの社会学――ライフストーリーの聞き方』せりか書房。

――――二〇〇五『境界文化のライフストーリー』せりか書房。

桜井厚・中川ユリ子・山本哲司　一九九五『生のかたち――被差別部落の生活史を訪ねて』反差別国際連帯解放研究所しが。

櫻澤誠　二〇一二『沖縄の復帰運動と保革対立――沖縄地域社会の変容』有志舎。

サッセン、サスキア　一九九二『労働と資本の国際移動』森田桐郎ほか訳、岩波書店。

佐藤嘉一　一九九七「『復帰』世代の『本土移住』体験――その出（離）郷と帰郷の条件」『立命館大学人文科学研究所紀要』六八号、立命館大学人文科学研究所。

シュッツ、アルフレッド　一九八〇『現象学的社会学の応用』中野卓監修・桜井厚訳、御茶の水書房。

白戸伸一　一九八七「戦後沖縄における就業構造の推移」『沖大経済論叢』一一巻一号、沖縄大学経済学会。

新城栄徳　一九九六a「関西におけるウチナーンチュの歩み（上）」『自治おきなわ』三五三号。

――――一九九六b「関西におけるウチナーンチュの歩み（下）」『自治おきなわ』三五四号。

鈴木春男　一九七一「沖縄住民の生活と意識――その職業を中心として」富永健一・倉沢進編『階級と地域社会』中央公論社。

鈴木広　一九八六『都市化の研究』恒星社厚生閣。

スミス、アントニー・D　一九九五『20世紀のナショナリズム』巣山靖司監訳、法律文化社。

――――一九九八『ナショナリズムの生命力』高柳先男訳、晶文社。

――――一九九九『ネイションとエスニシティ――歴史社会学的考察』巣山靖司・高城和義ほか訳、名古屋大学出版会。

関根政美　一九九四『エスニシティの政治社会学――民族紛争の制度化のために』名古屋大学出版会。

瀬長亀次郎　一九五九『民族の悲劇――沖縄県民の抵抗』三一新書、三一書房。

―――　一九七〇『沖縄人民党』新日本出版社。
戴エイカ　一九九九『多文化主義とディアスポラ』明石書店。
たいらこうじ編　一九九〇『リーディングズ 労働市場論――沖縄を中心に』沖縄労働経済研究所。
高橋順子　二〇一一『沖縄〈復帰〉の構造――ナショナル・アイデンティティの編成過程』新宿書房。
田仲康博　二〇一〇『風景の裂け目――沖縄、占領の今』せりか書房。
谷富夫　一九八九『過剰都市化社会の移動世代――沖縄生活史研究』渓水社。
―――編　二〇〇八『新版　ライフヒストリーを学ぶ人のために』世界思想社。
桃原一彦　一九九七「沖縄を根茎として」奥田道大編『都市エスニシティの社会学――民族／文化／共生の意味を問う』ミネルヴァ書房。
堂前亮平　一九九七『沖縄の都市空間』古今書院。
戸谷修　一九九五「産業構造と就業構造の変動」山本英治・高橋明善・蓮見音彦編『沖縄の都市と農村』東京大学出版会。
戸邉秀明　二〇〇四「『在日沖縄人』、その名乗りが照らし出すもの」同時代史学会編『占領とデモクラシーの同時代史』日本経済評論社。
―――　二〇〇八「沖縄教職員会史再考のために――60年代前半の沖縄教員における渇きと怖れ」近藤健一郎編『方言札――ことばと身体』社会評論社。
富永斉　一九八七「県民総支出データにみる県経済の成長」『琉球大学経済研究』三四号、琉球大学法文学部。
―――　一九九〇「労働力需給」たいらこうじ編『リーディングズ　労働市場論――沖縄を中心に』沖縄労働経済研究所。
―――　一九九四「戦後琉球の経済発展」『琉球大学経済研究』四八号、琉球大学法文学部。
―――　一九九五『沖縄経済論』ひるぎ社。
―――　二〇〇三「沖縄の失業について」『琉球大学経済研究』六五号、琉球大学法文学部。
冨山一郎　一九九〇『近代日本社会と「沖縄人」――「日本人」になるということ』日本経済評論社。

冨山一郎・森宣雄編　二〇一〇『現代沖縄の歴史経験――希望、あるいは未決性について』青弓社。
鳥山淳　二〇一一「占領下沖縄における成長と壊滅の淵」大門正克ほか編『高度成長の時代3　成長と冷戦への問い』大月書店。
――編　二〇〇九『イモとハダシ――占領と現在』社会評論社。
仲里効　二〇〇七『オキナワ、イメージの縁（エッジ）』未來社。
仲宗根勇　一九九六「沖縄の地域所得格差」『琉球大学経済研究』五一号、琉球大学法文学部。
中西信男・文沢義永・関山峋一　一九七一『沖縄の青年――その生活と意識』福村出版。
中野育男　二〇〇五『米国統治下沖縄の社会と法』専修大学出版局。
――　二〇〇九『米国統治下沖縄の職業と法』専修大学出版局。
中野卓・桜井厚編　一九九五『ライフヒストリーの社会学』弘文堂。
中野好夫・新崎盛暉　一九六五『沖縄問題二十年』岩波新書、岩波書店。
――　一九七六『沖縄戦後史』岩波新書、岩波書店。
中村文哉　二〇〇三「沖縄社会の地縁・血縁的共同性とハンセン病問題」西成彦・原毅彦編『複数の沖縄――ディアスポラから希望へ』人文書院。
那覇市総務部女性室編　二〇〇一『なは・女のあしあと――那覇女性史（戦後編）』琉球新報社。
那覇市総務部女性室・那覇女性史編集委員会編　一九九八『なは・女のあしあと――那覇女性史　近代編』ドメス出版。
波平勇夫　一九八〇『地方都市の階層構造――沖縄都市の分析』沖縄時事出版。
――　一九八四「沖縄の近代化と社会構成の変動1」『沖縄国際大学文学部紀要』一二巻一号、沖縄国際大学文学部。
――　一九八五「沖縄の近代化と社会構成の変動2」『沖縄国際大学文学部紀要』一三巻一号、沖縄国際大学文学部。
――　二〇〇〇「1997年沖縄都市職業構造調査報告書1」『沖縄国際大学社会文化研究』三巻一号、沖縄国際大学社会文化学会。
成定洋子　一九九八「関西のエイサー祭りに関する一考察――『がじゅまるの会』における役割」『沖縄民俗研究』一八号。

西成彦・原毅彦編　二〇〇三『複数の沖縄――ディアスポラから希望へ』人文書院。

野家啓一　二〇〇五『物語の哲学』岩波現代文庫、岩波書店。

バウマン、ジグムント　二〇〇七『アイデンティティ』伊藤茂訳、日本経済評論社。

比嘉輝幸　一九八八「沖縄における新規学卒者の就職状況」『南島文化』一〇号、沖縄国際大学南島文化研究所。

比嘉幹郎　一九六五『沖縄――政治と政党』中公新書、中央公論社。

広田康生　一九九七『エスニシティと都市』有信堂。

――　二〇〇三『新版　エスニシティと都市』有信堂高文社。

藤澤健一　二〇〇五『沖縄／教育権力の現代史』社会評論社。

――編　二〇〇八『反復帰と反国家――「お国は？」』社会評論社。

プラマー、ケン　一九九八『セクシュアル・ストーリーの時代――語りのポリティクス』桜井厚ほか訳、新曜社。

ブルデュー、ピエール　一九九三『資本主義のハビトゥス――アルジェリアの矛盾』原山哲訳、藤原書店。

――　二〇〇一『実践感覚〈1〉』今村仁司・港道隆訳、みすず書房。

ベルトー、ダニエル　二〇〇三『ライフストーリー――エスノ社会学的パースペクティブ』小林多寿子訳、ミネルヴァ書房。

ホール、スチュアート　二〇〇一「誰がアイデンティティを必要とするのか？」ホールほか編『カルチュラル・アイデンティティの諸問題――誰がアイデンティティを必要とするのか？』宇波彰監訳、大村書店。

真栄城守定　一九八四『沖縄地域開発論』ひるぎ社。

――　一九八六『沖縄経済――格差から個性へ』ひるぎ社。

松井健一編　二〇〇四『沖縄列島――シマの自然と伝統のゆくえ』東京大学出版会。

松島泰勝二〇〇二『沖縄島嶼経済史』藤原書店。

松田賀孝　一九八一『戦後沖縄社会経済史研究』東京大学出版会。

――　一九八三「本土復帰後の沖縄経済についての若干の考察」『琉球大学経済研究』二六号、琉球大学法文学部。

嶺井勇　一九九〇「女子労働力」たいらこうじ編『リーディングズ　労働市場論――沖縄を中心に』沖縄労働経済研究所。
宮原幸生　一九九七「関西における沖縄出身者同郷組織の成立と展開」『人間科学論集』二八号、大阪府立大学総合科学部。
宮本憲一・川瀬光義　二〇一〇『沖縄論――平和・環境・自治の島へ』岩波書店。
宮本憲一・佐々木雅幸　二〇〇〇『沖縄21世紀への挑戦』岩波書店。
森宣雄　二〇一〇『地のなかの革命――沖縄戦後史における存在の解放』現代企画室。
屋嘉比収　二〇〇九『沖縄戦、米軍占領史を学びなおす――記憶をいかに継承するか』世織書房。
山口覚　二〇〇八『出郷者たちの都市空間――パーソナル・ネットワークと同郷者集団』ミネルヴァ書房。
山里将晃　一九八〇「総論」沖縄社会経済調査委員会『本土復帰による沖縄社会経済変動調査報告書 上巻』。
山城千秋　二〇〇七『沖縄の「シマ社会」と青年会活動』エイデル研究所。
山本英治　二〇〇四『沖縄と日本国家――国家を照射する〈地域〉』東京大学出版会。
山本英治・高橋明善・蓮見音彦編　一九九五『沖縄の都市と農村』東京大学出版会。
好井裕明・桜井厚編　二〇〇〇『フィールドワークの経験』せりか書房。
吉川博也　一九八九『那覇の空間構造――沖縄らしさを求めて』沖縄タイムス社。
吉川洋　一九九七『高度成長――日本を変えた６０００日』読売新聞社。
与那国暹　二〇〇一『戦後沖縄の社会変動と近代化――米軍支配と大衆運動のダイナミズム』沖縄タイムス社。
労働省　一九九〇『「沖縄県における若年者層のＵターン就職とその条件整備に関する調査」結果報告書』。
琉球銀行調査部　一九八四『戦後沖縄経済史』琉球銀行。

あとがき

本書の表紙は一九六一年に撮影された写真です（『写真記録　沖縄戦後史』沖縄タイムス社）。一隻の大型客船が本土へむかう沖縄の人びとを満載し、紙テープで見送られながら、那覇港から本土へと出航しようとしています。陸上から見送る人びとは「祝　壮途　本土集団就職」と書かれたのぼりを掲げています。

私はこの写真を見るたびに奇妙な感覚をおぼえます。おそらくは、読者に見やすくなるように、写真集に掲載するにあたって左右を逆にしたのでしょうが、そののぼりの文字が「こちら」をむいているのです。単なる編集上の処理にあまりに重すぎる意味を付与してはなりませんが、それにしてもこののぼりの文字は、日本と沖縄との複雑な関係について、さまざまなイメージを喚起します。陸上から集団就職の「壮途」を「祝う」こののぼりの文字はこちらにむけられていて、船の本体に貼りつけられたのぼりの文字はあちらをむいています。ここでは、だれがどちらへむかって送り出されているのでしょうか。

研究テーマを沖縄の本土就職にさだめて実際に調査に入ってから、もう一〇年が経過してしまいました。聞き取り調査をおこない、資料や統計データを集めていくにしたがって、日本と沖縄との幾重にも折り重なった複雑な関係が浮かび上がってきました。失業率が低いのに流出していく労働者たち、楽しかったといってUターンしてくる人びと、そしてあの、日本人になれと命じながら沖縄民謡を歌わせる合宿訓練の記録。それらをまとめあげ、ひとつの「ストーリー」に織り上げるまで一〇年の歳月を要したのです。

全体として私が述べたかったのは、「こちら」と「あちら」の区別は、いかなる「本質」にももとづいてはいないが、それでもそれは単なる「構築されるもの」でもない、ということでした。本質主義に頼らずに、構築主義的フィクションではないものとしてこの区別を描こうとすれば、それはおそらく特定の個人や集団がたどった特定の歴史を分析することではじめて可能になるでしょう。

しかし、本書での議論はきわめて不十分なものです。理論も調査法もデータも、これで本土就職の歴史をすべて描ききったとは到底いえません。今後、本書を批判し乗り越えていく研究があらわれるのを心待ちにしています。とくに心残りなのは、日本の側の「植民地的欲望」について描けなかったことですが、それはまた別のテーマとして、いずれとりかかることとします。

＊＊＊

調査を進めるにあたってさまざまな方々にお世話になりました。

まずはじめに、私のような見ず知らずの他所者の、とつぜんのお願いにもかかわらず、こころよく生活史のインタビューに応えていただいたすべての語り手の皆様に、心からのお礼と、ご迷惑をおかけしたことのお詫びを申し上げます。

宜野湾にある「ＢＯＯＫＳじのん」の天久斉氏には、一五年ほど前に私が沖縄に通いだしたころからずっと助けていただいています。実は、たまたま私が見つけた二つの記事――一九五四年の『朝日新聞』と二〇〇〇年の『沖縄タイムス』の記事――の関連性を指摘し、即座に大城勲氏の歌集の存在を教えてくれたのが天久さんです。そして、歌集に記されてあった連絡先をたどって大城氏に直接お会いすることができました。あの記事の「少年」と実際にお会いしたときの感慨は忘れられません。この出会いから本書が生まれたといっても過言ではありません。天久さんの途方もない記憶力と信じがたいほどの親切に対して、心からお礼を申し上げます。

そのほか、沖縄の友人たち、とくに沖縄県立芸術大学教授の久万田晋氏、琉球大学教授の大胡太郎氏、アーティストの花城郁子氏にも、心から感謝します。これまで数えきれない回数にわたって沖縄を訪れるたびに、かならず一緒に飲んでいます。久万田氏のご自宅には一時期（というにはあまりにも長い日数）滞在させていただいたことすらあります。一〇年以上途切れず現在まで続くこの付き合いのなかで、ほかにもさまざまな方々と知り合うことができました。みなさんの友情にも感謝します。

また、沖縄史研究者の新城栄徳氏にも、貴重な資料をこころよくご提供いただきました。

研究を続けるうえで多くの先生方からご指導をいただきました。まず、指導教官である元大阪市立大学・現甲南大学教授の谷富夫先生からは、研究や調査のことだけでなく、人としてたくさんのことを学ばせていただきました。ほかにも、社会理論・動態研究所の青木秀男先生や、大阪市立大学名誉教授の野口道彦先生からも個人的にご指導いただきました。大阪市立大学の大学院や研究会で出会ったすべての先生方や仲間たち、先輩後輩たちからも多くの刺激を受けました。数多くのフィールドワーカーを輩出してきた名門「市大社会学」の伝統が、これからも続くことを祈ります。

本書の草稿を読んでくださり、たくさんの方にコメントをいただきました。とくに京都大学大学院の朴沙羅氏は、心のこもった手厳しいご批判をくださいました。

七年前にはじめて本書の企画を持ちかけてから、ナカニシヤ出版編集の酒井敏行氏にはずっとご迷惑をおかけしました。

みなさまに心から感謝いたします。ありがとうございました。

本書の最初の読者であり、私の論文のすべてに目を通し批判してくれた連れ合いの齋藤直子にも、特別の感謝の気持ちを述べたいと思います。

最後に、本書を、私がこの世界に入るきっかけをつくってくださった、関西大学名誉教授の故野崎治男先生の思い出に捧げます。

本書の出版にあたり、龍谷大学の出版助成金を受けました。

二〇一二年一二月

岸　政彦

関連年表

年	月日	できごと　＊は本土就職関連
一九四五	三月二六日	米軍が慶良間に上陸
	四月五日	日本政府の行政権停止を宣言（ニミッツ布告）
	六月二三日	牛島司令官が摩文仁（まぶに）で自決、日本軍の組織的抵抗が終焉
	八月二〇日	沖縄諮詢会設置
	九月七日	日本軍が無条件降伏文書に調印
一九四六	一月二九日	北緯三〇度以南の南西諸島が日本政府から分離
	四月一五日	第一次通貨交換、日本円からB円へ
	四月二二日	沖縄中央政府（沖縄民政府）創設
	四月二六日	沖縄諮詢会が解散、沖縄議会設置
	七月	ガリオア資金による援助開始
	八月一七日	本土疎開者の沖縄への引揚げ開始
	四月一日	租税制度確立
一九四七		米軍政府がうるま新報（のちの琉球新報）の民間企業化を許可

一九四八	六月一五日	沖縄民主同盟結成
	七月二〇日	沖縄人民党結成
	五月一日	琉球銀行設立
	七月一日	『沖縄タイムス』創刊
一九四九	五月六日	米国が沖縄の長期保有を決定
	七月	琉日通商協定締結
		沖縄・本土間の渡航が許可制に
	一〇月二二日	沖縄議会が任命制の沖縄民政議会に
	一一月一八日	日琉金融協定・貿易協定締結
一九五〇	四月一二日	ドルとB円の為替レートが一ドル＝一二〇B円に固定
	五月二二日	琉球大学開学
	九月二四日	沖縄群島議会選挙
	一〇月二八日	共和党結成
	一〇月三一日	沖縄社会大衆党結成
	一一月四日	四群島政府（奄美、沖縄、宮古、八重山）発足
	一二月一五日	琉球軍政府を琉球列島米国民政府（ＵＳＣＡＲ）に改称
一九五一	四月二九日	日本復帰促進期成会結成
	九月八日	対日講和条約、日米安保条約により南西諸島の分離が決定

年	月日	できごと　＊は本土就職関連
一九五二	三月二日	第一回立法院選挙
	四月一日	琉球政府発足、初代行政主席は比嘉秀平
	八月三一日	琉球民主党結成
		この年、スクラップ・ブーム
		＊この年、日本への出域が一万人超
一九五三	一月一八日	第一回祖国復帰県民総決起大会
	四月三日	布令第一〇九号「土地収用令」施行、土地を強制的に収用
	七月一五日	伊江島土地闘争
	一二月二五日	奄美諸島が日本へ復帰
一九五四	一月七日	アイゼンハワー大統領が沖縄基地の無期限保有を宣言
	三月一七日	米民政府が「地代一括払い」の方針を発表
	四月三〇日	立法院で「軍用地処理に関する請願」（軍用地四原則）可決
	一〇月六日	人民党弾圧事件
一九五五	一月三〇日	伊佐浜土地闘争
	三月一四日	伊江島の土地接収開始
	六月	琉球政府が「経済振興第一次五カ年計画」を策定
	九月三日	「由美子ちゃん事件」（米兵による幼女暴行殺人事件）

一九五六	六月八日	プライス勧告発表
	六月二〇日	プライス勧告反対・軍用地四原則貫徹住民大会
	一二月二五日	那覇市長選で人民党の瀬長亀次郎が当選
一九五七	二月二三日	布令第一六四号「土地収用令」公布
	六月五日	高等弁務官制度を新設
	七月四日	モーア中将が初代琉球列島高等弁務官に就任
	一二月二一日	*本土への最初の集団就職
一九五八	二月一六日	沖縄社会党（日本社会党沖縄県連）結成
	九月一六日	B円からドルに通貨交換
	六月一九日	*第一回集団就職者のなかから一名が自殺
一九五九	六月五日	青少年本土就職促進懇談会開催
	六月三〇日	石川市（現在はうるま市の一部）宮森小学校に米軍機墜落、死者一七名
	一〇月五日	保守合同で沖縄自由民主党結成
	一一月一一日	大田政作が琉球政府主席に就任
一九六〇	四月二八日	沖縄県祖国復帰協議会結成
	六月一九日	アイゼンハワー大統領訪沖
一九六一	二月一六日	キャラウェー中将が高等弁務官に就任
	四月二八日	祖国復帰県民大会

年	月日	できごと　＊は本土就職関連
	六月一七日	全沖労連（全沖縄労働組合連合会）結成
	六月一八日	全軍労（全沖縄軍労働組合）結成
	六月二四日	高等弁務官が祝祭日のみ公共建築物に日の丸を掲揚することを許可
一九六二	二月一日	立法院で即時施政権返還を決議（二・一決議）
	六月七日	コザ市でAサイン協会設立
一九六三	二月二八日	「国場君事件」（中学生が海兵隊のトラックに轢殺。後に運転手に無罪判決）
	三月五日	キャラウェー高等弁務官が講演会で「琉球の自治は神話」と発言
	四月二八日	北緯二七度線で海上集会
	六月二八日	＊キャラウェーが本土就職の一時停止を命令
		＊この年、日本への出域が五万人超
一九六四	八月一日	キャラウェー更迭、ワトソン中将が高等弁務官へ
	一二月二六日	保守再合同による沖縄民主党結成
一九六五	三月五日	＊本土就職のための「海外への職業紹介業務取扱要領」公布
	四月九日	立法院で六月二三日を「慰霊の日」として制定
	八月一九日	佐藤首相、日本の首相としてはじめて訪沖
一九六六	六月三日	沖縄教職員会による教公二法阻止総決起大会
一九六七	二月二四日	教公二法阻止共闘会議が立法院を包囲し流会（後に廃案）

岸 政彦（きし・まさひこ）
1967年生まれ。立命館大学大学院先端総合学術研究科教授。社会学。専門は沖縄、生活史、社会調査方法論。主な著作に『同化と他者化——戦後沖縄の本土就職者たち』（ナカニシヤ出版、2013年）、『街の人生』（勁草書房、2014年）、『断片的なものの社会学』（朝日出版社、2015年、紀伊國屋じんぶん大賞2016受賞）、『質的社会調査の方法——他者の合理性の理解社会学』（石岡丈昇・丸山里美と共著、有斐閣、2016年）、『ビニール傘』（新潮社、2017年、第156回芥川賞候補、第30回三島賞候補）、『マンゴーと手榴弾——生活史の理論』（勁草書房、2018年）、『図書室』（新潮社、2019年、第32回三島賞候補）、『地元を生きる——沖縄的共同性の社会学』（打越正行・上原健太郎・上間陽子と共著、ナカニシヤ出版、2020年）、『大阪』（柴崎友香と共著、河出書房新社、2021年）、『リリアン』（新潮社、2021年、第34回三島賞候補）など。

同化と他者化
——戦後沖縄の本土就職者たち

2013年2月20日　初版第1刷発行
2021年7月1日　初版第5刷発行
（定価はカヴァーに表示してあります）

著　者　岸　政彦
発行者　中西　良
発行所　株式会社ナカニシヤ出版
〒606-8161 京都市左京区一乗寺木ノ本町15番地
TEL 075-723-0111　FAX 075-723-0095
http://www.nakanishiya.co.jp/

装幀＝白沢　正
印刷・製本＝株式会社サンエムカラー

Printed in Japan.　ISBN978-4-7795-0723-6　C1036

年	月日	できごと　＊は本土就職関連
一九七二	一月七日	日米首脳会談で返還期日が決定
	三月二四日	全軍労が無期限スト
	五月一二日	米民政府解散
	五月一五日	施政権返還（沖縄返還）、沖縄開発庁発足、沖縄総合事務局設置、通貨交換
	六月八日	那覇防衛施設局開設
	六月二五日	知事選挙で屋良朝苗が当選
一九七三	三月八日	琉球銀行が新規貸出を全面停止
	五月三日	若夏国体開催
	六月二三日	摩文仁で沖縄全戦没者追悼式
	一〇月三一日	人民党が共産党に合流
一九七四	九月五日	金武湾を守る会が県に対しＣＴＳ訴訟提訴
一九七五	二月五日	ＣＴＳ建設阻止県民総決起大会
	七月二〇日	海洋博開催（七六年一月一八日まで）
	一二月六日	経済状況が悪化、県内完全失業率六％、失業者二万四〇〇〇人。翌年は「海洋博不況」
		この年、大型倒産が相次ぐ

一九六八	一二月九日	民主党が沖縄自民党へ改称
	一一月一一日	初の琉球政府行政主席選挙で革新共闘会議の屋良朝苗が当選
		＊この年、日本への出域が一〇万人超
一九六九	一月三一日	屋良主席が二・四ゼネスト回避を申し入れ
	一一月二二日	佐藤首相とニクソン大統領が共同声明、沖縄の七二年返還が決定
	一二月四日	基地従業員二四〇〇名が解雇
	一二月一八日	米民政府が日の丸の自由掲揚を許可
		＊この年、中学新卒者の就職者のうち三割強が本土へ
一九七〇	一月八日	基地従業員の解雇に反対し全軍労がストライキ
	三月三日	日米共同声明にもとづき復帰準備委員会設立
	一〇月五日	＊『朝日新聞』「〝求人狂風〟沖縄を根こそぎ」記事掲載
	一一月一五日	国政参加選挙
	一二月二〇日	コザ暴動
一九七一	二月一日	沖縄に六三〇〇名の自衛隊配備が決定
	五月一九日	沖縄返還協定粉砕・完全復帰要求ゼネスト
	一一月一七日	衆院沖縄返還協定特別委員会で強行採決
	一一月二四日	衆院本会議で沖縄返還が可決
		＊この年、高校新卒者の就職者のうち六割強が本土へ